U0518585

H 行业战略·管理·运营书系

营销沟通对双重社会身份消费者行为的影响研究

■ 宋晓兵　著

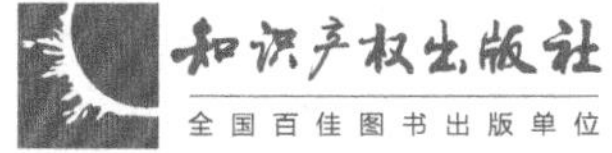

图书在版编目(CIP)数据

营销沟通对双重社会身份消费者行为的影响研究/宋晓兵著．—北京:知识产权出版社,2017.9
ISBN 978-7-5130-5159-0

Ⅰ.①营…　Ⅱ.①宋…　Ⅲ.①消费者行为论—研究　Ⅳ.①F713.55

中国版本图书馆CIP数据核字(2017)第232841号

内容提要

在日常生活中社会身份驱动的消费行为普遍存在,企业也经常利用消费者的社会身份进行品牌定位与营销沟通,通过建立品牌与消费者社会身份的联系来吸引他们购买。

本书在现有理论回顾的基础上,围绕着营销沟通—社会身份—消费者行为的总体逻辑框架开展了以下四个方面的研究工作:第一,我们检验了人员促销中的产品设计理念对消费者产品偏好的影响,发现具有不同文化身份的消费者偏好不同的产品设计理念;第二,我们探查了店铺环境中的气味营销对消费者购买意向的影响,发现性别身份与环境气味一致性的作用机理;第三,我们论证了广告沟通中的全球化诉求对消费者风险偏好的影响,发现全球化身份会正向影响消费者的财务风险偏好;第四,我们验证了广告沟通中的双重身份诉求对消费者广告态度的影响,发现双重身份诉求比单一身份诉求的效果更好。上述研究成果将进一步丰富营销领域关于社会身份的研究,并为企业基于社会身份制定营销沟通策略提供借鉴与指导。

本书既适合从事市场营销研究的人员,也适合从事市场营销工作的人员阅读、参考。

责任编辑:荆成泰　　**责任校对**:谷　洋
封面设计:刘　伟　　**责任出版**:孙婷婷

营销沟通对双重社会身份消费者行为的影响研究

宋晓兵　著

出版发行:知识产权出版社有限责任公司　　**网　　址**:http://www.ipph.cn
社　　址:北京市海淀区气象路50号院　　**邮　　编**:100081
责编电话:010-82000860转8341　　**责编邮箱**:jcggxj219@163.com
发行电话:010-82000860转8101/8102　　**发行传真**:010-82000893/82005070/82000270
印　　刷:北京中献拓方科技发展有限公司　　**经　　销**:各大网上书店、新华书店及相关专业书店
开　　本:720mm×1000mm　1/16　　**印　　张**:17.75
版　　次:2017年9月第1版　　**印　　次**:2017年9月第1次印刷
字　　数:268千字　　**定　　价**:59.00元

ISBN 978-7-5130-5159-0

前　言

本书是大连理工大学管理与经济学部宋晓兵老师研究团队过去 3 年中在国家自然科学基金面上项目“营销沟通对双重社会身份消费者行为的影响研究”（71472020）资助下完成的部分研究成果。在总结前人研究成果的基础上，本书基于营销沟通—社会身份—消费行为的逻辑框架提出，企业的营销沟通作为一种刺激手段将会作用于消费者心理，可以激活消费者的社会身份认知，而被激活的社会身份将影响消费者后续的态度与行为。社会身份是本书的核心概念，它是人们对自己在社会群体中成员资格的认知，如我是一个中国人、我是一名男性等；营销沟通是本书总体研究模型的前因变量，企业可以利用人员促销、店铺环境和广告沟通等具体营销沟通策略来影响消费者的社会身份认知，如“金利来，男人的世界”；消费行为则是本书总体研究模型的结果变量，消费者的购买意向、广告态度和风险偏好等都会受到社会身份认知的影响。

本书的内容将按照如下的逻辑顺序展开：第 1 章回顾了社会心理学与营销学领域的现有社会身份的研究，在系统总结现有研究的基础上提出了本书的主要研究问题与研究框架。第 1 ~ 5 章遵循总体研究框架，分别开展了以下四个方面的研究工作：第一，我们检验了人员促销中的产品设计理念对消费者产品偏好的影响，发现具有不同文化身份的消费者偏好不同的产品设计理念；第二，我们探查了店铺环境中的气味营销对消费者购买意向的影响，发现性别身份与环境气味一致性的作用机理；第三，我们论证了广告沟通中的全球化诉求对消费者风险偏好的影响，发现全球化身份会正向影响消费者的财务风险偏好；第四，我们验证了广告沟通中的双重身份诉求对消费者广告态度的影响，发现双重身份诉求比单一身份诉求的效果更好。

通过对营销沟通—社会身份—消费行为的逻辑框架的研究，无论对于从事相关研究的学者，还是对于企业的管理者，都将具有一定的意义。从理论意义上来说，关于社会身份的研究近年来已成为营销领域的研究热点之一，但目前多数研究都只激活消费者的单一社会身份并考察它对消费行为的影响。本书将围绕消费者的双重社会身份开展研究，在区分双重身份关系类型的基础上，考察多种营销沟通手段对不同类型的双重社会身份的激活作用，揭示不同类型的双重社会身份对消费者行为的影响机理，这将是社会心理学中的身份复杂性和交叉分类理论在营销领域的拓展与应用，我们期望相关研究成果能丰富营销领域中现有的社会身份理论研究，并加深对于消费者的社会身份一致性消费行为的理解。从现实意义上来说，目前很多企业都采用基于社会身份的品牌定位与营销沟通手段，也有企业开始尝试影响消费者的双重社会身份认知，但哪些营销活动能够有效地影响消费者的身份认知，并进而产生对本企业有利的态度与行为，这些问题还没有得到很好的解答。本课题将以企业可控的营销沟通手段（包括促销人员沟通、店铺环境刺激、广告宣传）作为主要前因变量，探讨它们对于消费者双重社会身份的激活以及购买意向的推动作用，这将为企业围绕社会身份开展营销活动提供更为直接的借鉴。例如，企业可以借鉴本课题研究结果布置店铺环境、设计促销广告、培训人员销售技巧，激发目标客户的双重社会身份认知，建立社会身份与本企业产品或品牌的关联，从而引导消费者进行身份一致性的购买行为，增加产品销售量与企业的利润。

在项目研究和本书的出版过程中，除了作者以外，还有聂春艳、魏巍、武春龙、吴育振、赵诗雨、徐珂欣、段采薇等研究生参与了项目的研究工作和文稿的编写工作，在此一并表示感谢。由于项目研究过程中涉及面比较广、视角比较新，问题和错误在所难免，欢迎广大读者批评指正。本书的理论模型与实证研究还在不断深入研究之中，有关研究成果会不断发表，敬请感兴趣的读者持续关注我们的研究。

宋晓兵

2017 年 5 月于大连理工大学管理与经济学部

目　录

第1章　绪　论

1.1　引言

“物以类聚，人以群分。”当我们主动或被动地把自己归入某个社会类别时，我们就有了某种社会身份，如性别、种族、宗教、职业等。为了构建、维持和传达这一社会身份，人们经常会采取与自己的社会身份相一致的消费行为。如果一个消费者把自己看作是运动员，他就会很可能产生和运动员身份相联系的行为，例如他会经常逛体育用品商店，更容易注意到关于运动品牌的产品信息，在家里时常观看 CCTV -5 的节目，偏爱运动员李娜做代言人的广告，购买马自达 6 这样的运动型轿车，甚至能清楚地记得自己第一次获得冠军时喝过的运动饮料品牌。这些身份驱动的消费行为在日常生活中非常普遍，购买和使用与社会身份相一致的产品或品牌将有助于消费者形成对自我概念的认知，更好地向外界传达自己所属的社会群体，并让他们成为自己想成为的“那类”人。

与此同时，我们每个人又都具有多重社会身份，男性、东北人、共产党员、教师、足球迷等诸如此类的多重社会身份共同构成了我们对自我的界定。而在具体的消费情境中，双重甚至多重社会身份认知是消费者购物体验中最真实的感受，同时存在的多种社会身份可能对消费者的购买产生交汇或冲突的影响。例如一个 IT 男在购买手机的时候就可能会选择一款深灰色（男士常选）的苹果（技术控首推）手机，这样就可以很好地兼顾自己的职业与性别身份；而一位当了妈妈的老师在只有一张购物券可用的情况下，就可能会为了买一本专业书籍还是买一本孩子教育书籍而陷入两难境地。由此可见，社会身份与消费行为之间并不总是简单的一一对应关系，一种消费行为的产生可能是几种社会身份综合作用的结果。

众多企业已经充分认识到社会身份对消费行为的驱动作用，他们会基于目标市场的社会身份来定位自己的品牌，并利用各种营销沟通手段来建立品牌与社会身份之间的关联。而且随着多维度的市场细分和立体化品牌形象塑造，很多企业不再满足于诸如“金利来，男人的世界”“90 后李宁”这样单一社会身份的品牌定位，纷纷开始尝试建立品牌与消费者多重身份的联系。例如上海大众的昊锐汽车在张学友代言的广告中，就把画面分成两个部分，一部分体现的是他与同事驾车去音乐会的职业身份，另一部分则表现他与家人开车去游乐场的家庭身份，并提出了“生活从不只有一面，真爱从不只为自己”的广告诉求。由此可见，基于多重社会身份的品牌定位将有助于企业锁定更为明确的目标市场，并通过满足消费者的多重社会认同需求而提高他们对本企业品牌的偏爱与忠诚。

目前营销学者们围绕社会身份开展了大量的研究，论证了社会身份将会对品牌偏好、购买意向、媒体选择、记忆与信息处理过程等一系列消费者的认知与行为产生重要的影响。但这些研究多数都针对特定的某一种社会身份，同时启动两种社会身份的研究还很鲜见，特别是还没有学者针对两种社会身份在促进消费者行为改变过程中的协同或冲突的作用机理进行系统研究。基于此，本书将对消费者双重社会身份的构成类型、营销激活手段及其对消费者行为的影响有比较清楚而全面的认识，并形成相关研究成果。这些研究成果无论对从事相关研究的学者，还是对企业的营销管理者，都将具有一定的意义。

通过对营销沟通—社会身份—消费行为的逻辑框架的研究，无论对于从事相关研究的学者，还是对于企业的管理者，都将具有一定的意义。从理论意义来说，关于社会身份的研究近年来已成为营销领域的研究热点之一，但目前多数研究都只激活消费者的单一社会身份并考察它对消费行为的影响。本书将围绕消费者的双重社会身份展开研究，在区分双重身份关系类型的基础上，考察多种营销沟通手段对不同类型的双重社会身份的激活作用，揭示不同类型的双重社会身份对消费者行为的影响机理，这将是

社会心理学中的身份复杂性和交叉分类理论在营销领域的拓展与应用，我们期望相关研究成果能丰富营销领域中现有的社会身份理论研究，并加深对于消费者的社会身份一致性消费行为的理解。从现实意义来说，目前很多企业都采用基于社会身份的品牌定位与营销沟通手段，也有企业开始尝试影响消费者的双重社会身份认知，但哪些营销活动能够有效地影响消费者的身份认知，并进而产生对本企业有利的态度与行为，这些问题还没有得到很好的解答。本书将以企业可控的营销沟通手段（包括促销人员沟通、店铺环境刺激、广告宣传）作为主要前因变量，探讨它们对消费者双重社会身份的激活以及购买意向的推动作用，这将为企业围绕社会身份开展营销活动提供更为直接的借鉴。例如企业可以借鉴本书的研究结果来布置店铺环境、设计促销广告、培训人员销售技巧，激发目标客户的双重社会身份认知，建立社会身份与本企业产品或品牌的关联，从而引导消费者进行身份一致性的购买行为，增加产品销售量与企业的利润。

1.2 社会身份的研究评述

关于社会身份的研究是营销领域近年来研究的热点问题之一，最近 10 年权威的国际学术期刊每年发表的论文中都有 15% 左右与社会身份有关（Reed 等，2012）。接下来我们将重点回顾与本书研究内容直接相关的国内外现有研究，将从社会身份的理论基础、社会身份对消费者行为影响的主效应以及主效应能够发生的边界条件与调节变量三个大方面来进行评述。

1.2.1 社会身份的理论基础

（1）社会身份的定义与分类

Goffman（1959）首次提出了社会身份（Social Identity）的概念，并把它与个人身份和自我身份相区别。Tajfel（1981）对社会身份进行了比较权威的界定，他认为社会身份就是“一个人的自我概念的一部分，它来自于人对自己在社会群体中成员资格的认知，以及与这一成员资格相联系的价值观和情感意义”。他认为个人身份和社会身份是一个人的自我概念的重要构成部分，其中个人身份是依据个人的独特素质而建构起来的身份，而社会身份是依据群体成员资格来建构的身份。后来的学者们在 Tajfel 研究的基础上对社会身份进行了类似的定义，例如 Turner（1985）认为社会身份是个人所获得的对自己所在群体成员身份的认识，它将直接影响个人的社会知觉、社会态度和社会行为，及其对于自我存在及价值的感知。Reed（2002）认为社会身份是指个人所拥有的关于他是谁或者希望如何表现的参照框架，是与个人的自我概念相关联的社会分类。Burke 和 Stets（2009）认为社会身份是一些与社会分类相关联的特性、态度、行为、目标的结构化知识，它使得每个人来理解和统一自己的日常行为。

Reed 等（2012）对社会身份进行了比较权威的分类，他们认为根据个人进行身份认知时参照群体规模的不同，社会身份可以包括以下三种主要类型：第一，所有成员都互相认识的小群体，典型特征是所有成员间频繁的互动，如朋友圈子、直系家庭、同学或校友会、邻居或社区等；第二，所有成员不太认识的大群体，典型特征是有限的互动，如性别身份、年龄身份、职业身份、种族身份、宗教身份、政治身份等；第三，非常巨大、模糊和抽象的人群，无法被典型人物所代表，如国别身份、人类身份等。

（2）社会身份的经典理论

社会身份理论。Tejfel（1978，1981）提出的社会身份理论认为社会身份产生于个人对社会群体的分类，这种心理分类总是强化类别间的差异而弱化类别内部的差异。一旦人们把自己归入某个社会群体，他就会在内群体和外群体进行比较以获得或维持积极的社会身份。如果没有获得满意的社会身份，个体就会离开他们的群体或使用各种策略进行积极区分。个人社会身份的形成主要包括三个过程：社会分类是指将对象、事件和人进行归类，找出内群体和外群体的区别；社会比较是指将自己所属群体和其他群体在社会地位等方面进行比较；积极区分是指在比较的基础上找到自己群体的优势，并与其他群体进行区分，进而提升自尊水平。人们更喜欢他

们所属的群体，不喜欢他们不属于的群体，对于内群体的偏好可以带来很多正面的效果，包括提升自尊和维持积极的自我形象。

社会分类理论。Turner（1985）提出的社会分类理论主要用来阐述小群体的内部机制，他认为一旦个人进入到某一社会类别将会产生“去个性化”，即把自己看作是类别中的一员，并对自己所属的群体产生社会认同，个体会遵守“正面自我身份”的原则赋予自己所属群体正面的评价，并将负面特征强加于其他群体。同时，这一理论认为我们每个人都属于很多的社会群体，它强调人们会在特定的情形下认同于特定的社会类别，即每个人的社会身份是可变的、易变的和动态的，可以被社会背景所激活（Turner 等，1987）。当某种社会身份被激活时，人们就会利用与该身份相一致的心智来理解世界，例如人们感知的群间差异要大于群内差异，并且群体间体现出的差别会与这些群体的刻板印象相吻合。

基于上述社会心理学的理论基础，我们将社会身份定义为个人对自己的社会群体成员资格，以及与这一成员资格相对应的群体规范和刻板印象的感知。本书将重点探讨 Reed 等（2012）分类中频繁互动的小群体与有限的大群体相关的社会身份，并认为它具有多面性和可变性的特点，即一个人可能同时属于多个不同的社会群体，因此他会同时拥有多个社会身份，并且特定的环境因素会刺激个人认识到特定的社会身份，这些被激活的社会身份将对个人的行为产生更加重要的影响。

1.2.2　社会身份对消费者行为影响的主效应

（1）行为与社会身份的一致性研究

营销领域中关于社会身份的现有研究发现：当激活消费者对某一种社会身份的认知时，消费者就会产生与这种社会身份相一致的态度和行为，被激活的社会身份会影响消费者的购买或捐助行为、产品与品牌态度以及记忆和动机等心理过程，接下来我们将按照社会身份所影响的因变量的不同进行分类总结。首先，社会身份会影响消费者的行为，例如 Goldstein 等（2008）表明通过广告强调消费者的群体身份（大部分入住酒店的客人都重新利用毛巾）会更有效地影响消费者的环保行为；金立印（2006）表明消费者对其所认同企业的产品有较高的评价和购买意向，更愿意向他人传播有利于企业的信息；Shang 等（2008）则发现一致性的性别身份将增加消费者的捐赠行为，当得知与自己同性别的人都已捐款很多时，高集体自尊的消费者愿意捐献更多的钱；Winterich 等（2009）则检验了性别身份与道德身份对消费者捐赠行为的影响，道德身份高的女性消费者会提高向外群体捐赠，道德身份高的男性消费者会提高向内群体的捐赠。其次，社会身份会影响消费者态度，Grier 等（2006）检验了种族身份对产品态度的影响，他们发现少数种族成员会对同种族产品产生更加积极的态度。Mandel 等（2006）探查了专业身份对于奢侈品牌态度的影响，当阅读同校同专业的毕业校友成功的故事时，消费者会对奢侈品牌具有更好的态度。Zhang 和 Khare（2009）检验了全球化或本地化身份对产品偏好的影响，激活消费者的全球化（本地化）身份会让他们更偏好全球化（本地化）产品。最后，社会身份会影响消费者的心理活动，Briley 和 Wyer（2002）表明让消费者意识到自己的社会身份，他们就会更加关注自己的行为所产生的消极结果，从而在制定购买决策时进行更加折中化的选择。Mercurio 和 Forehand（2011）检验了性别身份一致性对于消费者记忆的影响，在编码阶段激活消费者的性别身份会让消费者把广告内容与这一身份相连接，因此在回忆阶段再次激活这一身份时，会提高消费者对广告信息的识别。

上述研究表明正面激活消费者的社会身份会影响消费者行为，即当消费者意识到自己的社会身份是重要的、积极的时候，他就会产生与该社会身份一致性的行为。与此同时，还有一些学者认为反面激活消费者的社会身份同样也会影响他们的行为，如果消费者感觉到自己的社会身份受到了威胁，他就会采用一定的行为策略来应对这种威胁。例如彭军锋和汪涛（2007）发现互动性服务失误对公开自我威胁的影响最大，当消费者感觉公开自我受到威胁时就会选择向公司进行投诉的抱怨行为。Ward 和 Broniarczyk（2011）发现当送礼者的社会身份受到威胁时，他们会在接下来的产品选择中更加偏好与自己社会身份相一致的产品。White 和 Argo（2009）

认为当消费者的社会身份受到威胁时，低集体自尊的消费者会避免选择与社会身份相关的产品，而高集体自尊的消费者则会依然维持他们的产品偏好不变。White 等（2012）则认为当消费者的社会身份受到威胁时，独立自我的消费者会避免选择社会身份相关的产品，而依赖自我的消费者则会更加偏好社会身份相关的产品。Dommer Swaminathan（2013）检验了身份威胁对于禀赋效应的影响，在社会身份受到威胁以后，男性和女性消费者对于内群体产品的禀赋效应都增强了，而只有男性消费者对外群体产品的禀赋效应消失了。Dalton 和 Huang（2014）检验了社会身份威胁对于选择性遗忘的影响，他们认为社会身份威胁会促使消费者忘记那些与身份相关联的营销促销信息。

（2）参照群体的影响研究

参照群体的影响是社会身份相关研究中的一个重要领域，如前所述社会身份是个人感知的社会群体成员资格，因此消费者为了在消费过程中维护和传达自己的社会身份，他们会在产品购买和品牌选择中尽量与内群体中的成员保持一致，并与外群体中的成员相区别，接下来我们将首先回顾内群体对于消费者行为影响的研究。Bearden 和 Etzel（1982）表明在公共消费的奢侈品种类中消费者更愿意与参照群体保持一致，而在隐私消费的必需品中参照群体对购买决策的影响则相对较弱。Escalas 和 Bettman（2003）发现消费者对于所属群体和渴望群体使用的品牌有更强的自我—品牌联系，渴望群体使用对于以自我提升为目标的消费者将产生更大的影响，而所属群体使用对以自我证明为目标的消费者影响更大。Escalas 和 Bettman（2005）进一步证明与内群体成员形象一致的品牌会提升所有消费者的自我—品牌联系，而与外群体形象相一致的品牌只会对独立自我消费者产生负向影响。杜伟强等（2009）发现消费者对成员群体的情感承诺程度会调节成员群体对自我—品牌联系的影响，情感承诺度高的成员群体对自我—品牌联系的影响更大。Kettle 和 Haubl（2011）则发现签署自己的名字会使消费者更加认同于他们的内群体，并在与身份相关的产品类别中做出与内群体趋同的选择。Chan 等（2012）表明消费者可以在一个产品属性上与自己的内群体保持一致，同时可以在另一个属性上做出独特性选择。

上述研究表明内群体成员的使用会增进消费者的品牌态度，而外群体（特别是规避群体）成员的使用则会降低消费者的产品与品牌态度。例如Tepper（1994）发现年轻人会为了避免自己被看作老年人而拒绝使用专门针对老年人的折扣券。White 和 Dahl（2006，2007）表明与普通外群体相比，消费者对规避群体品牌展现出更加负面的自我—品牌联系、产品评价和选择意向。Berger 和 Rand（2008）利用广告把不健康的行为与规避群体联系起来，使消费者进行了更多的健康消费行为。Berger 和 Heath（2007，2008）认为消费者经常在具有身份象征功能的领域（如发型或音乐）中做出与外群体不一样的选择，从而避免错误地传达群体身份。Shalev 和 Morwitz（2012）认为有时规避群体也会对消费者的购买意向产生正向影响，当一个人观察到规避群体的产品使用者（穿着新型运动鞋的老太太）时，他就会质疑自己在这一产品所代表特征（运动性）上的得分，从而会对目标产品更感兴趣。Choi 和 Winterich（2013）表明有时与规避群体相联系的品牌态度也会得到提升，道德身份高的消费者会感觉到自己和外群体品牌间距离更近，从而会对外群体和规避群体品牌产生更好的态度。

1.2.3 社会身份对消费者行为发生作用的边界条件

上述文献回顾表明社会身份对消费者行为具有重要的影响，消费者会采取与自己的社会身份相一致的消费行为，并主动规避与自己的社会身份不一致的消费行为。但与此同时，还有一些因素会决定社会身份是否会对消费者行为产生影响，以及这种影响的强弱，我们称之为社会身份对消费者行为发生作用的边界条件。归结起来，这些边界条件主要包括社会身份显著性（消费者意识到自己的社会身份）、社会身份认同（消费者强烈认同于这一社会身份）、评价客体与社会身份的相关性、产品类别与消费环境（公开或隐私），这些条件满足与否将会直接影响社会身份与消费行为之间的关系。接下来我们将对这些边界条件分别进行回顾。

（1）社会身份显著性

现有研究表明社会身份显著性是消费者身份一致性消费行为的必要条

件，例如 Reed（2004）表明当一个人的社会身份被激活为显著的时候，与该社会身份相关的产品将得到最高的评价，并且社会身份的自我重要性（身份认同）与产品评价正相关。LeBoeuf 等（2010）则发现激活消费者的职业身份会让他更加偏好那些与职业相关的产品，而激活家庭身份则会让他更偏好那些与家庭相关的产品。学者们还探查了社会身份显著性的影响因素，结果发现消费者所处的社会环境和物理环境将会激活消费者对自身某一方面社会身份的认知，从而提高社会身份的短期显著性。在社会环境方面，Kleine III 等（1993）结构方程模型的实证结果表明，社会身份的显著性受到个人与该群体社交频繁程度以及公共媒体中对社会身份的强调等因素的影响。Deshpande 和 Stayman（1994）认为社会群体规模会影响社会身份的显著性，与多数种族的成员相比，少数种族的成员的种族身份将更加显著。Grier 和 Deshpandé（2001）则认为群体的社会地位也会影响社会身份的显著性，社会地位较低的种族成员会有更强的种族身份的显著性。在物理环境方面，Hong 等（2000）和 Briley 等（2005）都发现视觉刺激会影响社会身份的显著性，当双文化消费者（如香港人）看到东方文化图案或中文时，他们东方人的身份就会变得更加显著，而看到西方文化图案或英文时，他们西方人的身份就会更加显著。

（2）社会身份认同

社会身份认同是指消费者在多大程度上认可某一社会群体的价值观或者该群体身份对自己的重要程度，现有研究表明身份认同程度越高，产生身份一致性行为的可能性就越大。Deshpande 等（1986）发现高种族认同的消费者会更加频繁地使用本族语言的媒体，并且对那些本族人代言的广告产生积极的态度。Torres 和 Briggs（2007）发现在低卷入度产品中随着种族认同的增强消费者对同种族代言人广告的态度也会越来越好，在高卷入度产品中这一效应并不明显。Madrigal（2001）表明消费者对自己大学身份的认同会正向影响对赞助大学球队品牌的购买意向，并且低身份认同的消费者态度对行为的影响会更大。Escalas 和 Bettman（2005）认为消费者群体认同越高，所属群体对某品牌的使用对消费者的自我—品牌联系的影响就越大。White 和 Dahl（2007）的研究表明，随着消费者对内群体认同的提升，消费者更愿意负面评价规避群体产品，并且会更愿意选择中性产品而不是规避群体产品。White 和 Argo（2009）发现当消费者的性别身份受到威胁的时候，低身份认同的消费者会更愿意选择与他们的性别身份相一致的产品。Dalton 和 Huang（2014）则表明在社会身份启动的情况下，身份认同对身份相关促销信息的记忆具有正向影响，在没有身份启动的情况下身份认同没有显著影响。国内学者也针对社会身份认同的相关概念开展了大量的研究，例如郭毅和杜鹃（2009）提出社会身份的内化是身份一致性行为的影响因素，内化的社会身份能够反复影响消费者决策过程。杜建刚和范秀成（2011）表明在经历了服务失败以后，群体规模越大、群体间越熟悉，群体成员的去个性化倾向（与社会认同相似）越强，并进而导致更强的抱怨倾向。此外，还有一些学者在网络社区的环境下验证了社会身份认同的影响因素与重要作用，范晓屏（2009）认为消费者社区参与时间会受到社会身份认同感的影响，楼天阳和陆雄文（2011）表明社区成员的认同会受到互动活动和自我认同的影响，曾伏娥等（2013）认为社会认同是群体规范和社会联结对网络社区广告的中间变量。

（3）社会身份相关性

社会身份相关性是指社会身份与评估对象之间相关联的程度，例如运动员身份与运动鞋评估相关而不与厨具评估相关，现有研究表明评价对象与社会身份的相关性是身份一致性消费行为产生的另一个必要条件。Reed 等（2012）认为社会身份相关性主要包括以下三类：行为相关性，评估对象允许个体从事与其特定的社会身份相关的行为；象征相关性，是指品牌理念能够传达个体的社会身份或增强该社会身份的重要性；目标相关性，品牌的潜在信念或行为与社会身份比较重要的事件或结果正向相关联。Reed（2004）利用产品介绍的方法来影响社会身份的行为相关性，强调通信类产品可以使消费者与家人保持联系来增强它与家庭身份的相关性。Wheeler（2005）则利用广告来影响社会身份的目标相关性，强调录像机能够使自己成为聚会的焦点来增强它与朋友身份的相关性。Winterich 等

(2012) 利用慈善机构的出资方来影响社会身份的象征相关性，他们认为政府资助的慈善机构更强调公平，这与自由党的身份相一致，而私人资助的慈善机构更强调忠诚，这与保守党的身份相一致。除此之外，还有学者拓展了社会身份相关性的研究，Swaminathan 等（2007）区别了品牌自我相关和品牌群体相关，认为消费者为了展现独特个性与品牌建立的关系是自我—品牌联系，而为了展现群体层面的国别身份而与品牌建立的关系是原产地联系。Coleman 和 Williams（2014）最新提出了社会身份与评价物基于情绪的相关性，他们认为运动员身份与愤怒的情绪相关，因此激活消费者的运动员身份时，他们就会对那些表达愤怒情绪的广告有更高的评价。王长征和周学春（2011）则表明品牌的象征形象会通过品牌涉入、自我—品牌联系和品牌信任对品牌忠诚度产生积极的影响。

（4） 产品类别与消费情境

现有研究表明在显示身份能力强的产品类别和公开的消费情境中，社会身份对于消费行为的影响将更为显著，其中显示身份能力强的产品类别增加了产品与社会身份的相关性，而公开的消费情境则增强了消费者的印象管理动机。在产品种类的相关研究中，Escalas 和 Bettman（2005）发现在象征性更强的产品种类中，与内群体一致的品牌会对自我—品牌联系具有更大的正向影响。Berger 和 Heath（2007）发现在与身份相关的（如发型或音乐）领域中，消费者更愿意做出有别于外群体的产品选择，从而保证自己能够有效地传达想要的社会身份。Chan 等（2012）表明在那些与身份相关的产品种类中，向外界传达社会身份的愿望会让消费者在身份属性上做出从众性选择。在消费情景的相关研究中，Fisher 和 Price（1992）表明消费公开性会显著影响消费者对于规范结果的预期，例如来自参照群体的赞同。White 和 Dahl（2006）表明在公开消费的情境下，男性消费者对于和规避群体（女性群体）相联系的产品会产生更负面的评价和更低的选择倾向。Berger 和 Ward（2010）发现消费者为了区别于主流大众的外群体，会更愿意选择具有隐性品牌标识的奢侈品，这一效应在与身份相关的产品种类和公开的消费情境中更加明显。

综上所述，国内外学者关于社会身份的现有研究表明，当消费者意识到自己认同的社会身份时，他会在与身份相关的产品或行为领域中做出与该社会身份一致性的产品评价或选择，并会努力保持与那些持有该社会身份的内群体成员的一致性。但是，众多企业目前还只停留在改变宣传口号等表面功夫上，亟待系统的理论研究对企业相关营销实践进行有效指导。企业的营销沟通行为是否能够有效地激发消费者的社会身份认知，进而产生与这一社会身份相一致的购买行为，这是本书重点研究的内容。特别是，本书还将通过有效的营销沟通手段同时激活消费者的两种社会身份，并考察这两种社会身份如何共同作用而影响消费者的品牌偏好、广告态度和产品选择行为，这将有助于进一步探查多重社会身份对消费者行为的更为复杂的作用机理。

1.3　本书的主要研究内容

本书将以消费者的社会身份为核心概念，重点探查营销沟通手段对消费者社会身份的激发作用，以及被激发的社会身份对消费者行为所产生的影响，本书的总体研究框架如图 1－1 所示。在该理论框架中，我们根据消费者行为研究中经典的刺激—反应模型提出，企业的营销沟通作为一种刺激手段将会作用于消费者心理，可以激活消费者的社会身份认知，而被激活的社会身份将影响消费者后续的态度与行为。其中，企业的营销沟通手段包括人员促销、店铺环境和广告沟通，消费者的社会身份包括文化身份、性别身份、全球化身份和双重身份，而消费行为则包括了产品偏好、购买意向、风险偏好和广告态度。

本书的第 2 章主要检验了人员促销与文化身份以及消费者产品偏好的关系。具体来讲，我们探究了人员促销中的产品设计理念对于不同文化身份（权力距离信念）的消费者产品偏好的影响。产品设计理念包括用户设计和设计师设计，现有研究表明用户设计理念更符合消费者的社会身份认知，从而增加公司认同和产品偏好。我们在此基础上提出，文化身份的差异是这一效应的边界条件，权力距离低的文化（如美国）中的消费者更加

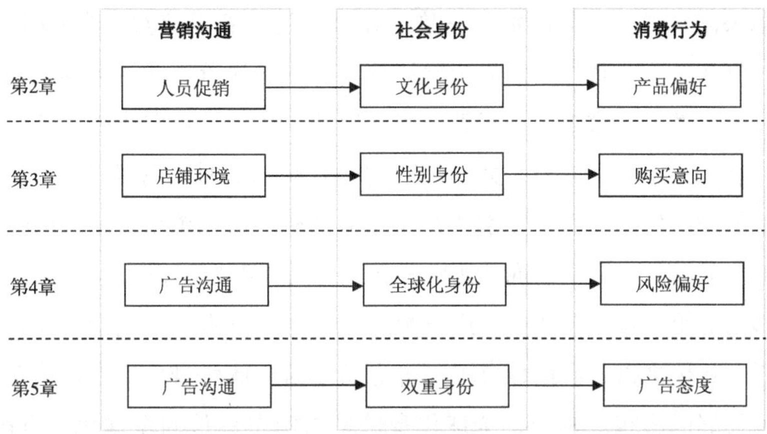

图 1－1　本书的理论研究框架

偏好用户设计的产品，而权力距离高的文化（如中国）中的消费者更加偏好设计师设计的产品。我们认为产品设计理念对消费者产品偏好的影响存在跨文化差异，美国消费者更偏好用户设计的产品，中国消费者更偏好设计师设计的产品；这种跨文化差异产生的原因在于不同文化中消费者的权力距离信念的不同，通过实验操控的低权力距离信念的消费者会由于公司认同更偏好用户设计的产品，高权力距离信念的消费者则由于能力信任更偏好设计师设计的产品；这种跨文化差异的调节变量是品牌声誉，对于高端品牌，低权力距离信念的消费者偏好用户设计的产品，而高权力距离信念的消费者则偏好设计师设计的产品，对于大众品牌，无论消费者的权力距离信念水平如何，都会更加倾向于用户设计的产品。

本书的第 3 章主要探查了店铺环境与性别身份以及消费者购买意向的关系。具体来讲，我们论证了店铺环境中的嗅觉刺激对于不同性别身份消费者购买意向的影响。环境气味可以分为男性化气味与女性化气味，现有研究表明当消费者的性别身份与环境气味相一致时，他会对产品产生更高的购买意向。我们在此基础上提出产品类别与消费者—产品一致性是这一效应的边界条件，只有当消费者—产品的性别一致，并且他们评价的是象征性产品时，这一效应才会产生。我们认为只有对于象征性产品（如背包），消费者处于与自己的性别相一致的环境气味中才会提高产品评价和购买意向，而对于功能性产品（如计算机硬盘）并不存在这种影响。同时，如果消费者—产品性别不一致（如男性消费者评价女性产品时），消费者—气味性别一致性将负向影响消费者的产品评价和购买意向，而当消费者—产品性别一致时，消费者—气味性别一致性将正向影响消费者的产品评价和购买意向。同时，处在不同的恋爱动机下时，消费者—产品性别一致性的调节作用会有所差别，在高恋爱动机下时，消费者—气味性别一致性对产品评价和购买意向的影响和调节作用将更为显著。

本书的第 4 章主要研究了广告沟通与全球化身份以及消费者风险偏好的关系。具体来讲，我们探究了广告沟通中的全球化身份诉求对消费者财务风险偏好的影响。其中，全球化身份是指消费者认同全球化具有影响、认为全世界人民的共性大于不同、对于发生在世界各地的事情感兴趣等心理表征组成，也就是具有全球化身份便意味着把自己归属于全世界；与之相反的，本地化社会身份由信任和尊重本地传统文化和生活方式、对本地事件感兴趣、关注本地区的独特性等心理表征组成，消费者具有本地化身份时会把自己归属于本地社会。我们认为在广告沟通中包含全球化身份诉求（与本地化身份诉求相比），会激发消费者自身的全球化身份认同，进而增强对财务风险的偏好。调节聚焦是全球化社会身份对财务风险偏好影响的中介变量，具有全球化身份的消费者会比本地化身份的消费者产生更强的促进聚焦导向，并由此产生更强的财务风险偏好。产品类别则是全球化身份对财务风险偏好影响的调节变量，在高风险的理财产品类别中，全球化身份诉求的广告会产生比本地化身份诉求的广告更好的产品态度，在低风险的理财产品类别中，本地化身份诉求的广告会产生比全球化身份诉求的广告更好的产品态度。

本书的第 5 章主要检验了广告沟通与双重身份以及消费者广告态度的关系。具体来讲，我们论证了广告沟通中的双重社会身份诉求广告对于消费者广告态度的影响。广告中经常出现与社会身份相关的广告诉求（如“金利来，男人的世界”），现有研究表明当消费者的社会身份与广告模特及广告诉求相一致时，他会产生更高的广告态度与产品评价。我们在此基础上提出，当消费者的社会身份与广告模特相一致时，双重社会身份诉求（如“哈尔滨啤酒，东北男人就是够意思”）要比单一社会身份诉求（如

"哈尔滨啤酒，东北人就是够意思"）产生更高的广告态度。我们认为当消费者的双重社会身份被激活的时候，双重社会身份广告诉求所产生的广告态度要显著高于单一社会身份诉求和无社会身份诉求的广告，这一效应产生的原因是消费者感知到产品更加针对自己的特点并符合个性化需求；双重社会身份的重叠性是上述效应的调节变量，当消费者的两种社会身份重叠较小时，双重社会身份广告诉求对于广告态度的影响将更加显著；消费者的思维模式是上述效应的另一个调节变量，当消费者处于异化动机下时上述效应将更加显著，当消费者处于同化动机下时双重社会身份诉求与单一社会身份诉求所产生的广告态度没有差异。

参考文献

[1] Bearden W O, Etzel M J. Reference Group Influence on Product and Brand Purchase Decisions [J]. Journal of Consumer Research, 1982, 9 (2): 183 - 194.

[2] Berger J, Heath C. Where Consumers Diverge from Others: Identity Signaling and Product Domains [J]. Journal of Consumer Research, 2007, 34 (2): 121 - 134.

[3] Berger J, Heath C. Who Drives Divergence? Identity Signaling, Outgroup Dissimilarity and The Abandonment of Cultural Tastes [J]. Journal of Personality and Social Psychology, 2008, 95 (3): 593 - 607.

[4] Berger J, Rand L. Shifting Signals to Help Health: Using Identity Signaling to Reduce Risky Health Behaviors [J]. Journal of Consumer Research, 2008, 35 (3): 509 - 518.

[5] Berger J, Ward M. Subtle Signals of Inconspicuous Consumption [J]. Journal of Consumer Research, 2010, 37 (4): 555 - 569.

[6] Briley D A, Morris M W, Simonson I. Cultural Chameleons: Biculturals, Conformity Motives, and Decision Making [J]. Journal of Consumer Psychology, 2005, 15 (4): 351 - 362.

[7] Briley D, Wyer R S, Jr. The Effect of Group Membership Salience on the Avoidance of Negative Outcomes: Implications for Social and Consumer Decisions [J]. Journal of Consumer Research, 2002, 29 (3): 400 -415.

[8] Burke , Peter J, Stets J E. Identity Theory [M]. Oxford: Oxford University Press, 2009.

[9] Chan C, Berger J, Boven L V. Identifiable but Not Identical: Combining Social Identity and Uniqueness Motives in Choice [J]. Journal of Consumer Research, 2012, 39 (3): 561 -573.

[10] Choi W J, Winterich K P. Can Brands Move In from the Outside? How Moral Identity Enhances Out - Group Brand Attitudes [J]. Social Science Electronic Publishing, 2013, 77 (2): 261 -269.

[11] Coleman N V, Williams P. Feeling Like My Self: Emotion Profiles and Social Identity [J]. Journal of Consumer Research, 2013, 40 (2): 203 -222.

[12] Deshpande R, Hoyer W D, Donthu N. The intensity of ethnic affiliation: A study of the sociology of Hispanic consumption [J]. Journal of Consumer Research, 1986, 13 (2): 214 -220.

[13] Deshpandé R, Stayman D M. A Tale of Two Cities: Distinctiveness Theory and Advertising Effectiveness [J]. Journal of Marketing Research, 1994, 31 (1): 57 -64.

[14] Escalas Je E, Bettman J R. Self - Construal, Reference Groups, and Brand Meaning [J]. Journal of Consumer Research, 2005, 32 (3): 378 -389.

[15] Escalas J E, Bettman J R. You Are What They Eat: The Influence of Reference Groups on Consumers' Connections to Brands [J]. Journal of Consumer Psychology, 2003, 13 (3): 339 -348.

[16] Fisher R J, Price L L. An Investigation into The Social Context of Early Adoption Behavior [J]. Journal of Consumer Research, 1992, 19 (3): 477 -486.

[17] Goffman E. Presentation of Self in Everyday Life [J]. Threepenny Review, 1959, 21 (3): 655.

[18] Goldstein R, Almenberg J, Dreber A, et al. Do More Expensive Wines Taste Better? Evidence from a Large Sample of Blind Tastings [J]. Journal of Wine Economics, 2008, 3 (1): 1 –9.

[19] Grier S A, Deshpandé R. Social Dimensions of Consumer Distinctiveness: The Influence of Social Status on Group Identity and Advertising Persuasion [J]. Journal of Marketing Research, 1979, 38 (2): 216 –224.

[20] Grier S A, Brumbaugh A M, Thornton C G. Crossover Dreams: Consumer Responses to Ethnic-Oriented Products [J]. Journal of Marketing, 70 (2): 35 –51.

[21] Hogg M A, Turner J C. Interpersonal Attraction, Social Identification and Psychological Group Formation [J]. European Journal of Social Psychology, 2010, 15 (1): 51 –66.

[22] Kettle K L, Häubl G. The Signature Effect: Signing Influences Consumption – Related Behavior by Priming Self – Identity [J]. Journal of Consumer Research, 2011, 38 (3): 474 –489.

[23] Kleine III, Kleine S S. Mundane Consumption and the Self: A Social – Identity Perspective [J]. Journal of Consumer Psychology, 1993, 2 (3): 209 –235.

[24] LeBoeuf R A, Shafir E, Bayuk J B. The Conflicting Choices of Alternating Selves [J]. Organizational Behavior and Human Decision Processes, 2010, 111 (1): 48 –61.

[25] Madrigal R. Social Identity Effects in a Belief-Attitude-Intentions Hierarchy: Implications for Corporate Sponsorship [J]. Psychology & Marketing, 2001, 18 (2): 145 –165.

[26] Mandel N, Petrova P K, Cialdini R B. Images of Success and The Preference for Luxury Brands [J]. Journal of Consumer Psychology, 2006, 16 (1): 57 –69.

[27] Mercurio K R, Forehand M R. An Interpretive Frame Model of Identity - Dependent Learning: The Moderating Role of Content - State Association [J]. Journal of Consumer Research, 2011, 38 (3): 555 -577.

[28] Reed A. Activating the Self-Importance of Consumer Selves: Exploring Identity Salience Effects on Judgments [J]. Journal of Consumer Research, 2004, 31 (2): 286 -295.

[29] Reed A. Social Identity as a Useful Perspective for Self-Concept-based Consumer Research [J]. Psychology & Marketing, 2010, 19 (3): 235 -266.

[30] Reed A, Forehand M R, Puntoni S, et al. Identity-based consumer behavior [J]. International. Journal of Research in Marketing, 2012, 29 (4): 310 -321.

[31] Roccas S, Brewer M B. Social Identity Complexity [J]. Personality and Social Psychology Review, 2002, 6 (2): 88 -106.

[32] Shalev E, Morwitz V G. Influence via Comparison-Driven self-Evaluation and Restoration: The Case of the Low-Status Influencer [J]. Journal of Consumer Research, 2012, 38 (5): 964 -980.

[33] Shang J, Reed A, Croson R. Identity Congruency Effects on Donations [J]. Journal of Marketing Research, 2008, 45 (3): 351 -361.

[34] Swaminathan B, Gerner-Smidt P. The Epidemiology of Human Listeriosis [J]. Microbes and Infection, 2007, 9 (10): 1236 -1243.

[35] Tajfel H. Human Groups and Social Categories: Studies in Social Psychology [M]. London: Cambridge University Press, 1981: 369.

[36] Tajfel H. Differentiation Between Social Groups: Studies in The Social Psychology of Intergroup Relations [M]. London: Academic Press, 1978.

[37] Tepper K. The Role of Labeling Processes in Elderly Consumers' Responses to Age Segmentation Cues [J]. Journal of Consumer Research, 1994, 20 (4): 503 -519.

[38] Torres I M, Briggs E. Identification Effects on Advertising Response:

The Moderating Role of Involvement [J]. Journal of Advertising, 2007, 36 (3): 97 - 108.

[39] Turner J C. "Towards a Cognitive Redefinition of The Social Group" In: Tajfel H. Social Identity and Intergroup Relations [M]. Paris: Maison des Sciences de L'Homme, London: Cambridge University Press, 1982.

[40] Turner J C. Social Categorization and The Self-Concept: A social cognitive theory of group behaviour [J]. Advances in Group Processes, 1985, 2: 22 - 122.

[41] Turner J C, Hogg M A, Oakes P J, et al. Rediscovering the Social Group: A Self-Categorization Theory [J]. British Journal of Social Psychology, 1987, 26 (4): 347 - 348.

[42] Ward M K, Broniarczyk S M. It's Not Me, It's You: How Gift Giving Creates Giver Identity Threat as a Function of Social Closeness [J]. Journal of Consumer Research, 2011, 38 (1): 164 - 181.

[43] Wheeler S C, Petty R E, Bizer G Y. Self-Schema Matching and Attitude Change: Situational and Dispositional Determinants of Message Elaboration [J]. Journal of Consumer Research, 2005, 31 (4): 787 - 797.

[44] White K, Argo J J. Social Identity Threat and Consumer Preferences [J]. Journal of Consumer Psychology, 2009, 19 (3): 313 - 325.

[45] White K, Dahl D W. Are All Out - Groups Created Equal? Consumer Identity and Dissociative Influence [J]. Journal of Consumer Research, 2007, 34 (4): 525 - 536.

[46] White K, Dahl D W. To Be or Not Be? The Influence of Dissociative Reference Groups on Consumer Preferences [J]. Journal of Consumer Psychology, 2006, 16 (4): 404 - 414.

[47] Winterich K P, Zhang Y L, Mittal V. How Political Identity and Charity Positioning Increase Donations: Insights from Moral Foundations Theory [J]. International Journal of Research in Marketing, 2012, 29 (4): 346 - 354.

[48] Winterich K P, Mittal V, Ross W T. Donation Behavior toward In-Groups and Out-Groups: The Role of Gender and Moral Identity [J]. Journal of Consumer Research, 2009, 36 (2): 199 – 214.

[49] Zhang Y L, Khare A. The Impact of Accessible Identities on the Evaluation of Global versus Local Products [J]. Journal of Consumer Research, 2009, 36: 524 – 537.

[50] 曾伏娥，代婷婷，朱妮亚. 网络社区成员回应社区广告的社会性影响因素研究 [J]. 管理学报，2013，10 (8)：1208 – 1222.

[51] 杜建刚，范秀成. 服务失败中群体消费者心理互动过程研究 [J]. 管理科学学报，2011，14 (12)：60 – 70.

[52] 杜伟强，于春玲，赵平. 参照群体类型与自我—品牌联系 [J]. 心理学报，2009，41 (12)：156 – 166.

[53] 范晓屏. 非交易类虚拟社区成员参与动机：实证研究与管理启示 [J]. 管理工程学报，2009，23 (1)：1 – 6.

[54] 郭毅，杜娟. 基于社会身份视角的自我—品牌关系研究 [J]. 管理学家，2009 (2)：42 – 53.

[55] 金立印. 企业社会责任运动测评指标体系实证研究——消费者视角 [J]. 中国工业经济，2006 (6)：114 – 120.

[56] 楼天阳，陆雄文. 虚拟社区与成员心理联结机制的实证研究：基于认同与纽带视角 [J]. 南开管理评论，2011，14 (2)：14 – 25.

[57] 彭军锋，汪涛. 服务失误时顾客为什么会选择不同的抱怨行为？——服务失误时自我威胁认知对抱怨行为意向的影响 [J]. 管理世界，2007 (3)：102 – 115.

[58] 王长征，周学春. 象征型品牌的效应——从意义到忠诚 [J]. 管理科学，2011，24 (4)：41 – 53.

第2章　人员促销中的产品设计理念对产品偏好的影响

2.1　引言

2.1.1　研究背景

（1）现实背景

随着生活水平的提高人们的消费需求变得更高，消费者在做出购买决策时不仅会考虑产品的使用功能，还会衡量产品的附加价值。产品设计理念作为时代发展的产物，集精神文化、物质文化、行为文化于一体，能够渗透到人们生活的方方面面，并在提高消费者生活质量方面做出了显著的贡献。产品设计理念分为两种，一种是用户设计理念，另一种是设计师设计理念。这两种产品设计理念会给消费者带来不同的认同感，从而产生不同的产品偏好，因此企业通常会在使用人员促销的营销手段时，着重介绍产品是用户设计还是设计师设计，促使消费者产生认同感并提高消费者对本企业的产品偏好。采用用户设计理念的企业可能让消费者感觉到企业以顾客为导向，将顾客利益放在第一位，例如日本企业 MUJI 推出了用户设计的产品，其店铺人员在进行促销时会把“用户设计”作为卖点，向潜在消费者销售那些采用用户设计理念的产品；售房人员在介绍普通住房时会告诉顾客那些采用用户设计理念的房子充满家的味道，更符合大众的生活需求；而采用设计师设计理念的企业可能让消费者感觉企业具有较高的专业性，例如日本服装企业优衣库推出与前爱马仕设计师合作的 Lemaire 系列、与 KAWS 合作推出 2017 UNIQLO UT x KAWS 系列等，其店铺陈列的促销广告以及店铺人员在促销时都会着重介绍设计师的成就和产品系列的设计理念，以“设计师设计”作为卖点提高产品的销量；售房人员在向顾客介绍别墅时会说明别墅由著名建筑设计师和景观设计师设计，顾客可以获得精致、舒适的居住环境和专业的装修成果。

人人都是产品经理。上市公司金山软件非常重视用户体验，从 2000 年起就建立了国内最早的人机交互设计团队。小米科技专门设计了“橙色星期五”的互联网产品开发模式，让内部员工和用户实现零距离的网络论坛互动，通过彼此交流产品新功能建议，收集用户体验报告，完善新的手机功能，许多 MIUI 操作系统的功能设计，都由用户讨论或投票来决定。正是这种用户深度参与的机制，让 MIUI 收获了惊人的成功，2010 年仅有 100 个用户，到 2012 年迅速增加到 50 万用户。维基百科也是用户设计理念的产物，它的创造者并不是各个领域技艺精湛的专家，而是成千上万各种学科的爱好者、发烧友，但他们却创造了一个伟大的产品。

设计师是产品设计的灵魂。乔布斯设计的苹果手机被誉为“工业设计的奇迹，外形和功能的完美结合”。每当新一代手机发售时，就会风靡全球，世界各地的“果粉”都争相购买，甚至连夜在苹果专卖店前排队，只为了第一时间购买到新一代产品。知名服装设计师卡尔·拉格斐，被誉为“时装界的恺撒大帝”，通过提炼香奈儿的优雅精髓，并适当注入运动、摇滚元素，使香奈儿服装受到了大批年轻人的追捧。羽西化妆品牌的创始人靳羽西，研制了专门为中国女性打造的彩妆品牌，并曾经赢得“消费者心目中最佳名牌”的荣誉。

可见，产品设计理念作为一种无声的沟通方式，在无形之中连接着企业与消费者。但是，在消费者中，到底是用户设计的产品更受消费者欢迎，还是设计师设计的产品更容易得到消费者的信赖。在进行促销时，促销人员应该如何强调产品是“用户设计”才能获得更高的认可，又应该怎样突出产品是“设计师设计”才能带来更高的销量？这是需要进一步得到解释的现实问题。除此之外，何种消费者会偏好用户设计理念的产品，何种消费者又会偏好设计师设计的产品？这也是企业在制定营销策略时需要思考的实际问题，但现实中这种消费者个性的研究并未得到足够的关注，

企业正需要相关研究的支持。

综上所述，如何获知不同的产品设计理念对消费者产品偏好的影响以及进一步发掘消费者个性的作用，进而帮助企业更好地对消费者行为进行理解与控制，使其做出有益于提升企业绩效的行为，是企业在经营过程中需要谨慎思考的问题，也是本章研究的现实出发点。

（2）理论背景

产品设计理念是设计者对产品的设想与构想。左铁峰（2006）从产品使用者和产品设计者两个角度，对产品设计理念的内涵进行了界定。对产品使用者而言，产品设计理念是在一定环境、条件下，产品通过其形态、功能及功能设施对使用者所产生的生理及心理的“体验”。对产品设计师而言，产品设计理念指的是针对某一特定的设计目标（产品、现实或概念性的生活方式），基于特定的目标群体、地域、市场，以特定的科技、人文、社会为背景所进行的全方位、多层次、多因素、全局性的构思与展望[1]。Dahl 等（2014）从产品设计者的角度，将产品设计理念分为用户设计理念和设计师设计理念两个方面。用户设计理念指的是公司建立了大型的用户品牌社区，公司产品由用户社区的用户所设计。而设计师设计理念指的是由公司内部的设计师设计新产品[2]。

关于用户设计理念的多项研究表明，用户设计会影响消费者的购买意愿、企业创新力及盈利能力的提升。Schreier 等（2012）的研究发现，消费者认为采用用户设计理念的公司更有能力生产出新奇有用的产品，而且还具有顾客导向意识，消费者相信这类公司会把顾客利益放在第一位，并且更愿意了解用户需求，因此会对采用用户设计理念公司的产品产生积极的购买意愿[3]。Lilien 等（2002）关于引导用户的创意生成对新产品开发的效果评估研究表明，通过对目标市场用户同时收集产品需求和解决方案，进而激活用户在产品创意生成过程中的参与度，会有效提升企业的产品创新能力[4]。Von Hippel（2005）将用户设计界定为一种创新的方法，即组织通过利用自身的用户品牌社区，而不是内部设计师来形成新的产品创意，这已经在众多行业中被证明是一种有效的产品创新策略[5]。Franke

等（2010）证明了用户在公司价值创造过程中起到的重要作用，也就是说增加用户在新产品开发过程中的参与度，使用户感知自己是产品设计的创造者，那么会显著增加用户的购买意愿，为公司带来经济价值[6]。Nishikawa 等（2013）关于产品设计理念对无印良品产品经营绩效的实证研究发现，当产品投入到市场一年后，用户设计理念的产品销售收入是设计师设计理念产品销售收入的三倍，而毛利率更是达到了四倍的差异[7]。

关于设计师设计理念的相关研究表明，设计师的专业性是产品成功投放市场的必要条件，并会对消费者产品偏好、顾客忠诚度产生影响。Cooper 和 Robert（2001）的研究表明，过去数十年来，设计师设计理念都对产品的设计具有绝对的支配权，专业的设计师会将市场趋势及顾客需求转化到产品中，并最终投放到目标市场[8]。Ulrich 和 Karl（2007）的研究认为，采用设计师设计理念的公司所具备的专业技能能够确保他们高水平地完成产品的设计工作[9]。Moreau 和 Herd（2010）的研究也认为，采用设计师设计理念的公司设计师具有的专业知识、培训经历及丰富的工作经验，相较于用户设计具有更为显著的优势[10]。李凤萍和刘荣（2010）通过对三星手机设计理念与消费者偏好之间的研究表明，通过设计师的设计创新，三星产品获得了消费者的认可，进而增加了顾客的产品偏好[11]。王国书和周赳（2015）关于网络品牌服装设计营销模式的研究表明，由设计师所创立的网络品牌，通过原创设计所形成的产品，能够达到良好的销量，赢得稳定的顾客忠诚度[12]。

综上所述，以往学者们对用户设计理念、设计师设计理念的研究表明，产品设计理念能够影响消费者的产品选择、企业的经营绩效等，但是关于不同国家消费者对产品设计理念的偏好差异以及其中影响机制的研究较少。大量的理论研究表明，消费者行为领域的研究结论普遍受到消费者个性的影响，不同个性的消费者面对相同的消费情景会有不同的消费行为。因此本章从消费者个性的角度出发，引入权力距离信念作为调节变量，探究不同国家、不同个性的消费者对产品设计理念与产品偏好之间的影响。并在此基础上发掘了公司认同、能力信任两个变量的中介作用，又引入品牌声誉变量，探究产品设计理念与权力距离信念两者之间交互作用存在的边界条件。

2.1.2　研究目的

通过前文对现实背景与理论背景的分析，我们可以得到本章的三个方面的研究目的与内容。

研究一：跨文化研究

用户设计与设计师设计作为两种不同的产品设计理念会对消费者的产品偏好产生影响。美国学者的相关研究表明美国消费者会更偏好采用用户设计理念的产品。那么，面对两种不同的产品设计理念，中国消费者会有何种偏好呢？是否存在跨国性的偏好差异？因此，本章的第一个研究为跨文化研究，即产品设计理念对消费者产品偏好的跨国差异性影响。

研究二：权力距离信念的调节作用研究

研究二将进一步对研究一的结论进行解释。有关学者的研究表明，西方国家的消费者具有较低的权力距离信念，而东方国家的消费者则具有较高的权力距离信念，不同水平的权力距离信念会对消费者行为产生影响，因此可能是权力距离信念引起的国别之间的产品偏好差异。本章的研究模型引入权力距离信念作为调节变量，探索不同水平的权力距离信念对产品设计理念与产品偏好之间的影响。另外，引入公司认同、能力信任两个变量作为中介变量，进一步探索在不同的权力距离信念水平下，上述两个变量对产品设计理念与产品偏好之间将产生何种影响，以上为本章第二个研究内容。

研究三：品牌声誉的调节作用研究

研究三是对研究一内容的拓展，我们将进一步探索产品设计理念与权力距离信念两者之间交互作用存在的边界条件。品牌声誉是企业通过长期经营，由消费者做出的对于企业产品品质、形象等特性的综合性评价。大量的研究表明，不同的品牌声誉会对消费者的产品偏好产生影响。品牌声誉高的产品更容易获得消费者的认可，而品牌声誉一般甚至较差的产品则会显著降低消费者的产品偏好。本章的研究模型引入品牌声誉作为研究变量，从消费者如何评价品牌的角度将其分为高端品牌、大众品牌，并探索品牌声誉、产品设计理念、权力距离信念三个变量之间的交互作用，以上为本章的第三个研究内容。

2.1.3 研究意义

(1) 现实意义

随着人们生活水平的提高以及产品市场竞争的日趋激烈，消费者面临的产品选择增多，在购买能够满足使用需求的产品外，更加注重产品的附加价值。产品设计理念作为企业的一种无形资产，会影响消费者的消费行为。何种产品设计理念更容易得到消费者的垂青，具备不同个性特点的消费者又会偏好哪种产品设计理念的产品？这是企业制定并推广营销策略，建立竞争优势，应对市场竞争时值得进一步思考的问题。因此，本章将帮助企业探究产品设计理念与消费者行为之间的关系及其中的影响机制，使企业能够采取适当的营销策略，有效实现消费者的真实购买。

(2) 理论意义

首先，本章的研究将在一定程度上丰富了营销领域中关于产品设计理念的相关研究。一方面，我们探究了产品设计理念在国别之间的偏好差异。另一方面，我们引入权力距离信念、公司认同、能力信任三个变量，探究了前者的调节作用，以及后两者的中介作用，从而进一步对于研究一的跨国差异性进行解释。随后，我们对研究一的内容进行了拓展，引入品牌声誉变量，探究产品设计理念与权力距离信念两者之间交互作用存在的边界条件，进一步丰富了研究模型。因此，本研究对消费者行为学领域关于产品设计理念的研究进行了一定的创新，具有积极的理论意义。

2.1.4 研究内容与研究方法

(1) 研究内容

本章结合消费者实践与已有的学术研究成果，探究了产品设计理念对消费者产品偏好的影响。首先，在 Dahl 等（2014）针对美国消费者研究的基础上[2]，研究一探究了产品设计理念对消费者产品偏好的影响是否存在跨国差异。其次，在以往学者研究的基础上，研究二引入权力距离信念变量，对研究一的结论进行解释，探究权力距离信念对产品设计理念与消费者产品偏好之间的调节作用，以及在不同水平的权力距离信念条件下，

公司认同、能力信任变量对产品设计理念与消费者产品偏好之间的中介作用。最后，对研究一的内容进行拓展，引入品牌声誉变量，探究产品设计理念与权力距离信念两者之间交互作用存在的边界条件。因此，本章的研究框架如图 2 –1 所示。

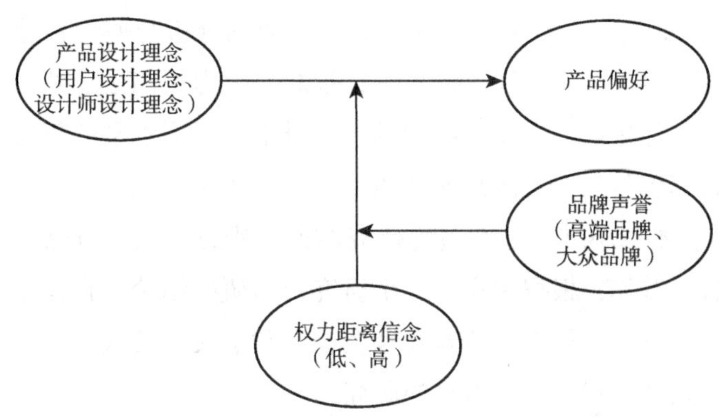

图 2 –1　研究框架

本章包含七节内容，主要结构如下。

2.1 节，引言。本节包括研究背景、研究目的、研究意义、研究内容与研究方法等内容。首先，从现实与理论两个角度论述了本章的研究背景。其次，论述了本章的研究内容和理论及实践意义。最后，指出了本章的研究思路、研究方法以及文章结构。

2.2 节，文献回顾。本节主要包括研究变量的含义以及相关研究的回顾与总结两方面内容。首先，对产品设计理念变量的含义与分类以及对企业及消费者行为的影响进行了回顾与分析。其次，对权力距离信念变量的含义及划分维度以及对消费者行为、组织行为的影响进行了回顾与总结。再次，对品牌声誉变量的来源及内涵以及对消费者行为的影响进行了论述。

2.3 节，研究假设。主要包括权力距离信念对于产品设计理念与消费者产品偏好之间关系的调节作用，公司认同、能力信任对于产品设计理念与消费者产品偏好之间关系的中介作用，以及品牌声誉、权力距离信念与产品设计理念的三方交互作用。

2.4 节，研究一。本节包含研究设计、数据分析与假设检验以及研究小结三方面内容。详细阐述了产品设计理念对消费者产品偏好的影响存在跨国差异。

2.5 节，研究二。本节包含研究设计、数据分析与假设检验以及研究小结三方面内容。详细阐述了权力距离信念对产品设计理念与消费者产品偏好之间的调节作用，以及在不同水平的权力距离信念下，公司认同、能力信任变量对产品设计理念与消费者产品偏好之间的中介作用。

2.6 节，研究三。本节包含研究设计、数据分析与假设检验以及研究小结三方面内容。详细阐述了产品设计理念与权力距离信念两者之间交互作用存在的边界条件，以及不同的品牌声誉下，不同水平的权力距离信念对产品设计理念与消费者产品偏好的影响。

2.7 节，本章小结。本节包含研究结论、研究意义、研究局限与展望三方面内容。首先，根据本章的三个研究得出研究结论，在此基础上总结出本章的创新点，并指出理论意义和营销实践意义。其次，进一步分析本章研究的局限性，得出未来潜在的研究方向。

（2）研究方法

本章通过实验法来检验研究模型与假设，并运用 SPSS17.0 对所收集的研究数据进行分析和处理。

根据本章的研究框架，共进行了三组实验研究，分别如下：

研究一采用实验法，为 2×2 的研究设计，一共分为 4 组，即产品设计理念（用户设计理念 VS 设计师设计理念）×国别（美国 VS 中国）。其中，美国消费者的数据源于 Dahl 等（2014）的相关研究[2]。首先，让参与者阅读两家公司的 T 恤衫产品信息（操控产品设计理念）。其次，通过调查问卷测量参与者的产品偏好。最后，收集参与者的基本信息。研究一将验证产品设计理念对消费者产品偏好的影响是否存在跨国差异。

研究二采用实验法，为 2×2 的研究设计，一共分为 4 组，即产品设计理念（用户设计理念 VS 设计师设计理念）×权力距离信念（低权力距离信念 VS 高权力距离信念），研究二将对研究一的结论进行解释。首先，让参与者完成造句和论述任务（操控权力距离信念，通过相关量表测量操控效果）。其次，参与者将阅读两家公司的软件产品信息（操控产品设计理念，通过相关量表测量操控效果），并通过调查问卷对参与者的产品偏好、公司认同、能力信任、产品设计理念进行测量。最后，收集参与者的基本信息。研究二将验证权力距离信念对产品设计理念与消费者产品偏好之间

的调节作用，以及在不同水平的权力距离信念下，公司认同、能力信任变量对产品设计理念与消费者产品偏好之间的中介作用。

研究三采用实验法，为 2 ×2 ×2 的研究设计，一共分为 8 组，即产品设计理念（用户设计理念 VS 设计师设计理念）×权力距离信念（低权力距离信念 VS 高权力距离信念）×品牌声誉（高端品牌 VS 大众品牌），研究三进一步拓展了研究一的内容。首先，参与者将阅读两家公司的 T 恤衫产品、品牌声誉信息（操控产品设计理念、品牌声誉，分别通过相关量表测量操控效果）。其次，通过调查问卷对参与者的产品偏好、产品设计理念、品牌声誉以及权力距离信念进行测量。最后，收集参与者的基本信息。研究三将验证产品设计理念与权力距离信念两者交互作用存在的边界条件，并进一步验证在不同水平的品牌声誉下，不同水平的权力距离信念对产品设计理念与消费者产品偏好的影响。

（3）技术路线

本章拟订采取的研究技术路线如图 2 –2 所示。

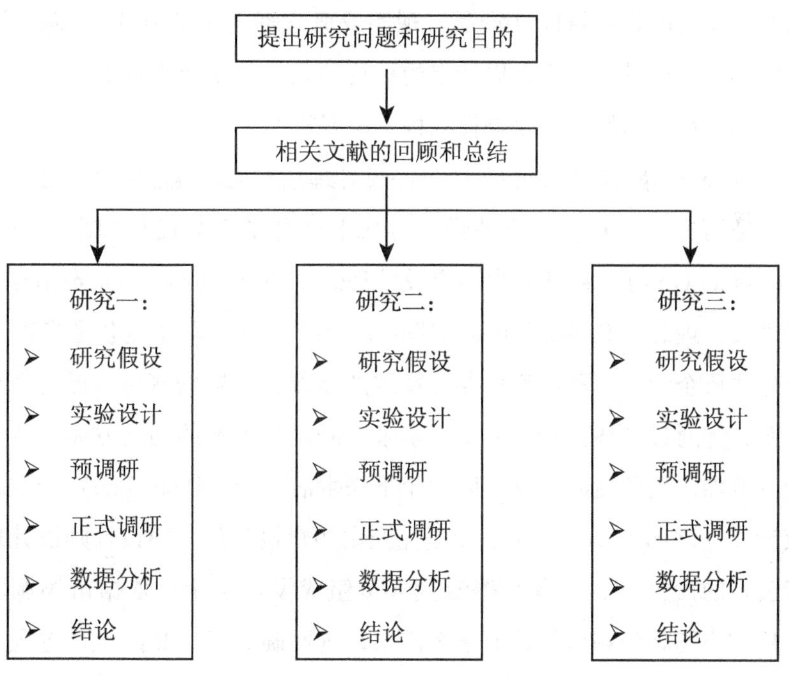

图 2 –2　研究技术路线

2.2 文献回顾

本节将分别对产品设计理念、权力距离信念、品牌声誉三个变量相关学者的研究进行回顾、分析和总结，为本章的后续探索奠定理论基础。

2.2.1 产品设计理念

(1) 含义与分类

产品设计理念是设计者对产品的设想与构想。左铁峰（2006）在关于产品设计理念与产品形态的研究中，从产品使用者和产品设计者两个角度，对产品设计理念的含义进行了界定。对产品使用者而言，产品设计理念是在一定环境、条件下，产品通过其形态、功能及功能设施对使用者所产生的生理及心理的“体验”。对产品设计师而言，产品设计理念指的是针对某一特定的设计目标（产品、现实或概念性的生活方式），基于特定的目标群体、地域、市场，以特定的科技、人文、社会为背景所进行的全方位、多层次、多因素、全局性的构思与展望[1]。

Nishikawa 等（2013）在关于产品设计理念对无印良品家具产品绩效评价的实证研究中，从新产品的设计方式上区分了产品设计理念（Product Design Philosophy），将其分为用户设计理念（User - Design Philosophy）与设计师设计理念（Designer-Design Philosophy）。用户设计理念是指产品用户通过注册企业的互联网论坛参与特定产品设计主题的探讨、提交产品设计方案，并通过在线讨论的方式在未来产品设计主题的确立方面产生重大影响。例如，无印良品家具中以“坐下来生活”（Sit Down Life）为主题的地板沙发（Floor Sofa）产品，就是完全由用户设计的。而设计师设计理念是指公司的设计师、工程师等专业人员组成设计小组，依据市场调研报告，例如市场趋势调研等获取顾客需求，进而确立新产品的设计主题来开展产品设计工作[7]。

Dahl 等（2014）在关于产品设计理念对消费者产品选择的研究中，从

产品设计者的角度，将产品设计理念分为用户设计理念和设计师设计理念两个方面。用户设计理念指的是公司建立了大型的用户品牌社区，公司产品由用户社区的用户设计。而设计师设计理念指的是由公司内部的设计师设计新产品[2]。

综上所述，以往学者对产品设计理念的含义以及分类都包含用户和设计师两个概念，本章的研究一将与 Dahl 等（2014）关于美国消费者产品设计理念偏好的研究进行对比探究，因此将采用学者 Dahl 的分类方法，将产品设计理念分为用户设计理念和设计师设计理念。其中，用户设计理念指的是公司建立了大型的用户品牌社区，公司产品由用户社区的用户设计。而设计师设计理念指的是由公司内部的设计师设计新产品。

（2）对企业及消费者行为的影响

关于用户设计理念的相关研究表明，用户设计是一种有效的产品创新策略，能够为公司带来经济价值。Lilien 等（2002）关于引导用户的创意生成对新产品开发的效果评估研究表明，通过对目标市场用户同时收集产品需求和解决方案，进而激活用户在产品创意生成过程中的参与度，会有效提升企业的产品创新能力[4]。Von Hippel（2005）将用户设计界定为一种创新的方法，即组织通过利用自身的用户品牌社区，而不是内部设计师来形成新产品的设计创意，这已经在众多行业中被证明是一种有效的策略。例如，Apache 软件，无印良品家具等都曾利用用户社区的创意来获得新产品创新上的成功。这也让众多公司意识到，用户不再仅仅是产品的购买者和消费者，而是个人创造力的集群，能够与公司一起创造价值[5]。Franke 等（2010）的研究证明了用户在公司价值创造过程中起到的重要作用。也就是说增加用户在新产品开发过程中的参与度，使用户感知自己是产品设计的创造者，会显著增加用户的购买意愿，为公司带来经济价值[6]。此外，Nishikawa 等（2013）关于产品设计理念对无印良品产品经营绩效的实证研究也发现，当产品投入到市场一年后，采用用户设计理念的产品销售收入是采用设计师设计理念的产品销售收入的三倍，而毛利率更是达到了四倍的差异。此外，当产品投入到市场三年后，采用用户设计理念的产品比采用设计师设计理念的产品具有更长的产品生命周期[7]。

用户设计还会有效影响消费者的产品偏好。Fuchs 等（2010）的研究发现，用户之所以积极地参与到公司创造价值的过程中可能是因为心理效应在其中发生了微妙的作用。参与到用户设计中会让消费者感觉到自己能够对产品设计产生个人直接的影响力，因此他们愿意参与到产品设计中，如果公司向市场中投放的产品恰好是由用户设计的，那么设计这些产品的用户会显著增加对公司产品的偏好[13]。Poetz 和 Schreier（2012）的研究表明，采用用户设计理念来设计新产品的公司能够增强市场竞争力，因为他们更有可能生产出优秀的新产品来满足消费者真正的需求，进而能够有效增加消费者对其产品的偏好[14]。Schreier 等（2012）的研究发现，在低技术领域，采用用户设计理念的公司具有更高的创新能力，消费者也会认为采用用户设计理念的公司更有能力生产出新奇有用的产品。消费者不仅认为采用用户设计理念的公司具有创造性，而且还具有顾客导向意识，例如，消费者相信这类公司会把顾客利益放在第一位，并且更愿意了解用户需求。这种归因导致消费者会对用户设计理念公司的产品产生积极的购买意愿[3]。Dahl 等（2014）针对美国消费者的研究表明，相比较于采用设计师设计理念的公司，消费者更倾向于购买采用用户设计理念的公司的产品[2]。

关于设计师设计理念的研究表明，设计师的专业性是公司产品成功投放市场的必要条件，并能够帮助公司建立良好的品牌形象。Cooper 和 Robert（2001）的研究表明，过去数十年来，设计师设计理念都对产品的设计具有绝对的支配权，尽管会听取消费者的建议来识别市场趋势，满足消费者需求，但是通常是由公司雇用的专业设计师将市场趋势及需求转化到产品中，并最终投放到目标市场[8]。Ulrich 和 Karl（2007）的研究认为，采用设计师设计理念的公司设计师所具备的专业技能能够确保他们高水平地完成产品的设计工作[9]。Schulze 和 Hoegl（2008）关于新产品开发创意的研究指出，仅仅依赖咨询产品用户来形成新产品设计理念是不太可能的，只有企业中具备专业知识的设计师才是开发新产品的决定因素[15]。Moreau 和 Herd（2010）的研究也认为，采用设计师设计理念的公司具有的专业知

识、培训经历及丰富的工作经验，相较于用户设计具有更为显著的优势[10]。设计师设计理念还通过设计师的专业性、权威性来开展品牌推广。许多欧洲顶级品牌的设计师都闻名遐迩，声名远播，远远超过品牌的幕后老板。例如，香奈儿的设计师“老佛爷”卡尔·拉格斐，迪奥的设计师约翰·加利亚诺。

设计师设计的产品还会对消费者产品偏好、公司效益、顾客忠诚度产生影响。李凤萍和刘荣（2010）通过对三星手机设计理念与消费者偏好之间关系的研究表明，通过设计师的设计创新，三星产品获得了消费者的认可，进而增加了顾客的产品偏好[11]。于纯轩（2014）关于设计营销的研究发现，只有设计师秉承以设计为导向，用户为中心的理念，设计师的设计才能真正促进产品的销售，并为企业获得经济效益[16]。王国书和周赳（2015）关于网络品牌服装设计营销模式的研究表明，由设计师所创立的网络品牌，通过原创设计所形成的产品，能够达到良好的销量，赢得稳定的顾客忠诚度。此外，设计师还能够准确把握市场需求，将顾客需求与设计理念融合，创造出满足消费者需求的产品[12]。

综上所述，学者们对用户设计理念、设计师设计理念的研究表明，产品设计理念能够影响消费者行为及企业绩效，但尚未有学者以国别为区分变量进行跨国消费者关于产品设计理念对产品偏好影响的研究，因此，本章将结合 Dahl 等（2014）针对美国消费者的研究方法及研究样本，探究同样的实验环境下，中美消费者对产品设计理念不同的公司产品有何种偏好差异。

2.2.2　权力距离信念

（1）含义及划分

权力距离信念（Power Distance Belief，PDB）源于权力距离（Power Distance，PD）。在社会心理学领域，荷兰社会心理学家 Mauk Mulder（1976）首先将权力距离定义为在一个组织中，拥有较少权力与拥有较多权力的个人之间权力分配不平等的程度[17]。在组织行为学中，1980 年，

Hofstede 与同事针对 50 个国家的 11.6 万名 IBM 员工开展了关于工作价值的调研，通过询问员工对管理模式、工作环境的偏好，由此总结出东西方文化差异的四个维度，进而构成了组织行为学研究的基础，这四个维度分别为：个人主义与集体主义（Individualism/Collectivism），表示个人与集体联结的程度；权力距离（Power Distance），表示社会承认和接受的权力在组织中的不平等分配的程度；不确定性规避（Uncertainty Avoidance），表示人们对未来不确定性的态度；刚柔性（Masculinity/Femininity），表示人们在如何分配男性与女性社会角色方面的态度[18]。

学者 Hofstede（1984）在著作《文化结果：工作价值观的国际差异》中，进一步将权力距离定义为一种存在于国家层面上的文化因素，这种文化价值体系由国家的大多数中产阶级掌控，并进一步得出各个国家的权力距离指数（Power Distance Index，PDI），由此划分出低权力距离国家（如美国）和高权力距离国家（如中国）。在低权力距离的社会环境下，社会平等和公平是社会的主旋律，等级制度对维持社会秩序来说是不必要的，在社会中人人都是平等的，都有能力去拥有权力。而在高权力距离的社会环境下，社会等级制度是维持社会秩序的基础，权力的维护并不像低权力距离的社会一样需要合法化，每个人在社会秩序中都有属于自己的或高或低的地位[18]。

学者 Hofstede（2001）又将国家层面的权力距离延伸到个人层面，即权力距离信念（PDB）。所谓权力距离信念，是指人们对于权力分配不公的接受度和期望度[19]。学者 Oyserman 和 Daphna（2006）的研究还指出，权力距离信念并不代表个人拥有权力的程度，而是指整个社会对于人们权力、财富、威望不平等的接受度。低权力距离信念与高权力距离信念的核心差别不在于实际权力的分配不公，而在于人们对于权力分配不公的态度，低权力距离信念的个人认为应该杜绝权力分配不平等的社会现象，每个人都是自由而平等的个体。而高权力距离信念的个人则认为权力分配不公的社会现象是理所应当存在的，每个人都有或高或低的社会地位[20]。

根据上述学者的研究，我们将权力距离定义为整个社会对权力以及财富不平等这一现象的接受程度，将权力距离信念的含义界定为个人对权力

以及财富不平等这一现象的接受程度，并将其分为低、高两个维度，低权力距离信念的人更倾向于社会公平，人人平等，而高权力距离信念的人更倾向于存在社会等级制度，每个人都有或高或低的地位。

（2）对消费者及组织行为的影响

有关学者的研究表明，东西方国家的消费者具有不同水平的权力距离信念。Hofstede（2013）的研究表明，低权力距离国家的个人也具有低权力距离信念，例如对于追求社会平等的西方国家来说，消费者具有较低的权力距离信念。而高权力距离国家的个人也同样具有高权力距离信念，例如对于认同社会等级的东方国家来说，消费者具有较高的权力距离信念[21]。例如，在崇尚社会平等的美国，消费者追求人人平等，他们具有较低的权力距离信念，而在存在社会等级的中国，消费者注重社会地位的高低，他们具有较高的权力距离信念。

相关研究表明，不同水平的权力距离信念会对消费者的慈善捐赠行为、奢侈品购买等行为产生影响。Karen 和 Zhang（2014）关于权力距离信念与消费者慈善捐赠行为的研究表明，低权力距离信念的消费者会显著提高个人对责任心的感知，从而对慈善捐赠行为产生显著的积极影响。而高权力距离信念的消费者会显著降低个人对责任心的感知，导致对慈善捐赠行为产生显著的消极影响[22]。也就是说，低权力距离信念的消费者更容易识别社会不公平的现象，这种敏感度使他们更容易产生减少社会不公平的责任心，因此会增加慈善捐赠行为。而高权力距离信念的消费者认同社会不公平应该存在，当面对需要捐赠的情景时，可能并不会过多地激发个人去改变社会不公平现象的责任心，因此会减少慈善捐赠的行为。Zhang 等（2010）关于权力距离信念对消费者奢侈品购买行为的研究发现，低权力距离信念的消费者注重当前需求的满足，并不刻意克制自己购买奢侈品，而高权力距离信念的消费者由于受到文化环境的影响（对诱惑、权力的克制）具有更强的自我控制能力，这种由高权力距离信念引发的自我控制能力会显著降低人们的奢侈品购买行为[23]。这意味着，低权力距离信念的消费者认为人人平等，每个人都有追求美好事物的权力，不必过多考虑社会等级的因素，因此会更偏好购买奢侈品。而高权力距离信念的消费者认同社会等级的存在，会区分自己所属的社会地位层级，因而具有较强的自我控制能力，导致购买奢侈品的行为显著减少。Hofstede（2001）的研究也表明，中国消费者在宾客宴请上会严格明确座次，以维护并凸显个人不同的社会地位[19]。Lian 等（2012）的研究也进一步验证了，高权力距离信念的消费者会持续保持对于权力分配不平等的认同态度，并根据自己在社会等级中所属的地位做出购买行为，以确保高层级的他人的社会地位得以维护[24]。

不同水平的权力距离信念还会对组织中的上下级关系、员工幸福感产生影响，尤其体现在对权威的应对方面。Bond 等（1985）的研究发现，当上级对下级表现出无礼的行为时（如辱骂、侮辱等），低权力距离信念的个人并不认同，而高权力距离信念的个人则更容易接受这种现象[25]。Brockner 等（2001）的研究表明，低权力距离信念的个人对于不能参与公司的重要决策而感到失落，但高权力距离信念的个人却并没有太多感触[26]。Kirkman 等（2009）的研究发现，在组织中，高权力距离信念的个人更加尊敬并且信任上级[27]。Lee 等（2000）的研究也发现，高权力距离信念的个人较少地反对处事不公平的上级[28]。Lin 等（2012）的研究证明了苛责式的监督管理方式对低权力距离信念的员工幸福感具有消极的影响[29]。

综上所述，以往学者将权力距离信念分为高低两种水平，不同水平的权力距离信念会对消费者个人的行为产生影响，但对权力距离信念的研究更多地集中于作为影响消费者行为的前因变量方面，在本章的研究中，我们将发掘权力距离信念作为调节变量，并进一步通过实验法探究不同水平的权力距离信念作为调节变量对产品设计理念与产品偏好产生的影响。

2.2.3 品牌声誉

（1）来源及内涵

声誉（Reputation）起源于经济学，早在 200 多年前，经济学鼻祖亚

当·斯密就意识到声誉的作用，他认为声誉是能够确保契约实现的有效方式，并对声誉的上述影响进行了基本论述，但之后的 100 多年时间里，声誉理论并未得到充分的发展，直到 20 世纪 70 年代末，随着博弈论在经济学中的广泛应用和信息经济学的兴起，才逐步丰富了声誉理论的研究，并为其他领域的相关研究奠定了扎实的基础。

对于企业声誉的内涵，不同学科都有自己侧重的研究重点，Fombrun 和 Van（1997）对此进行了进一步的梳理。在经济学中，通常用某一特点或信号来形容声誉。在市场营销学中，对声誉的研究侧重于如何树立声誉，尤其从消费者评价的角度。在组织行为学中，组织中的员工或利益相关者对组织的看法、认识程度，就是组织的声誉。在社会学中，则通过衡量企业的经营效果来描述声誉[30]。

品牌声誉（Brand Reputation）是企业声誉的一种，在品牌研究领域中具有非常重要的地位，对于这一概念的研究可以追溯到 20 世纪 60 年代。Aaker 和 Keller（1990）的研究认为，品牌声誉是消费者对与品牌名称相关的产品质量的整体感知[31]。学者 Herbig 和 Millewicz（1993）则认为，品牌声誉是指品牌经过长时间的沉淀，由消费者对品牌的产品属性做出的一致性评价[32]。Fombrun（1996）则认为，对企业过去的经营行为及未来发展的整体评价构成了品牌声誉[33]。Selnes（2000）在关于供应商能力有效性的研究中指出，品牌声誉是消费者以该品牌产品整体质量为依据对其进行的多角度整体评价[34]。Bhat 和 Bowonder（2001）关于品牌个性的研究表明，品牌声誉是消费者在与该品牌接触过程中产生的对该品牌的全面感知[35]。Tsai（2005）在关于全球品牌与本土品牌对消费者行为影响的研究中指出，品牌声誉是品牌长期积累的积极的正面的品牌形象[36]。韩冰（2010）在品牌声誉对消费者感知面子的影响研究中，进一步将品牌声誉定义为消费者根据与该品牌名称相关的产品质量的感知对该品牌做出的一个整体评价[37]。

综上所述，在过去学者研究的基础上，我们发现品牌声誉的含义涵盖了多方面的内容，但是基本具备以下三个特征：一是企业经营的长期性；二是消费者对企业产品质量、品牌形象等属性的感知；三是由消费者作为评价主体。因此，我们将品牌声誉的内涵界定为企业经过长时间的经营积累，能够让消费者感知到产品品质、形象等属性，并且由消费者最终进行的综合评价。

（2）对消费者行为的影响

有关学者的研究发现，品牌声誉能够影响消费者的产品购买决策。Fombrun 和 Charles（1996）关于品牌声誉与公司形象价值的研究表明，当公司具有较高的品牌声誉时，消费者不仅会增加对其产品的偏好，还会认同广告内容，提高购买意愿。而较低的品牌声誉则不会产生上述影响[38]。Belk（1988）的研究表明，消费者通过购买个人认同的品牌产品来传递自我价值[39]。Grubb 和 Hupp（1968）的研究进一步发现，品牌声誉与自我概念越相符，消费者的品牌认同度越高，越愿意购买该品牌产品[40]。Levy 和 Rook（1999）的研究发现，购买品牌声誉好的产品能够帮助消费者展示个人的消费偏好，树立良好的个人形象[41]。Nguyen 等（2001）关于品牌声誉对消费者保持率的研究表明，当品牌声誉良好时，能够有效提升顾客忠诚度和保持率，并增加重复购买率[42]。

品牌声誉还能够影响消费者对企业及产品的评价。Stambaugh（1994）在关于品牌声誉与消费者满意度的研究中指出，消费者会通过品牌声誉对企业及产品进行评价[43]。Weriss 等（1999）在关于品牌声誉对产品销售决策影响的研究中指出，企业产品的品牌声誉与消费者的产品认知有关，具有较高品牌声誉的产品会让消费者感觉该产品的良好品质以及由此产生的较低的购买风险[44]。江晓东和刘晶（2007）的实证研究验证了品牌声誉能够影响消费者对服务产品的认知，进而显著影响消费者对服务产品的购前评价[45]。付建坤等（2014）关于品牌声誉影响下的在线评论有用性的实证研究表明，当产品具有较高的品牌声誉时，相比于负向评价，消费者的正向评价会产生更为积极的影响；当产品具有较低的品牌声誉时，相比于中性评价，消费者的极性评价会产生更为积极的影响[46]。也就是说，对于互联网销售的产品，当其具备较高的品牌声誉时，潜在的消费者会更加信任已购买消费者所做出的正向评价。而当其具备较低的品牌声誉时，其

他消费者对产品做出的正向或负向的评价会比中性评价更加有效。

综上所述，现有文献对品牌声誉的研究集中于探讨品牌声誉的正向与负向影响，本章进一步从消费者如何评价品牌的角度将品牌声誉分为高端品牌、大众品牌，以此为基础探究产品设计理念与权力距离信念两者之间交互作用存在的边界条件，以及在不同的品牌声誉下，不同水平的权力距离信念对产品设计理念与消费者产品偏好的影响。

2.3　研究假设

2.3.1　产品设计理念对消费者产品偏好的影响存在跨国差异

过去学者们的研究已经表明，用户设计影响消费者的产品偏好。Fuchs 等（2010）的研究发现，参与到用户设计中会让消费者感到自己能够对产品设计产生个人直接的影响力，因此他们愿意参与到产品设计中，如果公司最终向市场中投放的产品恰好是由用户设计的，那么设计这些产品的用户会显著增加对公司产品的偏好[13]。Poetz 和 Schreier（2012）的研究表明，采用用户设计理念来设计新产品的公司能够有效增加市场竞争力，因为他们更有可能生产出优秀的新产品来满足消费者真正的需求，进而有效增强消费者对其产品的偏好[14]。Schreier 等（2012）的研究发现，消费者会认为采用用户设计理念的公司具有创造性，而且还具有顾客导向意识，例如，消费者相信这类公司会把顾客利益放在第一位，并且更愿意了解用户需求。这种归因导致消费者会对采用用户设计理念公司的产品产生积极的购买意愿[3]。Dahl 等（2014）关于产品设计理念对美国消费者产品偏好的研究表明，相比于采用设计师设计理念的公司，消费者更倾向于购买采用用户设计理念公司的产品[2]。

但是上述研究都是针对西方消费者的，在中国消费者中，李凤萍和刘荣（2010）关于设计师设计理念与消费者偏好之间关系的研究表明，通过设计师的设计创新，能够使产品获得消费者的认可，进而增加顾客的产品偏好[11]。王国书和周赳（2015）关于网络品牌服装设计营销模式的研究表明，由设计师所创立的网络品牌，通过原创设计所形成的产品，能够达到良好的销量，赢得稳定的顾客忠诚度。此外，设计师还能够准确把握市场需求，将顾客需求与设计理念融合，创造出满足消费者需求的产品[12]。此外，在中国的大中型城市，几乎随处可见人手一部不同时代的苹果手机，这款由乔布斯设计的产品曾被誉为“工业设计的奇迹，外形和功能的完美结合”。同时，在中国的白领群体、大学生群体中，苹果电脑等由设计师设计的苹果系列产品也同样受到追捧。因此，在中国消费者中，我们推测消费者可能更偏好设计师设计的产品，而不是用户设计的产品。

因此，我们提出研究一的假设：

假设1：产品设计理念对消费者产品偏好的影响存在跨国差异。美国消费者更偏好用户设计的产品，中国消费者更偏好设计师设计的产品。

2.3.2 权力距离信念的调节作用

(1) 权力距离信念的调节作用

20世纪80年代，学者Hofstede通过国际性的工作价值调研，总结出跨文化差异的四个维度，分别为：个人主义与集体主义（Individualism/Collectivism），表示个人与集体联结的程度；权力距离（Power Distance），表示社会承认和接受的权力在组织中的不平等分配的程度；不确定性规避（Uncertainty Avoidance），表示人们对未来不确定性的态度；刚柔性（Masculinity/Femininity），表示人们在如何分配男性与女性社会角色方面的态度[18]。学者Hofstede（2001）又将国家层面的权力距离延伸到个人层面，即权力距离信念（PDB）。所谓权力距离信念，是指人们对于权力分配不公的接受度和期望度[19]。学者Oyserman和Daphna（2006）的研究还指出，权力距离信念并不代表个人拥有权力的程度，而是指整个社会对于人们权力、财富、威望不平等的接受度[20]。

Hofstede（2013）的研究表明，东西方国家的个人具有不同水平的权力距离信念。低权力距离国家的个人也具有低权力距离信念，例如美国消费者具有较低的权力距离信念。而高权力距离国家的个人也同样具有高权

力距离信念，例如中国消费者具有较高的权力距离信念[21]。相关研究表明，不同水平的权力距离信念会对消费者行为产生显著影响。Zhang 等（2010）的研究发现，低权力距离信念的消费者注重当前需求的满足，并不克制自己购买奢侈品，而高权力距离信念的消费者由于受到文化环境的影响（对诱惑、权力的克制）具有更强的自我控制能力，这种由高权力距离信念引发的自我控制能力会显著降低人们的奢侈品购买行为[23]。Karen 和 Zhang（2014）的研究表明，低权力距离信念的消费者会显著提高个人对责任心的感知，从而增加个人的慈善捐赠行为；而高权力距离信念的消费者会显著降低个人对责任心的感知，导致减少个人的慈善捐赠行为[22]。Hofstede（2001）的研究也表明，中国消费者在宾客宴请上会严格明确座次，以维护并凸显个人不同的社会地位[19]。Lian 等（2012）的研究也进一步验证了高权力距离信念的消费者会持续保持对于权力分配不平等的认同态度，并根据自己在社会等级中所属的地位做出购买行为，以确保高层级的他人的社会地位得以维护[24]。

这意味着，低权力距离信念的消费者（如美国消费者）认为人人平等，自己有能力和机会追求权力，会更加重视内心的需求是否得到满足，不会过多考虑社会等级的因素，并且容易感知到社会不公平，进而通过自己的能力去改善不公平，因此他们的行为表现为满足需求，发挥能力。而高权力距离信念的消费者（如中国消费者）注重社会等级，会更加重视社会地位层级，认为不公平是理所应当存在的社会现象，自己并没有能力去改变，同时尊重权威，认为社会地位高的人的能力要强于自己，即使自己的需求得不到满足，也要在自己的行为中时刻维护位高权重的人的地位，因此他们的行为表现为尊崇权威，克制欲望。而采用用户设计理念的产品恰好能够让低权力距离信念的美国消费者发挥自己的设计能力进而满足自己的需求，相反，采用设计师设计理念的产品则能够引发高权力距离信念的中国消费者对于权威性、专业性的尊崇和信任，因此，我们认为是权力距离信念引起的中美消费者产品偏好的差异。

由此，我们推测，低权力距离信念的消费者追求人人平等，他们并不过于注重设计师的设计能力，认为自己也有能力像设计师一样设计产品，并且更能满足自己的需求，所以，与设计师设计的产品相比，消费者会更倾向于选择用户设计的产品。而高权力距离信念的消费者，认同社会存在等级，尊重权威，认为自己不具备设计产品的能力，与用户设计的产品相比，消费者更加尊重和认同设计师的权威性、专业性，认为设计师的能力要比用户设计的能力更强，所以更加偏好设计师设计的产品。

因此，我们提出研究二的假设：

假设 2：权力距离信念调节着产品设计理念与消费者产品偏好之间的关系。低权力距离信念的消费者更偏好用户设计的产品，高权力距离信念的消费者更偏好设计师设计的产品。

（2）公司认同的中介作用

对于低权力距离信念的消费者来说，可能是公司认同对消费者的产品偏好起到主要作用。欧洲学者 Tajfel 等于 20 世纪 70 年代提出了社会认同理论，这一理论假定，我们不仅作为“我”（个人认同）来感知我们自己，还作为“我们”（社会认同）感知我们自己[47]。Tajfel 和 Turner（1986）的研究对个体认同与社会认同的含义进行了区分，他们认为个体认同是指对个人的认同作用，是个人特有的自我参照；而社会认同是指社会的认同作用，是由一个社会类别全体成员得出的自我描述[48]。Turner（1999）将社会认同定义为：共享社会范畴内的自我，即个体认识到他（她）属于特定的社会群体，同时也认识到作为群体成员带给他（她）的情感和价值意义[49]。

过去学者们的研究表明，公司认同可能是产品设计理念与消费者产品偏好之间的中介变量。Escalas 和 Bettman（2005）的研究认为，如果公司的市场理念能够确保消费者对其产生强烈的公司认同，那么消费者会认为这个公司具有价值，也就会倾向于选择这个公司的产品。这意味着一个公司的市场理念会直接影响消费者对公司的认同度，进而影响产品偏好[50]。Dahl 等（2014）针对美国消费者的研究表明，消费者对用户设计理念产品的偏好源于消费者对公司的高度认同[2]。因此，我们的研究认为，对于低权力距离信念的消费者来说，他们也是用户群体的一员，相比于采用设计

师设计理念的公司，采用用户设计理念的公司可能会更容易激活其用户身份，即使消费者本身并未直接参与产品设计，也能感受到自己有能力和机会参与到产品设计中，从而间接感受到被公司赋予了设计权力，进而更加认同采用用户设计理念的公司，也就更加偏好用户设计的产品。

因此，我们进一步得出研究二的假设：

假设 3a：在低权力距离信念的消费者中，公司认同是产品设计理念和产品偏好之间的中介变量。

(3) 能力信任的中介作用

对于高权力距离信念的消费者来说，能力信任可能是产品设计理念与消费者产品偏好之间的中介变量。学者 Sak（1992）认为，能力信任属于顾客信任的一个维度，顾客信任包括契约型信任、能力型信任和善念型信任三种类型。其中，能力信任是很重要的一个维度，主要指一方具有按照对方要求和预期完成某一行为的能力，由此形成对对方的评价[51]。

过去学者们的研究表明，能力信任会影响顾客忠诚、顾客满意度及购买意愿。Morgan 和 Hunt（1994）在关于信任与顾客关系的研究中表明，能力信任作为实现关系承诺的条件，是维持顾客关系的重要因素，只有顾客信任企业，才能保持良好的企户关系[52]。Jones 和 Sasser（1995）关于顾客忠诚度的研究表明，能力信任水平对顾客忠诚度具有显著的正向关系[53]。Reichheld 和 Schefter（2000）关于如何实现互联网顾客忠诚的研究表明，能力信任是建立顾客忠诚度的前提，也就是说能力信任能够帮助企业与顾客保持长久的关系，而顾客忠诚又会为企业带来稳定的利润源；此外，忠诚的顾客出于对企业的信任还会向新顾客推荐企业的产品，进而提高企业的经济效益[54]。Balasubramanian 等（2003）关于网络投资代理商顾客满意度的研究表明，对网络投资代理商的感知信任是消费者满意度的前因变量，而对代理商操作能力的信任则进一步影响感知信任的形成。这意味着，能力信任能够有效影响消费者满意度[55]。Miyamoto 和 Rexha（2004）关于日本消费者与供应商关系的研究则从反面验证了，消费者的满意度越高，他们对企业的能力信任度也越高[56]。Schlosser 等（2006）关于如何将网站访问顾客转化为真实购买者的研究表明，消费者对企业的能力信任会显著影响其在线购买意愿。也就是说，能力信任对于搜索者的在线购买意愿有显著的正向影响[57]。Gefen 和 Heart（2006）的研究表明，消费者对于互联网的真实购买意愿受到正直信任的影响，而潜在购买意愿则受到能力信任的影响[58]。这意味着，如果消费者认为网站在经营过程中具有标准化的流程，那么会有效提高消费者的真实购买意愿，如果消费者相信网站具备保障安全交易的能力，则会显著提高消费者潜在的购买意愿。谢恩等（2012）关于不同维度信任对消费者在线购买意愿的研究则表明，能力信任直接影响消费者的在线购买意愿，并且能力信任会影响正直信任对消费者购买意愿的强度[59]。因此，我们的研究认为，对于高权力距离信念的消费者来说，大家更加尊重权威性，相较于采用用户设计理念的公司，采用设计师设计理念的公司可能更容易让消费者感知到对设计师权威性和专业性的能力信任，从而影响产品选择。也就是说，高权力距离信念的消费者可能会由于相信设计师的能力，而对设计师设计的产品产生产品偏好。

因此，我们进一步得出研究二的假设：

假设 3b：在高权力距离信念的消费者中，能力信任是产品设计理念和产品偏好之间的中介变量。

2.3.3 品牌声誉的调节作用

有关学者的研究发现，品牌声誉能够影响消费者的产品购买决策以及对企业的评价。

Fombrun 和 Charles（1996）关于品牌声誉与公司形象价值的研究表明，当公司具有较高的品牌声誉时，消费者不仅会增加对其产品的偏好，还会认同广告内容，提高购买意愿[38]。Weiss 等（1999）在关于品牌声誉对产品销售决策影响的研究中指出，企业产品的品牌声誉与消费者的产品认知有关，具有较高品牌声誉的产品会让消费者感到该产品的良好品质以及由此产生的较低的购买风险[44]。Belk（1988）的研究表明，消费者通过

购买个人认同的品牌产品来传递自我价值[39]。Stambaugh（1994）在关于品牌声誉与消费者满意度的研究中指出，消费者会通过品牌声誉对企业及产品进行评价[43]。江晓东和刘晶（2007）的实证研究验证了品牌声誉能够影响消费者对服务产品的认知，进而显著影响消费者对服务产品的购前评价[45]。

研究二的研究结果表明，低权力距离信念的消费者偏好用户设计的产品，而高权力距离信念的消费者偏好设计师设计的产品，由此，我们推测具有不同权力距离水平的消费者对品牌声誉的看法，可能也会对产品偏好产生影响。

当消费者把产品看作高端品牌时，对低权力距离信念的消费者来说，他们认为大家都是平等的，即使是高端品牌设计师的设计能力也并不会引起过多的重视，反而会认为用户设计的产品赋予了消费者更多的权力和机会，也就会对这样的公司更加认同，进而更加偏好用户设计的产品。对高权力距离信念的消费者来说，大家比较尊崇权威性和专业性，高端品牌良好的品牌声望，会让他们认为设计师的设计能力远远强于用户，前者设计的产品更具有吸引力，因此更加信任高端品牌设计师的设计能力，进而更加偏好设计师设计的产品。

当消费者把产品看作大众品牌时，对低权力距离信念的消费者来说，他们认同人人平等，认为自己也和设计师一样具有设计能力，采用用户设计理念的公司更容易激活他们的用户身份，并且使他们感知到能够通过自己的设计能力影响产品设计，因而更认同采用用户设计理念的公司，也就更偏好用户设计的产品。对高权力距离信念的消费者来说，他们崇尚权威性和专业性，但是大众品牌的品牌声望一般，其设计师的设计水平可能并不那么专业，甚至他们自己也有可能设计出大众品牌的产品，因此不再信任设计师的专业能力，反而更加偏好用户设计的产品。

因此，我们提出研究三的假设：

假设 4：产品设计理念、权力距离信念、品牌声誉三方之间存在交互作用。对于高端品牌，低权力距离信念的消费者更偏好用户设计的产品，高权力距离信念的消费者更偏好设计师设计的产品。但对于大众品牌，不同权力距离信念水平的消费者都偏好用户设计的产品。

2.4 研究一：跨文化研究

通过文献回顾，我们对相关理论进行了梳理，本节将探究产品设计理念对消费者产品偏好的影响存在跨国差异。并通过实验法，结合中国及美国消费者的数据检验相关假设。

2.4.1 研究设计

（1）实验设计与数据收集

研究一采用实验法，实验对象为中国消费者，有效样本为225个，符合实验法的一般要求。本次实验为2×2的研究设计，即产品设计理念（用户设计理念VS设计师设计理念）×国别（美国VS中国）。首先，中国参与者将被随机分配到产品设计理念正好相反的两组实验条件下，即一组参与者所看到的两家T恤衫产品公司，A公司采用的是用户设计理念，B公司采用的是设计师设计理念；而另一组参与者所看到的两家T恤衫产品公司，A公司与B公司的产品设计理念则正好相反。其次，参与者将阅读两家公司的T恤衫产品及产品设计理念信息，并回答关于产品偏好的题项。

为了更严谨地进行中美样本的对比研究，本节从实验样本的特征、测量的产品、问卷的投放方式、实验的有效性四方面进行了把控。第一，本次实验的对象同样为真实消费者，有效样本225个，平均年龄30岁，45%为男性，55%为女性，这与Dahl等（2014）针对美国消费者的研究样本特征（244名消费者，平均年龄34岁，51%为男性，49%为女性）基本一致[2]。第二，本次实验采用的产品源自Dahl等（2014）研究中所用的T恤衫，如图2-3所示，并通过在样本中随机分配两种设计理念的产品排除了个人偏好因素对产品选择的影响。第三，本次实验问卷的投放方式同样

为网络投放，我们通过专业的调查问卷网站“问卷星”进行问卷的随机投放及回收，每位被试都会通过我们的问卷网址链接进行独立作答并自行提交。第四，整个数据收集过程历时近两周，对于本次实验所回收的问卷，我们利用问卷星上的操作工具删除了答题时间在 2 分钟以下的无效问卷，以确保答题者的态度认真以及问卷回收的有效性。

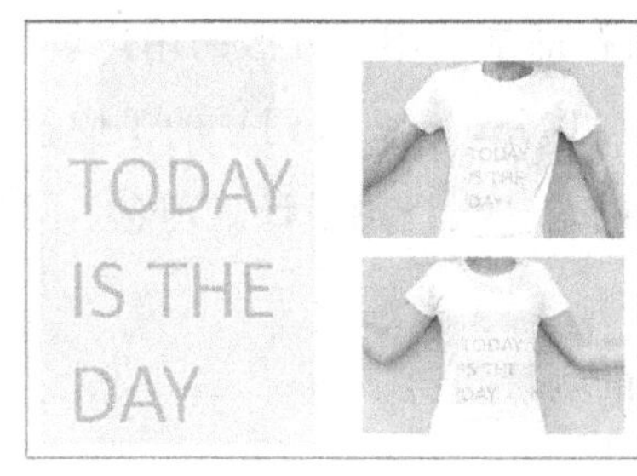

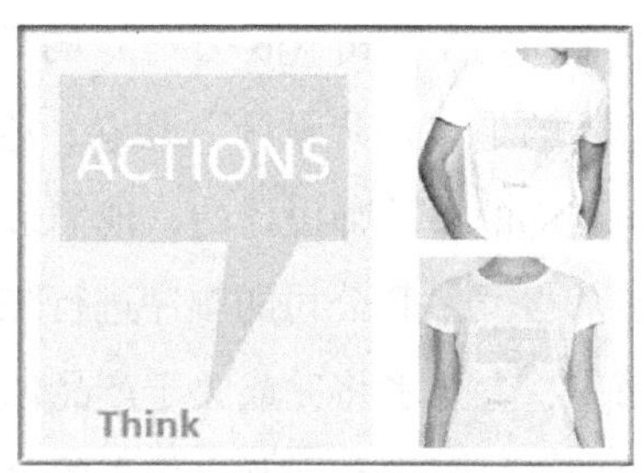

图 2－3　男女皆宜的 T 恤衫

为了排除色彩、款式等产品属性对消费者产品偏好的影响，实验一在两组实验条件下都考量同一组产品，在问卷中的展示顺序也相同。如图 2－3所示，左边的产品始终对应 A 公司的产品，只是产品设计理念不同，在第一组实验条件下是用户设计的产品，在另一组实验条件下是设计师设计的产品；右边的产品始终对应 B 公司的产品，只是产品设计理念不同，在第一组实验条件下是设计师设计的产品，在另一组实验条件下是用户设计的产品。由此，在上述两组实验条件下，对两种产品的相对偏好已经排除了颜色、款式等其他产品本身属性的影响，而是用户设计理念或设计师设计理念影响消费者最终的产品选择。实验二及实验三也采用同样的方法，排除产品本身的属性对于消费者偏好的影响。

（2）实验操控

研究一共收集了 469 名消费者数据，包括 225 名中国消费者，244 名美国消费者，其中美国数据源于 Dahl 等（2014）的研究样本。

第一，中国参与者被随机分配到产品设计理念正好相反的两组中，即一组参与者所看到的两家 T 恤衫产品公司，A 公司采用的是用户设计理念，B 公司采用的是设计师设计理念；而另一组参与者所看到的两家 T 恤衫产品公司，A 公司采用的是设计师设计理念，B 公司采用的是用户设计理念。

这两家公司的真实名称被隐去，同时两款产品价格基本相同。

第二，参与者将阅读到A、B两家公司的T恤衫产品及产品设计理念信息。我们以图片的形式展现T恤衫的产品信息，同时以文字叙述的形式，通过两家公司设计理念的互换实现对产品设计理念的操控，具体表述为“这两家公司在产品设计理念”上有所不同，也就是说他们设计新产品的方式不同：A公司（B公司）的T恤衫都是由用户社区的用户设计的，他们遵循的是“用户设计”理念；相反，B公司（A公司）的T恤衫都是由公司内部的设计师设计的，他们遵循的是“设计师设计”理念。问卷中将按照A公司、B公司的顺序进行陈述。

第三，参与者将完成关于产品偏好的测量问卷。

第四，进行参与者基本信息的收集。

(3) 变量测量

研究一需要针对产品偏好这一变量进行测量。

产品偏好包含三个题项，当参与者阅读T恤衫产品及两家公司的产品设计理念信息后进行产品选择，采用7级量表，从产品偏好和购买意愿两个角度测量这一变量，其中“1”代表肯定是B，“4”代表保持中立，“7”代表肯定是A。具体题项如表2-1所示。

表2-1 产品偏好题项

变量代码	测量题项
Preference 1	如果现在你要购买一件T恤衫，你会选择哪件T恤衫？
Preference 2	在这两件T恤衫中，你更喜欢哪件T恤衫？
Preference 3	如果现在要你做出选择，你购买哪件T恤衫的可能性更大？

2.4.2 数据分析与假设检验

本节使用SPSS17.0进行数据分析与检验。

(1) 信度检验

在进行本研究的假设检验之前，我们先对研究中所涉及的产品偏好变量的量表进行信度检验，采用的指标为Cronbach α 系数，产品偏好这一变

量的 Cronbach α 系数为 0.971，大于 0.70 的标准，说明研究一中产品偏好变量具有较好的信度。

研究一主要验证产品设计理念对消费者产品偏好的影响是否存在跨国差异，在数据应用方面，既利用了 Dahl 等（2014）所收集的美国消费者的研究数据；另一方面也在本国收集了中国消费者的研究数据，由于前者并未做操控检验，为了更为严谨地进行跨国样本的对比研究，实验一也同样没有进行操控检验。

（2）假设检验

为检验产品设计理念对消费者产品偏好的跨国差异，我们将研究数据进行平均化处理，以国别、产品设计理念为自变量，以产品偏好为因变量，进行双因素方差分析（Two - way ANOVA），分析结果如表 2 - 2、表 2 - 3和图 2 - 4 所示。

表 2 - 2　以产品偏好为因变量的双因素方差分析

源	Ⅲ型平方和	df	均方	F 值	P 值
校正模型	53.07[a]	3	17.69	7.97	0.00
截距	1.58	1	1.58	0.71	0.40
国别	1.82	1	1.82	0.82	0.37
产品设计理念	0.33	1	0.33	0.15	0.70
国别 × 产品设计理念	51.32	1	51.32	23.13	0.00
误差	1031.66	465	2.22		
总计	1086.76	469			
校正的总计	1084.73	468			

备注：a：$R^2 = 0.05$，调整 $R^2 = 0.04$。

由表 2 - 2 的检验结果可以看出，国别与产品设计理念之间存在显著的交互作用（$F = 23.13$，$P = 0.00 < 0.05$），也就是说当产品设计理念发生变化时，中美消费者的产品偏好也会发生变化。从表 2 - 3 中我们可以明确看出，对于不同的产品设计理念，美国消费者更倾向于用户设计理念的产品（$M_{用户设计} = 0.43 > M_{设计师设计} = -0.18$），而中国消费者更倾向于设计师设计理念的产品（$M_{设计师设计}=0.35>M_{用户设计}=-0.36$）。

表 2-3　变量均值及标准差

变量	用户设计			设计师设计		
	均值	标准差	*N*	均值	标准差	*N*
美国消费者产品偏好	0.43	0.96	123	-0.18	0.92	121
中国消费者产品偏好	-0.36	2.01	110	0.35	1.82	115

从图 2-4 中我们可以更加直观地看到这种偏好的差异性，即当美国消费者面对不同的产品设计理念时，更倾向于偏好用户设计理念的产品，而当中国消费者面对不同的产品设计理念时，则更倾向于设计师设计理念的产品，因此，产品设计理念对消费者产品偏好的影响存在跨国差异的趋势，假设 1 得到初步验证。

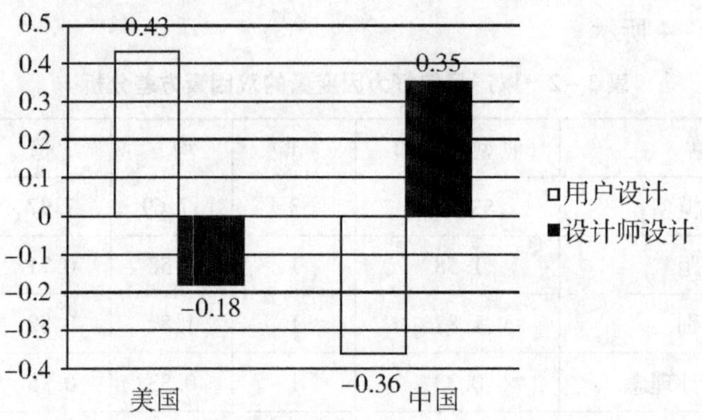

图 2-4　国别与产品设计理念之间的交互作用

为了进一步验证产品设计理念分别对中美消费者产品偏好的影响存在显著差异，我们先后对产品设计理念对美国消费者产品偏好、产品设计理念对中国消费者产品偏好的影响进行了单因素方差分析（One-way ANOVA），具体结果如表 2-4、表 2-5 所示。

从表 2-4 的检验结果中我们可以看到，美国消费者的产品偏好在用户设计和设计师设计两种理念中组间差异显著［$F(1, 242)=25.52$，$P=0.00<0.05$］，说明产品设计理念对美国消费者产品偏好的影响是显著的，其中，用户设计理念对美国消费者产品偏好的影响显著高于设计师设计理念（$M_{用户设计}=0.43>M_{设计师设计}=-0.18$），也就是说，相比于设计师设计理念的

产品，美国消费者更加偏好用户设计理念的产品，假设 1 得到进一步验证。

表 2-4　产品设计理念对美国消费者产品偏好影响的单因素方差分析

	平方和	df	均方	F 值	P 值
组间	22.65	1	22.65	25.52	0.00
组内	214.77	242	0.89		
总数	234.41	243			

由表 2-5 可以看出，中国消费者的产品偏好在用户设计和设计师设计两种理念中组间差异显著 [$F(1, 223) = 7.85$，$P = 0.006 < 0.05$]，说明产品设计理念对中国消费者产品偏好的影响是显著的，其中，设计师设计理念对中国消费者产品偏好的影响显著高于用户设计理念（$M_{设计师设计} = 0.35 > M_{用户设计} = -0.36$），也就是说，相比于用户设计理念的产品，中国消费者更偏好设计师设计理念的产品，假设 1 得到进一步验证。

表 2-5　产品设计理念对中国消费者产品偏好影响的单因素方差分析

	平方和	df	均方	F 值	P 值
组间	28.75	1	28.75	7.85	0.006
组内	816.90	223	3.66		
总数	845.65	224			

因此，假设 1 得到验证，即产品设计理念对消费者产品偏好的影响存在跨国差异。美国消费者更偏好用户设计的产品，中国消费者更偏好设计师设计的产品。

2.4.3　研究小结

研究一为产品设计理念对中美消费者产品偏好影响的对比研究，研究结果表明：

首先，产品设计理念对消费者产品偏好的影响存在跨国差异。中国消费者和美国消费者面对不同的产品设计理念时，会有不同的产品选择倾向。美国消费者更偏好用户设计理念的产品，而中国消费者更倾向选择设计师设计理念的产品。

其次，针对这种跨国性的产品设计理念偏好差异，围绕为什么中国消费者会倾向于偏好设计师设计理念的产品这一问题，我们又针对中国消费者样本进行了随机的回访，试图找出隐含在消费者中的导致产品偏好差异的原因。我们一共随机挑选了60名曾参与过实验的被试进行电话或面对面回访，大约有80%的中国消费者都认为，选择设计师设计理念的产品是源于对设计师能力的认可，例如，他们认为设计师具有丰富的专业经验和出色的设计能力，信任设计师对于市场潮流的把控、产品质地的选取，相信设计师在设计领域的权威地位等。此外，通过回顾回访过程，我们还发现，选择设计师设计理念产品的消费者其个性比较内敛，并对专业性和权威性持有尊崇的态度。由此我们推测，可能是因为消费者具备不同的权力距离信念而造成的产品偏好的差异。例如，在权力距离信念处于高水平的中国消费者，大家认同社会存在等级，认可权威性，因此可能更加信任设计师的设计能力，所以更加偏好设计师设计的产品。为此，我们将在研究二中进一步验证是否是权力距离信念在其中发挥着作用。

2.5 研究二：权力距离信念的调节作用研究

本节将在研究一的基础上，引入权力距离信念作为调节变量，公司认同、能力信任作为中介变量，检验上述变量对产品设计理念与消费者产品偏好之间的影响，并通过实验法检验相关假设，进而对研究一的结论进行解释。

2.5.1 研究设计

（1）实验设计与数据收集

研究二采用实验法，实验对象为大连理工大学本科生，有效样本132个，平均年龄22岁，66%为男性，34%为女性，符合实验法的一般要求。本次实验为2×2的研究设计，即产品设计理念（用户设计理念VS设计师设计理念）×权力距离信念（低权力距离信念VS高权力距离信念）。

当参与者被邀请到研究室后，首先向大家讲解调研目的、内容及要求，随后让参与者完成与权力距离信念操控相关的造句、论述观点两项调研任务，并通过权力距离信念的测量题项验证操控效果，接着参与者将阅

读两家公司的产品及产品设计理念信息，并回答关于产品偏好、公司认同、能力信任、产品设计理念的题项。

在研究二中，我们将测量消费者偏好的产品更换为软件产品，主要有以下两点原因：第一，更换产品能够进一步增强本研究的外部有效性；第二，由表 2－6 可以看出，从 A、B 公司两种软件产品的特性上来说，A 公司的软件产品在功能性与创新性方面具有较高的得分，而 B 公司的软件产品在可靠性与易用性方面具有较高的得分，因此从性能方面，两种产品并不会引起消费者明显的产品偏好，而是用户设计理念或设计师设计理念影响消费者最终的产品选择。

表 2－6　软件产品

产品特性	A 公司软件产品	B 公司软件产品
功能性与创新性 （1 分代表低分，7 分代表高分） 其他竞争公司平均得分＝4. 15	6. 4	5. 7
可靠性与易用性 （1 分代表低分，7 分代表高分） 其他竞争公司平均得分＝4. 31	5. 2	5. 9

（2）实验操控

本次实验共招募了 132 名大学本科生，随机分配到 4 组，即产品设计理念（用户设计理念 VS 设计师设计理念）×权力距离信念（低权力距离信念 VS 高权力距离信念）的实验条件下。权力距离信念的操控方法源自 Oyserman 等（2007）和 Srull 等（1980）的相关研究[60,61]，并在 Zhang 等（2010）的研究中再次得到了应用拓展和验证[23]。

首先，要求参与者完成两项调研任务，即与权力距离信念操控相关的造句、论述观点任务。第一项造句任务中，在低（高）权力距离信念条件下，参与者需要完成十个随机呈现的词语造句，其中，有七个词语造句与社会公平（社会等级）相关，还有三个中性词语造句。例如，在低权力距离信念操控下，参与者面对的造句词语为“等级制度、不必要的、社会秩序、对×××来说是、维持”。在高权力距离信念操控下，参与者面对的造句词语则为“等级制度、必要的、社会秩序、对×××来说是、维持”。而中性造句的词语为“男孩、妈妈、他的、拥抱了”。我们希望通过造句任务，向低权力距离信念的人强调社会公平的重要性，而向高权力距离信念的人强调社会等级的重要性。对于完成任务较快的被试，我们通过告知其重新检查造句任务是否存在错误的方式，加深他们对权力距离信念的印象，进一步增强操控效果。

第二项论述观点任务中，再次进行低（高）权力距离信念的操控。参与者需要阅读一段关于社会地位观念的短文，并论述三点反对（支持）短文观点的原因，文字表述内容为：“这个世界本来就存在不平等的社会地位。每个人都有他自己特定的位置，地位低的人应该受到地位高的人的指引与领导。”我们希望论述反对观点的被试产生低权力距离信念，认为社会公平重要，而论述支持观点的被试产生高权力距离信念，认为社会等级重要。

其次，通过七级量表，测量权力距离信念的操控是否有效。其中，“1”代表社会等级非常重要，“4”代表保持中立，“7”代表社会公平非常重要。得分越高，意味着权力距离信念越低；得分越低，意味着权力距离信念越高。

再次，要求参与者阅读 A、B 两家公司的手机软件产品及产品设计理念信息，这两家公司的真实名称被隐去，同时两款产品价格基本相同。我们以表格的形式展现手机软件产品信息。同时以文字叙述的形式，通过两家公司产品设计理念的互换实现对产品设计理念的操控，具体表述为：这两家公司在产品设计理念上存在很大差别，在软件新产品开发方面，A 公司（B 公司）采用的是“用户开发理念”，也就是说完全由公司以外的社区用户来进行软件产品的研发，例如开发新的应用、平台与升级等；相反，B 公司（A 公司）采用的是“员工开发理念”，也就是说完全由公司内部的员工和软件工程师进行软件产品的研发，例如开发新的应用、平台与升级等。问卷中按照 A 公司、B 公司的顺序进行陈述，并通过产品设计理念的测量问卷衡量操控效果。

最后，请参与者认真完成关于产品偏好、公司认同、能力信任、产品设计理念的测量问卷，以及收集参与者的基本信息。

(3) 变量测量

研究二需要针对五个变量进行测量，分别是权力距离信念、产品偏好、公司认同、能力信任、产品设计理念。

权力距离信念包含三个题项，要求参与者完成造句、论述任务后进行回答，这一变量的测量量表源于 Zhang 等（2010）的相关研究[23]。采用 7 级量表，“1”代表社会等级非常重要，“4”代表保持中立，“7”代表社会公平非常重要。具体题项如表 2-7 所示。

表 2-7　权力距离信念题项

变量代码	测量题项
PDB 1	目前，对于社会等级和社会公平的重要性，我主要认为：
PDB 2	此刻，对于社会等级和社会公平的重要性，我感觉到：
PDB 3	此刻我的脑海中，对于社会等级和社会公平的重要性，我同意以下想法：

产品偏好包含三个题项，要求参与者阅读两家公司的手机软件产品及产品设计理念信息后进行产品选择。采用 7 级量表，从产品偏好和购买意愿两个角度测量这一变量，其中“1”代表肯定是 B 公司，“4”代表保持中立，“7”代表肯定是 A 公司。具体题项如表 2-8 所示。

表 2-8　产品偏好题项

变量代码	测量题项
Preference 1	如果现在你要购买一款视频编辑软件，你会选择哪家公司的软件产品？
Preference 2	在这两款视频编辑软件中，你更喜欢哪家公司的软件产品？
Preference 3	如果现在要你做出选择，你购买哪家公司的软件产品的可能性更大？

公司认同包含四个题项，这一变量的测量量表源于 Dahl 等（2014）的相关研究[2]。采用 7 级量表，其中“1”代表肯定是 B 公司，“4”代表保持中立，“7”代表肯定是 A 公司。具体题项如表 2-9 所示。

表 2－9　公司认同题项

变量代码	测量题项
Identification 1	对于 A、B 两家公司，你更加认同哪家公司？
Identification 2	对于 A、B 两家公司，你觉得与哪家公司的联系更紧密？
Identification 3	对于 A、B 两家公司，你觉得与哪家公司更亲近？
Identification 4	对于 A、B 两家公司，你觉得与哪家公司产生了更强的联结？

能力信任包含五个题项，要求参与者回答在 A、B 两家公司中觉得哪家公司更加值得信任。这一变量的测量量表源于 Sirdeshmukh 等（2002）的研究[62]。采用 7 级量表，其中"1"代表肯定是 B 公司，"4"代表保持中立，"7"代表肯定是 A 公司。具体题项如表 2－10 所示。

表 2－10　能力信任题项

变量代码	测量题项
Trust 1	这家公司是可靠的。
Trust 2	这家公司是有能力的。
Trust 3	这家公司是很专业的。
Trust 4	这家公司是很负责任的。
Trust 5	这家公司是值得信赖的。

产品设计理念包含两个题项，采用 7 级量表，其中"1"代表肯定是 B 公司，"4"代表保持中立，"7"代表肯定是 A 公司。具体题项如表 2－11 所示。

表 2－11　产品设计理念题项

变量代码	测量题项
Philosophy 1	在 A、B 两家公司中，你觉得哪家公司遵循的是"用户开发"理念？
Philosophy 2	在 A、B 两家公司中，你觉得哪家公司遵循的是"员工开发"理念？

2.5.2　数据分析与假设检验

本节使用 SPSS17.0 进行数据分析与检验。

（1）信度检验

在进行本研究的假设检验之前，我们先对研究中所涉及的权力距离信念、产品偏好、公司认同、能力信任、产品设计理念这五个变量的量表进行信度检验，采用的指标为 Cronbach α 系数，五个变量的系数分别为 0.828、0.875、0.809、0.814、0.912 都大于 0.70 的标准，说明研究二中各个变量都具有较好的信度。

（2）操控检验

对权力距离信念与产品设计理念的测量，我们分别采用了三个题项和两个题项，操控检验结果如表 2－12、表 2－13 所示。由表 2－12 的检验结果可以看出，参与者在低权力距离信念操控下的均值为 5.64，在高权力距离信念操控下的均值为 4.51，两者之间差异显著（$F=22.31$，$P=0.00<0.05$），这说明我们对权力距离信念的操控是有效的。也就是说，处于低权力距离信念条件下的被试认为社会公平更重要（$M=5.64$），处于高权力距离信念条件下的被试认为社会等级更重要（$M=4.51$）。

表 2－12　权力距离信念操控检验

变量	均值		F 值	P 值
	低权力距离信念	高权力距离信念		
权力距离信念	5.64	4.51	22.31	0.00

表 2－13　产品设计理念操控检验

变量	均值		F 值	P 值
	用户设计	设计师设计		
产品设计理念	5.54	2.52	163.96	0.00

由表 2－13 的检验结果可以看出，参与者在用户设计理念操控下的均值为 5.54，在设计师设计理念操控下的均值为 2.52，两者之间差异显著（$F=163.96$，$P=0.00<0.05$），这说明我们对产品设计理念的操控是有效

的，因此被试能够明确区分两种产品设计理念。

（3）假设检验

首先，我们进行调节变量交互作用的检验，即检验权力距离信念对产品设计理念与消费者产品偏好之间的调节作用。我们以权力距离信念、产品设计理念为固定因子，以产品偏好为因变量，进行双因素方差分析（Two-way ANOVA），检验结果如表 2-14 所示。由表 2-14 中我们可以看出，对于产品偏好，权力距离信念与产品设计理念之间存在显著的交互作用（$F=16.98$，$P=0.00<0.05$），说明权力距离信念有调节产品设计理念与消费者产品偏好之间关系的趋势，假设 2 得到初步验证。

表 2-14　以产品偏好为因变量的双因素方差分析

源	Ⅲ型平方和	df	均方	*F* 值	*P* 值
校正模型	32.28[a]	3	10.76	5.97	0.00
截距	2199.56	1	2199.56	1220.71	0.00
权力距离信念	1.41	1	1.41	0.79	0.38
产品设计理念	0.48	1	0.48	0.26	0.61
权力距离信念×产品设计理念	30.59	1	30.59	16.98	0.00
误差	230.64	128	1.80		
总计	2461.11	132			
校正的总计	262.92	131			

备注：a：$R^2=0.12$，调整 $R^2=0.1$。

为了进一步检验不同水平的权力距离信念对产品设计理念与消费者产品偏好之间的调节作用，我们将数据分为低权力距离信念（68 人）和高权力距离信念（64 人）两组，以产品设计理念为自变量，产品偏好为因变量进行单因素方差分析（One-way ANOVA），具体结果如表 2-15 ~ 表 2-18 和图 2-5 所示。检验结果表明，不同水平的权力距离信念对产品设计理念与消费者产品偏好之间的调节作用显著。

从表 2-15 和表 2-16 的检验结果中我们可以看出，在低权力距离信念水平下，消费者产品偏好在用户设计和设计师设计两种理念中组间差异显著

[F（1，66）=6.04，P=0.017<0.05]，$M_{用户设计}$=4.40，$M_{设计师设计}$=3.56。

表2-15　以产品偏好影响的单因素方差分析（低权力距离信念水平下）

	平方和	df	均方	F值	P值
组间	12.09	1	12.09	6.04	0.017
组内	132.11	66	2.00		
总数	144.20	67			

表2-16　因变量均值及标准差（低权力距离信念水平下）

变量	用户设计			设计师设计		
	均值	标准差	N	均值	标准差	N
产品偏好	4.40	1.35	34	3.56	1.48	34

由图2-5中我们可以更加直观地看出，与设计师设计的产品相比，消费者更倾向于选择用户设计的产品（$M_{用户设计}$=4.40>$M_{设计师设计}$=3.56），也就是说，低权力距离信念的消费者更偏好用户设计的产品，假设2得到进一步验证。

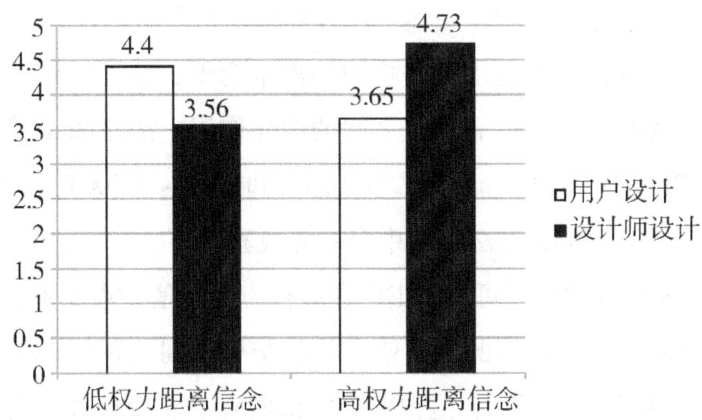

图2-5　产品设计理念对消费者产品偏好的影响

由表2-17和表2-18的检验结果我们可以得出，在高权力距离信念水平下，消费者产品偏好在用户设计和设计师设计两种理念中组间差异显著[F（1，62）=11.82，P=0.00<0.05]，$M_{用户设计}$=3.65，$M_{设计师设计}$=4.73。

表 2-17　以产品偏好影响的单因素方差分析（高权力距离信念水平下）

	平方和	df	均方	F 值	P 值
组间	18.78	1	18.78	11.82	0.00
组内	98.53	62	1.59		
总数	117.31	63			

表 2-18　因变量均值及标准差（高权力距离信念水平下）

变量	用户设计			设计师设计		
	均值	标准差	N	均值	标准差	N
产品偏好	3.65	1.23	32	4.73	1.29	32

由图 2-5 中我们可以更加直观地看出，与用户设计的产品相比，消费者更倾向于选择设计师设计的产品（$M_{设计师设计}=4.73>M_{用户设计}=3.65$），也就是说，高权力距离信念的消费者更偏好设计师设计的产品，假设 2 得到进一步验证。

因此，假设 2 得到验证，即权力距离信念调节着产品设计理念与消费者产品偏好之间的关系。低权力距离信念的消费者更偏好用户设计的产品，高权力距离信念的消费者更偏好设计师设计的产品。

其次，我们验证在不同水平的权力距离信念下，公司认同、能力信任对产品设计理念与消费者产品偏好之间的中介作用。按照 Zhao 等（2010）提出的中介效应分析程序，参照 Preacher 和 Hayes（2004）以及 Hayes（2013）提出的 Bootstrap 方法进行中介效应检验[63-65]。

由表 2-19 的检验结果可以看出，在低权力距离信念水平下，中介效应的检验结果表明，公司认同的中介效应检验结果区间（BootLLCI = -1.83，BootULCI = -0.68）不包含 0，这说明公司认同对产品设计理念与消费者产品偏好之间的中介效应显著，中介效应的大小为 -1.16。此外，控制中介变量公司认同后，自变量产品设计理念对因变量产品偏好的直接作用不显著，因为检验结果区间（LLCI = -0.50，ULCI = 0.91）包含 0。而能力信任的中介效应检验的结果区间（BootLLCI = -0.04，BootULCI = 0.46）也包含 0，这说明能力信任对产品设计理念与消费者产品偏好之间的中介效应不显著。

表 2－19　中介变量分析（低权力距离信念水平下）

Model = 4						
Y = prefer						
X = groupd						
M = identification						
M2 = trust						
Sample size						
68						
Direct and indirect effects						
Direct effect of X on Y						
	Effect	SE	t	p	LLCI	ULCI
	0. 21	0. 35	0. 59	0. 56	－0. 50	0. 91
Indirect effect of X on Y						
	Effect	Boot SE	BootLLCI	BootULCI		
Total	－1. 05	0. 35	－1. 76	－0. 38		
identification	－1. 16	0. 28	－1. 83	－0. 68		
trust	0. 11	0. 12	－0. 04	0. 46		

因此，在低权力距离信念水平下，公司认同在产品设计理念对消费者产品偏好的影响中发挥了中介作用，且是唯一的中介变量。因此，假设 3a 得到验证，即在低权力距离信念的消费者中，公司认同是产品设计理念和产品偏好之间的中介变量。

由表 2－20 的检验结果可以看出，在高权力距离信念水平下，中介效应的检验结果表明，能力信任的中介效应检验结果区间（BootLLCI＝0. 09，BootULCI＝1. 31）不包含 0，这说明能力信任对产品设计理念与消费者产品偏好之间的中介效应显著，中介效应的大小为 0. 72。此外，控制中介变量能力信任后，自变量产品设计理念对因变量产品偏好的直接作用不显著，检验结果区间（LLCI＝－0. 40，ULCI＝1. 36）包含 0。而公司认同的中介效应检验的结果区间（BootLLCI＝－0. 39，BootULCI＝0. 00）也包含 0，这说明公司认同对产品设计理念与消费者产品偏好之间的中介效应不显著。

表 2-20　中介变量分析（高权力距离信念水平下）

Model = 4
Y = prefer
X = groupd
M = identification
M2 = trust
Sample size
64

Direct and indirect effects						
Direct effect of X on Y						
	Effect	SE	t	p	LLCI	ULCI
	0.48	0.44	1.09	0.28	-0.40	1.36
Indirect effect of X on Y						
	Effect	Boot SE	BootLLCI	BootULCI		
Total	0.60	0.34	-0.13	1.24		
identification	-0.12	0.09	-0.39	0.00		
trust	0.72	0.31	0.09	1.31		

因此，在高权力距离信念水平下，能力信任在产品设计理念对消费者产品偏好的影响中发挥了中介作用，且是唯一的中介变量。因此，假设 3b 得到验证，即在高权力距离信念的消费者中，能力信任是产品设计理念和产品偏好之间的中介变量。

2.5.3　研究小结

研究二通过实验法，对权力距离信念的调节作用以及公司认同、能力信任的中介作用进行了验证。研究结果表明：

首先，权力距离信念有显著的调节作用。权力距离信念调节着产品设计理念与消费者产品偏好之间的关系。在低权力距离信念水平下，消费者更偏好用户设计的产品。在高权力距离信念水平下，消费者更偏好设计师设计的产品。

因此，研究二进一步解释了研究一所出现的跨国差异偏好。美国消费者具有较低的权力距离信念，追求彼此平等，认为自己和设计师一样具备设计产品的能力，并且更有可能满足自身的需求，因此与设计师设计的产

品相比，更偏好用户设计的产品。而中国消费者具有较高的权力距离信念，认同社会存在等级，崇尚权威，认为设计师专业的设计能力优于用户设计，因此与用户设计的产品相比，更偏好设计师设计的产品。

其次，在不同的权力距离信念水平下，公司认同、能力信任有显著的中介作用。在低权力距离信念水平下，公司认同是产品设计理念和产品偏好之间的唯一中介变量。在高权力距离信念水平下，能力信任是产品设计理念和产品偏好之间的唯一中介变量。

这意味着，低权力距离信念的消费者，注重人人平等，作为用户群体的一员，面对用户设计理念的公司时，更容易激活个人的用户身份，同时在内心感受到自己能够对产品设计产生影响，自己的设计能力能够得到发挥，进而对采用用户设计理念的公司产生认同感，从而更加偏好用户设计的产品。而高权力距离信念的消费者，注重社会等级，尊重权威性和专业性，面对采用设计师设计理念的公司时，会更加信任设计师的设计能力，因而更加偏好设计师设计的产品。

2.6 研究三：品牌声誉的调节作用研究

研究三将进一步拓展研究一的内容，通过实验法，验证产品设计理念与权力距离信念两者之间交互作用存在的边界条件，并进一步验证不同的品牌声誉下，不同水平的权力距离信念对产品设计理念与消费者产品偏好的影响。

2.6.1 研究设计

(1) 实验设计与数据收集

研究三采用实验法，实验对象为大连理工大学本科生，有效样本 278 个，平均年龄 20 岁，71% 为男性，29% 女性，符合实验法的一般要求。本次实验为 2 × 2 × 2 的研究设计，即产品设计理念（用户设计理念 VS 设计师设计理念）× 权力距离信念（低权力距离信念 VS 高权力距离信念）× 品牌声誉（高端品牌 VS 大众品牌）。

与研究一相同的是，研究三所用的测量产品都是男女皆宜的 T 恤衫，如图 2-3 所示。与研究二不同的是，在本次实验中，我们采用量表测量的方式进行权力距离信念的研究，而不是采用操控的方式。

当参与者阅读两家公司的 T 恤衫产品、品牌声誉、产品设计理念的信息后，回答关于产品偏好、产品设计理念、品牌声誉以及权力距离信念的题项。

（2）实验操控

本次实验共招募了 278 名大学本科生，随机分配到 8 组，即产品设计理念（用户设计理念 VS 设计师设计理念）×权力距离信念（低权力距离信念 VS 高权力距离信念）×品牌声誉（高端品牌 VS 大众品牌）。

首先，要求参与者阅读 A、B 两家公司的 T 恤衫产品、品牌声誉以及产品设计理念信息，这两家公司的真实名称被隐去，同时两款产品价格基本相同。我们以图片的形式展现 T 恤衫的产品信息，如图 2-3 所示。同时以文字叙述的形式，通过控制两家公司品牌声誉的一致性以及产品设计理念的互换实现对品牌声誉、产品设计理念的操控，具体表述为：

品牌声誉操控：A 公司和 B 公司的相同点是 A 公司和 B 公司都是高端服饰品牌（大众服饰品牌），它们与巴宝莉（Burberry）、爱马仕（Hermès）和阿玛尼（Armani）等少数几个品牌占据着服饰品牌的金字塔尖（佐丹奴、美特斯邦威和杰克琼斯等中低档品牌处于同一层次）。我们将在问卷中通过品牌声誉的测量题项衡量操控效果，得分越高，说明消费者越认为该产品是高端品牌；得分越低，说明消费者越认为该产品是大众品牌。

产品设计理念操控：A 公司和 B 公司的不相同点是这两家公司在“产品设计理念”上有所不同，也就是说它们设计新产品的方式不同：A 公司（B 公司）T 恤衫都是由用户社区的用户设计的，他们遵循的是“用户设计”理念；相反，B 公司（A 公司）T 恤衫都是由公司内部的设计师设计的，他们遵循的是“设计师设计”理念。问卷中将按照 A 公司、B 公司的

顺序进行陈述，并通过产品设计理念的测量题项衡量操控效果。

其次，请参与者认真完成关于产品偏好、产品设计理念、品牌声誉以及权力距离信念的测量问卷。最后，进行参与者基本信息的收集。

(3) 变量测量

研究三需要针对四个变量进行测量，分别是产品偏好、产品设计理念、品牌声誉以及权力距离信念。

产品偏好包含三个题项，要求参与者阅读 T 恤衫产品、两家公司品牌声誉及产品设计理念信息后进行产品选择，采用 7 级量表，从产品偏好和购买意愿两个角度测量这一变量，其中，“1”代表肯定是 B 公司，“4”代表保持中立，“7”代表肯定是 A 公司。具体题项如表 2－21 所示。

表 2－21　产品偏好题项

变量代码	测量题项
Preference 1	如果现在你要购买一件 T 恤衫，你会选择哪件 T 恤衫?
Preference 2	在这两件 T 恤衫中，你更喜欢哪件 T 恤衫?
Preference 3	如果现在要你做出选择，你购买哪件 T 恤衫的可能性更大?

产品设计理念包含两个题项，采用 7 级量表，其中，“1”代表肯定是 B 公司，“4”代表保持中立，“7”代表肯定是 A 公司。具体题项如表 2－22 所示。

表 2－22　产品设计理念题项

变量代码	测量题项
Philosophy 1	在 A、B 两家公司中，你觉得哪家公司遵循的是“用户设计”理念?
Philosophy 2	在 A、B 两家公司中，你觉得哪家公司遵循的是“设计师设计”理念?

品牌声誉包含三个题项，采用 7 级量表，其中，第一个题项的“1”代表非常大众，“4”代表一般，“7”代表非常高端。第二、第三个题项的“1”代表非常低，“4”代表一般，“7”代表非常高。具体题项如表 2－23 所示。

表 2-23 品牌声誉题项

变量代码	测量题项
Brand 1	A、B 两家公司服饰品牌的定位是怎样的?
Brand 2	A、B 两家公司在服饰界的品牌地位如何?
Brand 3	A、B 两家公司的品牌声望如何?

权力距离信念包含五个题项,这一变量的测量量表源于 Yoo 等(2011)的相关研究[66]。采用 7 级量表,其中,"1"代表非常不同意,"4"代表保持中立,"7"代表非常同意。具体题项如表 2-24 所示。

表 2-24 权力距离信念题项

变量代码	测量题项
PDB 1	处于较高社会地位的人制定大多数决策时不必与较低社会地位的人进行商议。
PDB 2	处于较高社会地位的人不必过于频繁地询问处于较低社会地位的人的意见。
PDB 3	处于较高社会地位的人应该避免与较低社会地位的人产生社会互动。
PDB 4	处(1)于较低社会地位的人不应该不服从由高社会地位的人制定的决策。
PDB 5	处于较高社会地位的人不应该将重要的任务委派给较低社会地位的人。

2.6.2 数据分析与假设检验

本节使用 SPSS17.0 进行数据分析与检验。

(1)信度检验

在进行本研究的假设检验之前,我们先对研究中所涉及的产品偏好、产品设计理念、品牌声誉、权力距离信念这四个变量的量表进行信度检验,采用的指标为 Cronbach α 系数,四个变量的系数分别为 0.945、0.963、0.757、0.735,都大于 0.70 的标准,说明研究三中各个变量都具有良好的信度。

（2）操控检验

对于产品设计理念与品牌声誉的测量，我们分别采用了两个题项和三个题项，操控检验结果如表 2-25、表 2-26 所示。由表 2-25 的检验结果可以看出，参与者在用户设计理念操控下的均值为 5.38，在设计师设计理念操控下的均值为 3.30，两者之间差异显著（$F=156.65$，$P=0.00<0.05$），这说明我们对产品设计理念的操控是有效的。因此，被试能够明确区分两种产品设计理念。

表 2-25　产品设计理念操控检验

变量	均值		F 值	P 值
	用户设计	设计师设计		
产品设计理念	5.38	3.30	156.65	0.00

由表 2-26 的检验结果可以看出，参与者在高端品牌操控下的均值为 4.33，在大众品牌操控下的均值为 3.73，两者之间差异显著（$F=40.74$，$P=0.00<0.05$），这说明我们对品牌声誉的操控是有效的。因此，被试对品牌声誉有明确的看法，能够有效区分高端品牌和大众品牌。

表 2-26　品牌声誉操控检验

变量	均值		F 值	P 值
	高端品牌	大众品牌		
品牌声誉	4.33	3.73	40.74	0.00

（3）假设检验

本研究主要进行产品设计理念、权力距离信念、品牌声誉存在三方交互作用的检验。由于产品设计理念、品牌声誉为分类变量，权力距离信念为连续变量，因此我们所用的统计分析方法为 Process。

检验结果表明，产品设计理念与权力距离信念之间具有显著的交互作用（$t=-2.2$，$P=0.032<0.05$），这进一步验证了研究二的结论，权力距离信念显著调节着产品设计理念与产品偏好的关系。同时，产品设计理念、权力距离信念、品牌声誉之间具有显著的三方交互作用（$t=2.8$，$P=0.000<0.05$），假设 4 得到初步验证，即产品设计理念、权力距离信

念、品牌声誉存在三方交互作用。我们可由图 2－6、图 2－7 更为直观地看出，产品设计理念、权力距离信念、品牌声誉三者之间的关系。

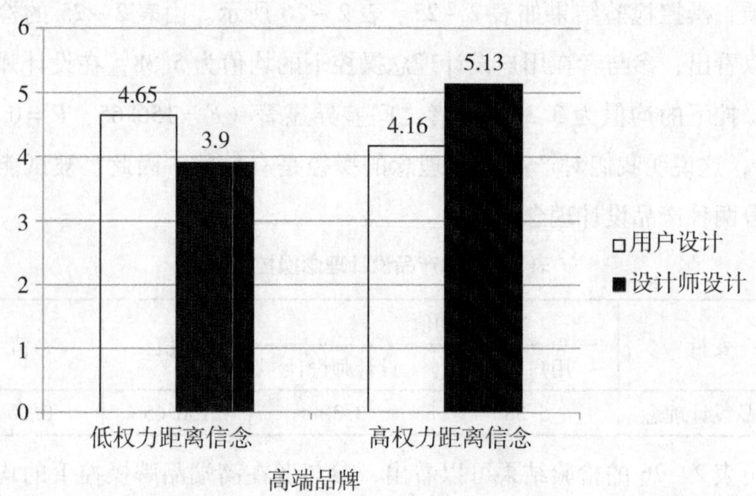

图 2－6　高端品牌、产品设计理念、权力距离信念三方交互作用

从图 2－6 中我们可以看出，当消费者将产品看作高端品牌时，低权力距离信念的消费者更偏好用户设计的产品（$M_{用户设计}=4.65>M_{设计师设计}=3.9$），高权力距离信念的消费者则更偏好设计师设计的产品（$M_{设计师设计}=5.13>M_{用户设计}=4.16$）。这意味着对于高端品牌来说，如果消费者的权力距离信念不同，他们对产品设计理念不同的产品具有不同的产品偏好。假设 4 得到进一步验证，即对于高端品牌，低权力距离信念的消费者更偏好用户设计的产品，高权力距离信念的消费者更偏好设计师设计的产品。

从图 2－7 中我们可以看出，当消费者将产品看作大众品牌时，低权力距离信念的消费者更偏好用户设计的产品（$M_{用户设计}=5.2>M_{设计师设计}=4.47$），高权力距离信念的消费者也更偏好用户设计的产品（$M_{用户设计}=5.21>M_{设计师设计}=4.12$）。尽管在不同权力距离信念下，消费者对大众品牌的偏好都倾向于用户设计的产品，但是高权力距离信念消费者的这种产品偏好趋势更加明显。假设 4 得到进一步验证，对于大众品牌，不同权力距离信念水平的消费者都偏好用户设计的产品。

因此，假设 4 得到验证，即产品设计理念、权力距离信念、品牌声誉

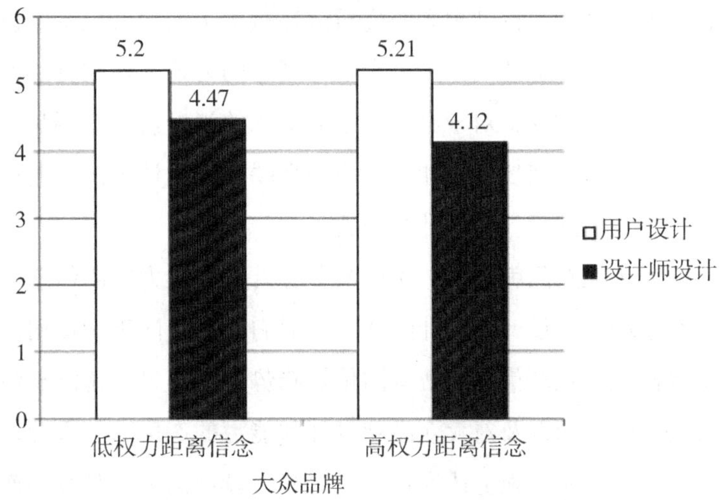

图 2－7　大众品牌、产品设计理念、权力距离信念三方交互作用

之间存在三方交互作用。对于高端品牌，低权力距离信念的消费者更偏好用户设计的产品，高权力距离信念的消费者更偏好设计师设计的产品。但对于大众品牌，不同权力距离信念水平的消费者都偏好用户设计的产品。

2.6.3　研究小结

研究三通过实验法，探究了产品设计理念与权力距离信念两者之间交互作用存在的边界条件，进一步拓展了研究一的内容。研究结果表明：

首先，产品设计理念、权力距离信念、品牌声誉三个变量具有显著的三方交互作用。对于高端品牌，低权力距离信念的消费者更偏好用户设计的产品，高权力距离信念的消费者更偏好设计师设计的产品。但对于大众品牌，不同权力距离信念水平的消费者都偏好用户设计的产品，而且高权力距离信念消费者的产品偏好趋势更加明显。

其次，对于高端品牌来说，低权力距离信念的消费者会偏好用户设计的产品，但是高权力距离信念的消费者会更加偏好设计师设计的产品，这是由于消费者对用户设计公司的认同以及对高端品牌设计师能力的态度引起的。一方面，低权力距离信念的消费者认为人人平等，即使是高端品牌的设计师能力也不会得到过多重视，他们认为自己也有能力设计出高端品牌的产品，而采用用户设计理念的公司恰好赋予了消费者更多的设计权力和机会，所以他们更加认同采用用户设计理念的公司，也就更加偏好用户设计的产品。另一方面，对于高权力距离信念的消费者，高端品牌具有较好的品牌声望，这让消费者更加容易信任高端品牌设计师的专业性和权威性，因此会更加偏好设计师设计的产品。

最后，对于大众品牌来说，无论消费者具备高权力距离信念还是低权力距离信念，相比于设计师设计的产品，他们都会倾向于选择用户设计的产品，而且高权力距离信念消费者的偏好趋势更为明显。这源于消费者对用户设计公司的认同以及对大众品牌设计师能力的态度。一方面，低权力距离信念的消费者从主观上认为自己也有能力设计出大众品牌的产品，并且更能符合自己的需求，采用用户设计理念的公司更容易激活他们的用户身份，并且使他们感知到能够通过自己的设计能力影响产品设计，因而更认同用户设计理念的公司，也就更加偏好用户设计的产品。另一方面，高权力距离信念的消费者会认为大众品牌比较普通，受众广泛，其设计师的设计能力一般，甚至自己也有能力设计大众品牌的产品，所以对设计师设计的产品评价较低，而对用户设计的产品具有更高的评价。

2.7 本章小结

本章首先对研究一、研究二、研究三的假设结果进行总结和讨论；其次提出本章的创新点；再次阐述本章的理论意义与实践意义；最后对本研究的局限性进行了分析，并对未来潜在的研究方向提出了建议。

2.7.1 研究结论

(1) 研究结论

产品设计理念作为一种无声的沟通方式，将消费者与企业连接在一起。无论是用户设计理念还是设计师设计理念都会影响消费者对产品的偏

好。在这种背景下，我们引入权力距离信念变量，并以此为研究主线，通过三个研究，运用实验法，分别探索了以国别为代表的权力距离信念、以实验操控为代表的权力距离信念以及通过量表测量的权力距离信念，对产品设计理念与消费者产品偏好之间产生的影响，并进一步验证了公司认同、能力信任在不同水平权力距离信念条件下的中介作用，以及产品设计理念、权力距离信念与品牌声誉之间的三方交互作用。具体的研究结果如下：

研究一验证了产品设计理念对消费者产品偏好的影响存在跨国差异。其中，美国消费者更偏好用户设计的产品，中国消费者更偏好设计师设计的产品。这可能源于两个国家消费者的个性不同。美国人追求人人平等，注重社会公平，美国消费者从主观上并不过多崇拜设计师的设计能力，反而会更加容易认为个人同样具备设计产品的能力，用户设计理念的产品恰好能够让美国消费者发挥自己的设计能力并满足自己的需求，因此更倾向于选择用户设计的产品。而对于注重社会等级的中国人来说，非常尊重权威性和专业性，与用户设计相比，中国消费者更加信任来自设计师设计的产品，因此更偏好设计师设计的产品。

研究二验证了权力距离信念调节着产品设计理念与消费者产品偏好之间的关系，以及公司认同、能力信任的中介作用。首先，低权力距离信念的消费者更偏好用户设计的产品，高权力距离信念的消费者更偏好设计师设计的产品。其次，在低权力距离信念的消费者中，公司认同是产品设计理念和产品偏好之间的中介变量。在高权力距离信念的消费者中，能力信任是产品设计理念和产品偏好之间的中介变量。

研究二进一步对研究一的结论进行了解释，中美消费者关于产品设计理念与产品偏好之间的差异源于彼此的权力距离信念不同。低权力距离信念的消费者（美国消费者），追求社会公平，人人平等，采用用户设计理念的公司会激活低权力距离信念消费者的用户身份，使其间接感受到能够充分发挥并利用自己的能力参与产品设计，因而对公司产生强烈的认同感，更倾向于用户设计的产品。而高权力距离信念的消费者（中国消费者），崇尚社会等级，注重社会地位，认可权威，采用设计师设计理念的公司会激活高权力距离信念消费者对于设计师权威性和专业性的能力信任，因而更倾向于选择设计师设计的产品。

研究三验证了产品设计理念与权力距离信念两者之间交互作用存在的边界条件，即产品设计理念、权力距离信念、品牌声誉之间存在三方交互作用，进一步拓展了研究一的内容。对于高端品牌，低权力距离信念的消费者更偏好用户设计的产品，高权力距离信念的消费者更偏好设计师设计的产品。但对于大众品牌，不同权力距离信念水平的消费者都偏好用户设计的产品，并且高权力距离信念消费者的产品偏好趋势更为明显。

对于高端品牌，低权力距离信念的消费者会偏好用户设计的产品，而高权力距离信念的消费者会更加偏好设计师设计的产品。这是由于消费者对用户设计公司的认同以及对高端品牌设计师能力的态度引起的。低权力距离信念的消费者认为人人平等，高端品牌设计师的设计能力可能并不会引起他们过多的重视，他们认为自己也具备设计能力，而采用用户设计理念的公司恰好赋予了消费者参与设计的权力和机会，因此他们更加认同采用用户设计理念的公司，也就更偏好用户设计的产品。而高权力距离信念的消费者出于对高端品牌设计师专业性和权威性的能力信任，则会更加偏好设计师设计的产品。

对于大众品牌，无论消费者的权力距离信念水平如何，他们都会更加倾向于用户设计的产品，而且高权力距离信念的消费者具有更为明显的偏好趋势。这源于消费者对用户设计公司的认同以及对大众品牌设计师能力的态度。低权力距离信念的消费者认为自己具备大众品牌设计师的设计能力，采用用户设计理念的公司能够激活他们的用户身份，使消费者感知到能够通过自己的设计能力影响产品设计，因此更加认同采用用户设计理念的公司，也就更偏好用户设计的产品。而高权力距离的消费者则认为大众品牌比较普通，设计师的设计能力一般，甚至自己也能设计大众品牌的产品，所以并不相信设计师的能力，反而会倾向于选择用户设计的产品。

综上所述，产品设计理念对消费者产品偏好的影响不仅存在跨国差异，而且受到权力距离信念的影响，即低权力距离信念的消费者对用户设计理念的产品偏好源于公司认同，高权力距离信念的消费者对设计师设计

理念的产品偏好源于能力信任。另外，高端品牌会增强高权力距离信念消费者对设计师设计理念的产品偏好，而对于大众品牌，无论消费者权力距离信念水平如何，都会更加偏好用户设计理念的产品。

（2）研究创新

本章探究了产品设计理念对消费者产品偏好的影响，并引入权力距离信念作为调节变量，公司认同、能力信任作为中介变量，主要研究创新点包含以下三个方面：

首先，对产品设计理念对消费者产品偏好的影响进行了中美对比的跨国研究，验证了国别之间的差异性，并得到结论：美国消费者更偏好用户设计的产品，中国消费者更偏好设计师设计的产品。

其次，在中美消费者产品偏好存在差异性的研究结论基础上，发掘并验证了权力距离信念的调节作用，以及公司认同、能力信任的中介作用，并得到结论：低权力距离信念的消费者对用户设计理念的产品偏好源于公司认同，高权力距离信念的消费者对设计师设计理念的产品偏好源于能力信任。

最后，本章将品牌声誉引入到研究模型中，验证了品牌声誉与产品设计理念、权力距离信念之间存在显著的三方交互作用。当产品品牌为高端品牌时，低权力距离信念的消费者会偏好用户设计的产品，而高权力距离信念的消费者会更加偏好设计师设计的产品。当产品品牌为大众品牌时，无论消费者具备高权力距离信念还是低权力距离信念，相比于设计师设计的产品，他们都会倾向于选择用户设计的产品，而且高权力距离信念的消费者的偏好趋势更为明显。

2.7.2　研究意义

（1）理论意义

首先，产品设计理念对消费者产品偏好的影响已经得到许多学者的研究，例如，Schreier 等（2012）的研究发现，消费者认为采用用户设计理念的公司具有顾客导向意识，因此会增强对用户设计产品的购买意愿[3]。

王国书和周赳（2015）的研究表明，设计师设计理念的产品能够赢得稳定的顾客忠诚度[12]。Dahl 等（2014）针对美国消费者的研究表明，相比于采用设计师设计理念的公司产品，消费者更倾向于购买采用用户设计理念的公司产品[2]。但是，针对国别之间的产品偏好差异性还少有实证研究，而本章的研究一正是探究了产品设计理念对消费者产品偏好的跨国差异性影响，并得出了美国消费者更偏好用户设计的产品，而中国消费者更偏好设计师设计的产品的结论。因此，本章对消费者行为学领域中关于产品设计理念的相关研究具有积极的理论意义。

其次，以往学者对权力距离信念的研究更多地集中于作为消费者产品偏好的前因变量方面，例如，Karen 等（2010）的研究表明，低权力距离信念的消费者会提高个人对责任心的感知，从而增加慈善捐赠行为。而高权力距离信念的消费者会降低个人对责任心的感知，从而减少慈善捐赠行为[22]。Zhang 等（2010）的研究发现，低权力距离信念的消费者注重满足当前需求，并不克制自己购买奢侈品[23]。而高权力距离信念的消费者具有更强的自我控制能力，会降低奢侈品购买行为。而在本章的研究二中，我们发掘权力距离信念作为调节变量，用来解释研究一中产生跨国差异性偏好的原因，并且进一步揭示了低权力距离信念的消费者因为公司认同而偏好用户设计的产品，高权力距离信念的消费者因为能力信任而偏好设计师设计的产品。此外，我们对于权力距离信念这一变量的研究还采用了国别、实验操控、题项测量三种方法，从而进一步丰富了本研究的理论贡献。

最后，在本章的研究模型中，我们引入品牌声誉变量，探索产品设计理念与权力距离信念两者之间交互作用存在的边界条件。品牌声誉是消费者行为领域比较重要的变量，现有文献对品牌声誉的研究集中于探讨品牌声誉对消费者行为正向与负向的影响，例如，Fombrun 和 Charles（1996）的研究发现，当公司具有较高的品牌声誉时，消费者会增加对其产品的偏好。而品牌声誉较低时，则会减少消费者的产品偏好[38]。本章则在研究三中进一步验证了品牌声誉的调节作用，对于高端品牌，低权力距离信念的消费者更偏好用户设计的产品，高权力距离信念的消费者更偏好设计师设

计的产品。但对于大众品牌，不同权力距离信念水平的消费者都偏好用户设计的产品。由此，进一步增强了本研究的理论意义。

（2）现实意义

首先，对于计划或者正在进行跨国经营的企业来说，本研究可以提供一定的指导意义。2015 年我国政府工作报告中首次提出将制定“互联网 +”行动计划，引导互联网企业拓展国际市场。例如，马云的阿里巴巴如果在未来拓展西方国家市场，则可以考虑激活当地消费者的用户身份，提升用户体验度，甚至让消费者真正参与到产品或服务的设计中，进而增强消费者对企业的好感与认同度，并最终实现真实购买。而对于已经在中国长期经营的无印良品而言，其设计师本身就具有优秀的产品设计能力，可以进一步考虑积极宣传企业设计师的权威性和专业性，结合多形式的广告宣传，进而增强中国消费者对品牌设计师能力的信任，实现顾客购买并保持忠诚度。

其次，对于注重产品设计理念的企业来说，本章也具有一定的实践意义。企业可以通过让消费者回答权力距离信念的量表，或者观察消费者的文化背景来识别消费者的权力距离信念水平，进而采用不同的产品营销方式。例如，宜家家居过去曾凭借低价优势在欧洲市场取得成功，然而在中国市场，低价家具企业已经接近饱和，进而削弱了宜家家居曾引以为傲的低价格策略。那么，为了应对这种困境，宜家家居可以借鉴本章的研究结论，对于低权力距离信念的消费者，注重提升用户体验，可以有效增加消费者对产品的偏好。而对那些注重权威性和专业性的高权力距离信念消费者，增加消费者对品牌设计师的信任度，则会有效提升消费者对产品的购买意愿。

最后，对于注重品牌声誉的企业来说，可以首先通过调研的形式明确企业的特定产品在细分的目标顾客中是高端品牌还是大众品牌的形象，其次通过观察消费者的文化背景、个性特点进一步区分消费者的权力距离信念水平，并以此为基础制定广告投放策略、产品促销策略等营销策略。例如，对于经营上持续亏损的李宁运动品牌，可以通过调研品牌声誉，明确消费者对品牌的看法，结合消费者的权力距离信念水平，制定营销策略。

2.7.3 研究局限与展望

本章探究了产品设计理念对消费者产品偏好的影响，并探讨了与其相关的调节变量、中介变量，尽管得到了一定的验证，但仍然存在不足，需要进一步改进。

首先，本研究对因变量的探究局限于消费者产品偏好，产品设计理念可能并不仅仅对产品偏好产生影响。因此，可以进一步探索产品设计理念对其他与顾客相关或是与企业相关的因变量的影响。例如顾客重复购买意愿、顾客忠诚度、企业形象、企业创新力、企业绩效，从而进一步丰富结果变量的形式。

其次，本研究的样本具有一定的局限性。由于本人所熟识的人群主要局限于年轻群体，因此研究一所涉及的中国消费者样本的年龄特征（30岁）要低于美国消费者的数据样本（34 岁）。此外，研究二、研究三采用的是本科生样本，在普适性上存在一定的局限，需要进一步在其他群体中进行探讨。因此，为了改善样本选取的局限性，增加研究样本的普适性，在未来研究中可以进一步拓展大学生以外的其他群体，例如老年群体等其他具有购买力的特定群体。

最后，本研究探究了权力距离信念的调节作用以及公司认同、能力信任的中介作用，但还存在其他影响产品设计理念与消费者产品偏好的变量，相关研究还需要进一步探讨和发掘。例如公司对消费者的开放程度（部分开放与完全开放）、消费者的感知相似性（相似与不相似）、消费者的自我构建（个人主义与集体主义）等，从而进一步丰富研究模型。

参 考 文 献

[1] 左铁峰. 产品形态与产品设计理念［J］. 装饰，2006（10）：7－8.

[2] Dahl D W，Fuchs C，Schreier M. Why and When Consumers Prefer Products of User-Driven Firms：A Social Identification Account［J］. Manage-

ment Science, 2014 (25): 1-11.

[3] Schreier M, Fuchs C, Dahl D. The Innovation Effect of User Design Exploring Consumers' Innovation Perceptions of Firms Selling Products Designed by Users [J]. Journal Marketing, 2012, 76 (5): 18-32.

[4] Lilien G, Morrison P, Searls K, et al. Performance Assessment of The Lead User Idea-Generation Process for New Product Development [J]. Management Science, 2002, 48 (8): 1042-1059.

[5] Von Hippel E. Democratizing Innovation [M]. Cambridge: MIT Press, 2005.

[6] Franke N, Schreier M, Kaiser U. The "I designed it myself" Effect in Mass Customization [J]. Management Science, 2010, 56 (1): 125-140.

[7] Nishikawa H, Schreier M, Ogawa S. User-generated Versus Designer-generated Products: a Performance Assessment at Muji [J]. International Journal of in Research Marketing, 2013, 30 (2): 160-167.

[8] Cooper, Robert G. Winning at New Products: Accelerating the Process From Idea to Launch [M]. 3rd. Cambridge: Perseus Books, 2001.

[9] Ulrich, Karl T. Design: Creation of Artefacts in Society [M]. Pontifica Press, 2007.

[10] Moreau C P, Herd K B. To Each His Own? How Comparisons with Others Influence Consumers' Evaluations of Their Self-designed Products [J]. Journal of Consumer Research, 2010, 36 (5): 806-819.

[11] 李凤萍，刘荣. 设计品牌——解读三星设计营销 [J]. 企业研究，2010 (3): 22-24.

[12] 王国书，周赳. 基于网络的品牌服装设计营销模式研究 [J]. 丝绸，2015, 52 (2): 69-73.

[13] Fuchs C, Prandelli E, Schreier M. The Psychological Effects of Empowerment Strategies on Consumers' Product Demand [J]. Journal of Marketing, 2010, 74 (1): 65-79.

[14] Poetz M, Schreier M. The Value of Crowd Sourcing: Can Users Really Compete with Professionals in Generating New Product Ideas? [J]. Product Innovation Management, 2012, 29 (2): 245 -256.

[15] Schulze A, Hoegl M. Organizational Knowledge Creation and the Generation of New Product Ideas: A Behavioral Approach [J]. Research Policy, 2008, 37 (10): 1742 -1750.

[16] 于纯轩. 产品设计开发中的设计营销研究 [J]. 艺术科技, 2013 (10): 207.

[17] Mulder M. The Daily Power Game [M]. Leiden: Martinus Nijhoff, 1976.

[18] Hofstede. Culture's Consequences: International Differences in Work-Related Values [M]. Beverly Hills: California Sage, 1984.

[19] Hofstede. Culture's Consequences: Comparing Values, Behaviors, Institutions, and Organizations Across Nations [M]. Thousand Oaks: California Sage, 2001.

[20] Oyserman, Daphna. High Power, Low Power, and Equality: Culture Beyond Individualism and Collectivism [J]. Journal of Consumer Psychology, 2006, 16 (4): 352 -356.

[21] Hofstede. "Creating Cultural Competence" (2013). Hofstede Centre, http: //www. Geert-Hofstede. com/Hofstede_ Dimensions. Php. Html.

[22] Winterich K P, Zhang Y L. Accepting Inequality Deters Responsibility: How Power Distance Decreases Charitable Behavior [J]. Journal of Consumer Research, 2014, 41 (2): 274 -293.

[23] Zhang Y L, Winterich K P, Mittal V. Power-Distance Belief and Impulsive Buying [J]. Journal of Marketing Research, 2010, 47 (5): 945 -954.

[24] Lian H W, Ferris D L, Brown D J. Does Power Distance Exacerbate or Mitigate the Effects of Abusive Supervision? It Depends on the Outcome [J]. Journal of Applied Psychology, 2012, 97 (1): 107 -123.

[25] Bond M H, Wan K C, Leung K, et al. How are Responses to Verbal Insult Related to Cultural Collectivism and Power Distance? [J]. Journal of Cross-Culture Psychology, 1985, 16 (16): 111 -127.

[26] Brockner J, Paruchuri S, Idson L C, et al. Regulatory Focus and the Probability Estimates of Conjunctive and Disjunctive Events [J]. Organizational Behavior and Human Decision Processes, 2001, 86: 35 -66.

[27] Kirkman B L, Chen G, Farh J L, et al. Individual Power Distance Orientation and Follower Reactions to Transformational Leaders: A Cross-Level, Cross-Cultural Examination [J]. Academy of Management Journal, 2009, 52 (4): 744 -764.

[28] Lee C, Pillutla M, Law K S. Power-Distance, Gender and Organizational Justice [J]. Journal of Management, 2000, 26 (4): 685 -704.

[29] Lin W, Wang L, Chen S. Abusive Supervision and Employee Well-Being: The Moderating Effect of Power Distance Orientation [J]. Applied Psychology, 2013, 62 (2): 308 -329.

[30] Fombrun C, Van Riel C. The Reputational Landscape [J]. Corporate Reputation Review, 1997, 1 (1): 5 -13.

[31] Aaker, Keller. Consumer Evaluations of Brand Extensions [J]. Jounral of Marketing, 1990, 54 (1): 27 -41.

[32] Herbig, Millewicz. The Relationship of Reputation and Credibility to Brand Success [J]. Journal of Consumer Marketing, 1995, 10 (3): 18 -24.

[33] Fombrun C J. Reputation: Realizing Value or Form the Corporate Image [M]. Boston: Harvard Business School Press, 1996.

[34] Selnes F. Effects of Supplier Reliability and Benevolence in Business Marketing [J]. Jounral of Business Research, 2000, 49 (3): 259 -271.

[35] Bhat B, Bowonder B. Innovation as an Enhancer of Brand Personality: Globalization Experience of Titan Industry [J]. Creativity and Innovation Management, 2010 (1): 26 -39.

[36] Tsai T S. A Comparative Study of the Effects of the Global Brand and the Local Brand on Consumer Behavior—the Fried Chicken Fast Food Restaurant [D]. Taizhong: Department of Business Administration, Chaoyang University of Technology, 2005.

[37] 韩冰. 品牌声誉对消费者感知面子的影响研究 [D]. 大连: 大连理工大学, 2010.

[38] Fombrun, Charles. Reputation: Realizing Value from the Corporate Image [M]. Boston: Havard Business School Press, 1996.

[39] Belk R. Possessions and Self [M]. New York: John Wiley & Sons, Ltd., 1988.

[40] Grubb E L, Hupp G. Perception of Self, Generalized Stereotypes, and Brand Selection [J]. Journal of Marketing Research, 1968, 5 (1): 58-63.

[41] Levy S J, Rook D W. Brands, Consumers, Symbols and Research: Sidney J Levy on Marketing [M]. SAGE Publications, 1999.

[42] Nguyen N, Gaston L. Corporate Image and Corporate Reputation in Customers' Retention Decisions in Services [J]. Journal of Retailing and Consumer Services, 2001, 8 (4): 227-236.

[43] Stambaugh S A. National Brands vie for the Consumer Nod [J]. After Market Business, 1994, 104 (3): 22-36.

[44] Weiss, Anderson, Macinnis. Reputation Management as a Motivation for Sales Structure Decisions [J]. Journal of Marketing, 1999, 63 (4): 74-89.

[45] 上海社会科学界联合会. 上海市社会科学界第五届学术年会文集 [C]. 上海: [出版者不祥], 2007.

[46] 付建坤, 侯伦, 方佳明. 考虑品牌声誉影响下的在线评论有用性研究 [J]. 软科学, 2014, 28 (3): 97-100.

[47] Tajfel H. La Catégorisation Sociale [M]. Paris: Larousse, 1972.

[48] Tajfel H, Turner J C. The Social Identity Theory of Intergroup Behavior

[M]. Psychology of Intergroup Relations. Chicago: Nelson-Hall, 1986.

[49] Turner J C. Some Current Issues in Research on Social Identity and Self-categorization Theories [M]. Social Identity: Context, Commitment, Content. UK: Oxford, 1999.

[50] Escalas J E, Bettman J R. Self-construal, Reference Groups, and Brand Meaning [J]. Journal of Consumer Research, 2005, 32 (3): 378 – 389.

[51] Sak D. How Firm Select Professional Service [J]. Industry Marketing Management, 1992, 21 (2): 85 – 91.

[52] Morgan R M, Hunt S D. The Commitment-Trust Theory of Relationship Marketing [J]. Journal of Marketing, 1994, 58 (3): 20 – 38.

[53] Jones T O, Sasser W E. Why Satisfied Customers Defect [J]. Harvard Business Review, 1995 (10): 88 – 99.

[54] Reichheld F F, Schefter P. E-Loyalty [J]. Harvard Business Review, 2000, 78 (4): 105 – 113.

[55] Balasubramanian S, Konana P, Menon N M. Customer Satisfaction in Virtual Environments: A Study of Online Investing [J]. Management Science, 2003, 49 (7): 871 – 889.

[56] Miyamoto T, Rexha N. Determinants of Three Facets of Customer Trust: A Marketing Model of Japanese Buyer-Supplier Relationship [J]. Journal of Business Research, 2004, 57 (3): 312 – 319.

[57] Schlosser A E, White T B, Lloyd S M. Converting Web Site Visitors into Buyers: How Web Site Investment Increases Consumer Trusting Beliefs and Online Purchase Intentions [J]. Journal of Marketing, 2006, 70 (2): 133 – 148.

[58] Gefen D, Heart T. On the Need to Include National Culture As a Central Issue in E-commerce Trust Beliefs [J]. Journal of Global Information Management, 2006, 14 (4): 51 – 90.

[59] 谢恩，黄缘缘，赵锐. 不同维度信任相互作用及对在线购物意愿影

响研究［J］. 管理科学，2012，25（2）：69－77.

［60］Oyserman，Spike W S，Lee. Priming "Culture"：Culture as Situated Cognition in Handbook of Cultural Psychology［M］. NewYork：Guilford Press，2007.

［61］Srull T K，Wyer R S. Category Accessibility and Social Perception：Some Implications for the Study of Person Memory and Interpersonal Judgments［J］. Journal of Personality and Social Psychology，1980，38（6）：841－856.

［62］Sirdeshmukh D，Singh J，Sabol B. Consumer Trust，Value and Loyalty in Relational Exchanges［J］. Journal of Marketing，2002（22）：15－37.

［63］Zhao X，Lynch J G，Chen Q. Reconsidering Baron and Kenny：Myths and Truths about Mediation Analysis［J］. Journal of Consumer Research，2010（37）：197－206.

［64］Preacher K J，Hayes A F. SPSS and SAS Procedures for Estimating Indirect Effects in Simple Mediation Models［J］. Behavior Research Methods，Instruments，and Computers，2004（36）：717－731.

［65］Hayes A F. An Introduction to Mediation，Moderation，and Conditional Process Analysis：A Regression-Based Approach［M］. New York：Guilford Press，2013.

［66］Yoo B，Donthu N，Lenartowicz T. Measuring Hofstede's Five Dimensions of Cultural Values at the Individual Level：Development and Validation of CV Scale［J］. Journal of International Consumer Marketing，2011，23（3－4）：193－210.

第3章　店铺环境中的气味营销对购买意向的影响

3.1　引言

3.1.1　研究背景

(1) 现实背景

现如今，随着体验经济的到来，感官营销日渐风靡，嗅觉也被越来越广泛地应用到营销策划中的方方面面。当你步入任何一家星巴克时，首先闻到的便是一股诱人的咖啡香味，让你不由自主地便会走向服务台，点上这么一杯咖啡坐到角落慢慢品味，而后瞬间便觉得身心放松了下来。以体验营销闻名的星巴克，对于咖啡的味道与香味要求近乎苛刻。在工作期间，星巴克的员工是不能使用香水的，为的是让星巴克内飘散的永远只是纯正的咖啡香味，而这带给消费者的记忆也远胜于其他香味，这成了星巴克特有的品牌文化，使它具有了家与办公室之外的“第三生活空间”之称。这就是香味营销，利用香味对人类情绪、记忆甚至行为的潜在影响进而影响人们对产品的喜好判断和购买行为。香气营销的关键是借用香气来引发嗅觉心理，与传统的视觉和听觉刺激都不同，这种利用特定气味来吸引消费者关注和记忆的营销模式是对传统营销模式的一种创新[1]。

在市场营销领域，研究人员已经多次提及把香气用于零售和服务环境之中[2-4]。营销人员也开始越来越多地使用香味来创造需求。在过去的几十年里，一些大的品牌公司已经在它们的营销中采取了香味营销。例如，在生意清淡时，迪士尼乐园的爆米花摊就会打开“人工爆米花香味”，不久之后，顾客便会自动循着香味而来。法国农业银行则从1999年10月起，让它的300家分行内都充满了浓郁的忍冬花香味，客户走进任何一家分行都能闻到这种香味，然后很容易地就联想到了农村的气息，而这正是法国农业银行的标识。这些公司利用的都是生活中已经存在的香气，而有些公司为了提高顾客对香味的独特性感知和记忆，甚至特意为公司定制出一种个性化的香味。例如，英国高档衬衫制造商托马斯·品克特意研制出一种新鲜干净的棉花味道，然后在美国一些城市新开的商店中放置散味器，只要顾客进入店内就能闻到这种独特的味道，然后就会对托马斯·品克衬衫产生价值联想。英国航空公司则会定期在航班上喷洒一种叫牧草的特制芳香剂，只要乘客步入英航的头等舱和头等舱候机室，立刻就能注意到这种独特的香味，加深了英航在其最具价值顾客群中的品牌印象。类似地，在乘坐新加坡航空公司的班机时也能闻到一种特殊的香味，它们来自空姐身上、座椅上、毛毯上和热毛巾上，这种香味弥漫在了整个机舱的各个角落，导致坐过新航的很多乘客都对此香味念念不忘。

在中国，也有一些行业和一些企业开始使用香味来影响消费者。例如，2002年，可口可乐为了在上海推出柠檬可乐，在巴士亭里放置了一种具有自动感应功能的机器，当感应到有人经过时，机器就会自动喷出公司特意找到的一种香料的味道，这种味道能诱惑人的嗅觉，使人产生心动感觉最后购买这款柠檬可乐。北京的麦当劳店也采用了类似的做法，它是在候车亭广告牌处设置了自动喷香系统，当系统感应到有人走近广告牌时，广告牌就会自动喷发出香味来诱惑人的嗅觉，没有吃早餐的人闻到这种味道就会想去麦当劳吃早餐。而具有80年历史的恒源祥为了寻找到一种能使消费者产生美好联想并能体现恒源祥优质品质的味道，更是不惜投入巨资签约世界上最具权威的嗅觉味觉研究机构——美国 Monell 化学气味官能中心。

香味的应用几乎已经遍及了所有的行业，营销人员已经在各种各样的环境下使用香味来影响消费者的认知和行为。其中的有些营销应用是基于香味影响的强有力证据，但很多应用却是一直基于营销人员的直觉信念和

假设[5]，对于香味到底是如何影响消费者的反应并不是很清楚，还有待研究人员的进一步探索和证明。因此，研究环境气味的性别如何影响消费者的行为就有了重要的现实意义。

(2) 理论背景

香气营销正如同视觉营销、听觉营销、味觉营销和触觉营销一样，已经成为近年来新兴的营销热点之一。气味如同商标和广告一样，也可以作为企业的营销工具。Gerrig 和 Zimbardo（2003）指出香气实际上是一种物质微粒，它既会对人们的生理产生影响，也会对人们的心理产生影响，进而对人们对产品或品牌的喜好评价和购买行为产生影响[6]。但是，因为嗅觉与大脑的边缘系统相连，而边缘系统是大脑的情感中心[7-9]，所以相对于其他的感官刺激，如颜色、声音和形状等，气味能够更直接迅速地对人们的情绪和记忆产生影响。因此，市场营销研究人员就开始探讨香气（包括产品自身香气与环境香气）对消费者购买心理和购买行为的影响。

市场营销领域中的现有研究表明，环境中的嗅觉线索会影响关键的消费者反应，令人愉悦的环境气味会延长顾客在店内停留的时间[10-12]，提高消费者对商店环境和产品的评价[9,13-15]，增强消费者的购买意愿[16-20]，以及提高消费者的注意力和记忆[21,22]。但是，Spangenberg 等（2003）指出，当香味和消费者对商店或商品的预期或偏好不一致时，令人愉悦的环境气味就没有这种预期效应[23]。也就是说，环境气味紧紧怡人是不够的，它还必须符合消费者的预期[24]、与产品特征[21,25]相协调一致。此外，环境气味还应该和环境中的其他线索协调，如背景音乐[19,26]，否则就可能会产生负面的效果。

综上所述，我们可以看出，研究人员对香气营销的关注主要集中于对其营销效果、与其他因素交互作用等方面的研究，证实怡人的香气可明显延长顾客在店内停留的时间，提高对产品的评价，加强对品牌的记忆，但是关于气味的性别属性的研究却相对较少。我们都知道，在市场上香水往往是按照性别进行划分的，即男士香水和女士香水。女性典型的偏爱是花香和水果香的香水，男性则偏爱辛辣和麝香味的香水[27]，却很少有实证研究去讨论环境气味的性别对于消费者行为的影响，目前也就只有两篇文章提及了环境气味的性别问题[28,29]，两篇文章都指出，只有当环境气味的性别和产品的性别一致时，才会提高消费者对产品的评价。

从中我们不难发现，这两个研究主要都是集中于环境气味的性别对特定性别产品评价的影响（即男装和女装），然而，有些产品是没有明显的性别之分的，就是我们俗称的产品，那对于这类产品，环境气味的性别又是如何影响消费者对它们评价的呢？另外，以往的研究基本上关注的都是环境气味和产品特征以及其他环境线索的协调，却忽视了环境气味和消费者自身的关系，对于环境气味、产品和消费者三者之间的相互作用更是从未研究过。本章试图弥补这一研究空白，研究消费者性别和气味性别的一致性对产品评价的影响（即背包和硬盘），同时还研究了它的三个调节变量，一个是产品类别，一个是产品—消费者性别的一致性，还有一个是恋爱动机。在本章中，性别和气味一致性定义为消费者的性别和感知到的气味性别（即男性或女性香味）的匹配性。一致性的情况是女性消费者闻到女性化的香味，男性消费者闻到男性化的香味；而不一致的情况则相反，即男性消费者闻到女性化的香味，而女性消费者闻到男性化的香味。

3.1.2 研究内容

通过现实背景与理论背景的分析，我们得出了本章的研究目的，即以消费者—气味的性别一致性为核心变量，研究其对产品的评价和购买意向的影响，同时探究其他变量对其的调节作用。具体来说，本章的研究内容主要有以下三个。

研究内容一：对于不同的产品类别，消费者—气味的性别一致性对产品评价和购买意向的影响。

消费者购买不同类别的产品所追求的利益是不同的。在购买功能性产品时，主要追求的是产品所具有的功能，所以消费者将更加注重营销信息中的理性信息，会更少地受到环境因素的影响[1]；而当购买象征性产品时，因为主要看重的是产品显示身份的能力，所以消费者将更加注重与产品相关的特性与自身的一致性，将会更多地受到环境因素的影响。因此，

本章的第一项任务就是研究对于不同的产品类别，消费者—气味的性别一致性对产品评价和购买意向的影响。

研究内容二：消费者—产品的性别一致和不一致时，消费者—气味的性别一致性对产品评价和购买意向的影响研究。

人们对购物环境、产品和品牌的评价是建立在多方相互作用的感知基础之上的，所以，商家在应用香气营销时，需要同时考虑环境香气与产品特征、消费者和其他环境因素的关系，只有相互协调一致，才不会导致消费者的产品和品牌认知冲突[1]。先前的研究关注的都是环境香气和产品特征或者其他环境因素（如音乐）的一致性对消费者反应的影响，还没有文章探究过三者之间的协调一致对消费者反应的影响。因此，本章的第二项任务就是研究产品性别、消费者性别和环境香气性别三者之间的交互作用对消费者产品评价和购买意向的影响。

研究内容三：当处于不同的恋爱动机水平时，消费者—产品的性别一致性对消费者—气味的性别一致性对产品评价的影响的调节作用。

当人们处于恋爱动机下时，对异性的渴望会显著增强，为增强对异性的吸引力，还会通过各种各样的行为来强化自身的性别形象，同时，对与恋爱、异性或自身有关的信息也会变得格外敏感。当闻到异性香味时，会让处于恋爱动机下的人联想到异性，因为对异性的渴望可能会提高对香味的评价，而当闻到同性香味时，会让处于恋爱动机下的人认识到自身的性别身份，因为强化了自身的性别形象可能会提高对香味的评价。因此，本章的第三项任务就是研究处于不同的恋爱动机水平时，消费者—产品的性别一致性对消费者—气味的性别一致性对产品评价的影响的调节作用。

3.1.3　研究意义

本章的研究问题对实践和理论都具有非常积极的意义。

首先，香味营销已经成为近年来的新兴营销热点之一，越来越多的商家认识到香味对消费者行为的重要影响，开始在营销实践当中越来越多地使用香味来创造需求。为此，如何把握好香味营销的关键，从而做出恰当的营销行为，就成了一众商家关注的焦点。本章将帮助商家总体把握对于产品的香味营销的关键，即要注意消费者—气味的性别一致性，同时还分析了对于不同类别的中性产品，不同性别代言人的中性产品以及在不同恋爱动机水平下的消费者是如何对消费者—气味的性别一致性进行反应的，使商家可以做出与之相应的恰当反应，使消费者做出与商家预期相符的行为，有效指导商家的香味营销实践。

其次，本章的研究将丰富营销领域中有关气味的性别属性和性别—气味一致性的理论，探究了消费者性别和环境气味性别的一致性对产品的评价和购买意向的影响。同时，本章还引入了产品类别、消费者—产品的性别一致性和恋爱动机三个调节变量，探究它们对主效应的显著调节作用。因此，本研究对营销领域中的香味研究进行了有益的创新。

3.1.4 研究思路与方法

(1) 研究思路

本章通过结合营销实践与已有的研究成果，探究了消费者—气味的性别一致性对产品的评价和购买意向的影响。首先，通过对现有文献进行回顾，探究消费者—气味的性别一致性将如何影响对产品的评价和购买意向。然后先引入了产品类别这个调节变量，探究对于不同的产品类别，消费者—气味的性别一致性是否都会影响对产品的评价和购买意向。之后又引入了消费者—产品的性别一致性作为调节变量，探究产品性别和消费者性别一致和不一致时，消费者—气味的性别一致性是如何影响对产品的评价和购买意向的。最后，将恋爱动机纳入了研究模型，它发挥的是消费者—产品的性别一致性的调节作用，探究在不同的恋爱动机水平下，消费者—产品的性别一致性的调节作用是否存在着差别。综上所述，我们得到了本章的研究模型（见图 3－1）。

(2) 研究方法

本章将通过实验法检验本章的研究模型与假设，使用 SPSS11.5 对实验收集的相关数据进行分析和处理。

根据本章的研究框架，我们一共进行了三组实验，分别为：

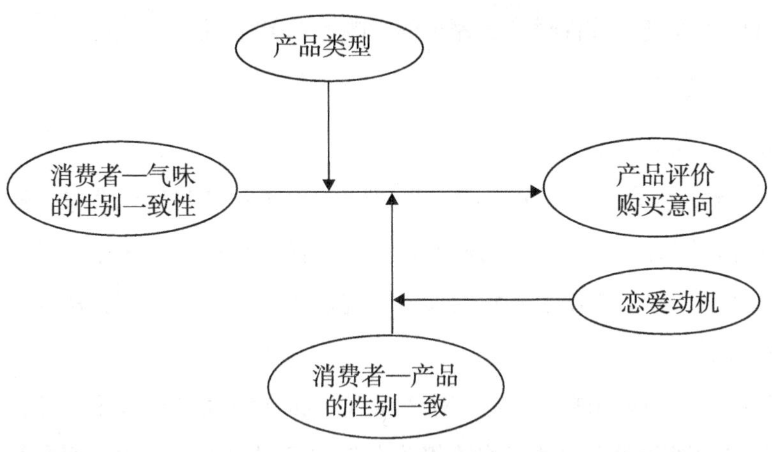

图3-1　研究思路图

实验一：该实验为2×2×2的研究设计，即2（消费者性别：男VS女）×2（环境气味性别：男VS女）×2（产品类别：象征性产品VS功能性产品），其中背包是象征性产品，而移动硬盘是功能性产品，通过问卷测量消费者对背包和移动硬盘的评价和购买意向。本实验将检验对于不同的产品类别，消费者—气味的性别一致性是否都会影响对产品的评价和购买意向。

实验二：该实验同为2×2×2的研究设计，即2（消费者性别：男VS女）×2（环境气味性别：男VS女）×2（产品性别：男VS女），产品性别主要通过控制平面广告中的代言人性别来实现，通过问卷测量消费者对平面广告中的帆布休闲鞋的评价和购买意向。本实验将检验在消费者—产品的性别一致和不一致时，消费者—气味的性别一致性是如何影响对产品的评价和购买意向的。

实验三：该实验为2×2×2的研究设计，即2（消费者—气味的性别一致性：一致VS不一致）×2（消费者—产品的性别一致性：一致VS不一致）×2（恋爱动机：高VS低），高恋爱动机是通过让被试观看四个异性的照片，然后从中选择最喜欢的一个作为交往对象，想象"完美的第一次约会经历"；而低恋爱动机是通过让被试观看一幅街景图片，然后想象独自漫步在街上的情景。之后通过问卷测量消费者对歌曲的评价。本实验将检验当处于不同的恋爱动机水平时，消费者—产品的性别一致性对消费者—气味的性别一致性对产品评价的影响的调节作用。

（3）文章结构

本章一共分为七节。

3.1节，引言。这部分介绍了本研究的现实背景与理论背景，进而提出了本章的研究目的与主要的研究内容，并简要地指出了本章的理论意义与现实意义，最后提出了本章的大概研究思路、使用的研究方法与文章的基本结构。

3.2节，文献回顾。首先，对产品气味和环境气味进行了区分，并对产品气味对消费者行为的影响的相关文献进行了回顾；其次，回顾了环境气味相关的研究成果；再次，回顾了有关气味一致性的研究，总结之前学者关于气味一致性的相关研究成果；最后，对环境气味的性别一致性的相关研究进行了回顾，并总结了其对消费者反应的一些重要影响。

3.3节，研究假设。主要包括产品类别对消费者—气味性别一致性与产品评价（购买意向）之间的关系的调节作用，消费者—产品性别一致性对消费者—气味性别一致性与产品评价（购买意向）之间的关系的调节作用，以及恋爱动机、消费者—产品性别一致性、消费者—气味性别一致性的三方交互作用。

3.4节，研究一。详细阐述了消费者—气味的性别一致性对不同产品类别的产品的评价和购买意向的影响，包括研究假设的推导、实验设计和步骤、实验数据分析与研究结论小结。

3.5节，研究二。详细阐述了当消费者—产品的性别一致和不一致时，消费者—气味的性别一致性是如何影响对产品的评价和购买意向的，包括研究假设的推导、实验设计和步骤、实验数据分析与研究结论小结。

3.6节，研究三。详细阐述了在不同的恋爱动机水平下，产品—消费者性别的一致性对消费者—气味的性别一致性对产品的评价的影响的调节作用，包括研究假设的推导、实验设计和步骤、实验数据分析与研究结论小结。

3.7节，本章小结。主要总结关于上述研究假设的实证研究结论，概

括该结论的理论贡献与管理启示，并提出本章研究的局限与未来的研究展望。

3.2　文献回顾

本章回顾了有关嗅觉研究的一个理论背景，特别是环境气味对消费者行为的影响。更具体地说，回顾了现有的气味一致性的研究，以及环境气味的男性化和女性化。在这个过程中，我们发现了上述气味研究中的一个未知空白，并预测了消费者对性别化的环境气味的反应。

3.2.1　零售环境

在零售和服务领域，研究已经表明购物环境中的环境线索会影响消费者的行为[2,31-33]。环境线索是消费者评价餐厅质量的最重要线索[34]，对消费者对零售商店的商品质量的推断也有着重要的影响[35]。研究已经证明环境线索会影响消费者的购买行为[36,37]、产品评价[38]和满意度[39]。环境线索如视觉刺激和听觉刺激对消费者反应的影响已经有许多学者进行过研究。

研究已经表明，环境中的视觉刺激如设计、图片、颜色和灯光等会影响消费者对商店和产品的感知。例如，Morrow 和 McElroy（1981）指出环境中的设计元素会影响对人和物品的评价[40]，而服务场景的设计也会影响消费者对服务的感知和态度[41]。Mazursky 和 Jacoby（1986）则发现商店内部的图片是除品牌名称外消费者最多选择用来评价商品质量的[42]。商店内使用的颜色也会影响消费者对商店和商品的评价[43]。Crowley（1993）的研究发现，被试会认为暖色调环境中的商品要比冷色调环境中的商品更为时尚[44]。而 Valdez 和 Mehrabian（1994）的研究却指出，蓝色的环境总体来说会比橙色的环境引起更好的感受，冷色调的商店环境要优于暖色调的商店环境[45]。Bellizi 和 Hite（1992）在研究中虚拟了一个电视购买的情境，结果发现，相比红色背景，蓝色背景会降低消费者推迟购买的可能性[46]。可以看出，紫色/蓝色的内饰会比红色/橙色的内饰产生更高水平的积极情感基调，并提高消费者的购买意向。此外，环境中的灯光也会影响消费者的反应，例如，Baker 等（1994）发现古典音乐和柔光顶光的结合会导致消费者的预期价格上涨[47]。

除了环境中的视觉刺激会对消费者行为产生影响外，环境中的听觉刺激也会影响消费者的反应。环境音乐，如在宾馆、餐厅、零售商店和超级市场听到的音乐，会影响消费者的情绪、在一个地方实际花费的时间，以及对花费的时间感知和实际消费。例如，已有研究表明古典音乐会提高消费者的愉悦性，而流行音乐则会增强消费者的唤醒水平[48]。North、Hargreaves 和 McKendric（1999）的研究发现，播放的音乐会影响消费者对酒的选择，当播放法国音乐时，消费者会购买更多的法国酒，而当播放德国音乐时，消费者则会购买更多的德国酒[49]。此外，商店里的音乐也会影响购物节奏，较慢的音乐会导致较慢的购物节奏和更多的购买，因为消费者会以更慢的速度穿过商店[50]。而当消费者喜欢背景音乐时，相对他们实际在店内花费的时间，他们会感觉花费了更少的时间在购物。但如果他们不喜欢背景音乐，尽管他们实际在店内花费的时间很短，但他们也会抱怨在店内停留的时间太长[51-52]。

综上所述，环境线索如音乐和视觉刺激已经被广泛研究。相对来说，嗅觉研究是一个相对不足的领域[53,54]，因此，有必要投入更多去研究嗅觉刺激的作用[9,18,55]。本研究将以社会学和心理学的相关研究为基础，在营销领域中研究参照群体和品牌形象对感知面子形成的影响。下面我们将分别对社会学和心理学领域，以及营销领域中对面子及相关概念的研究进行介绍。

3.2.2 产品气味的影响

Mitchell（1994）认为，香味的营销应用主要表现在两个层次：第一个层次与产品属性有关，有些产品本身就带有香味，一些商家就通过优化产品香味来增强消费者的购买欲望[56]。如在化妆品中添加花香。现有的大部分研究关注的都是产品气味的影响，即产品自身所具有的香味。例如，面包、巧克力店和花店这些专卖店常常利用他们的产品散发出来的香味来影

响消费者[18]。还有很多制造商生产带香味的产品以增加产品的吸引力。例如，清洁剂常常带有柠檬香味，湿巾往往加入花香[57]。

现有的研究已经表明，产品具有的怡人香味将导致更为积极的消费者反应。例如，在 Laird（1932）的研究中，让被试评价四款袜子的质量，尽管没有提示被试去嗅闻袜子，结果却有 50% 的被试选择了带有水仙花香味的袜子，而选择没有香味的袜子的被试只占 8%。其实这些袜子只是香味不同而已，但是据很多被试反映带有香味的袜子会比没有香味的袜子更加耐用，而且其质量也会更好[13]。此外，Cox（1967）在研究中也发现，当女士面对带有橙香味和没有香味的两款尼龙长袜时，大概有九成的人选择了带有橙香味的，她们认为它们的质量要比没有香味的更好[58]。Bone 与 Jantrania（1992）则指出，当一个商品散发的气味在某种程度上与产品类别一致时，对产品的质量评价将会更高。即相比柠檬味的防晒油和椰子味的清洁剂，人们对椰子味的防晒油和柠檬味的清洁剂的评价会更高[24]。

另外，消费者的认知过程也会受到产品气味的影响。Krishna、Lwin 和 Morrin（2010）通过研究发现，产品香味会增强消费者对相关信息的记忆。他们在一个实验中，给被试一支带有香味（松木香）的品牌铅笔，同时还给了一张清单，上面列出了铅笔的十个卖点，两周后被试平均记住了 3. 67 点。然而，那些拿到没有香味铅笔的控制组的被试却只记住了 0. 87 点[59]。其实不止产品可以带有香味，连广告也是可以散发香味的，广告商可以把香味嵌入印刷广告中，人们只要擦拭广告单就能闻到香气。Ellen 等（1998）就研究了广告中嵌入的香味对消费者反应的影响，实验结果发现，广告中嵌入和产品风格一致的香味并不会改善消费者对品牌和广告的态度，但是，如果广告中的香味和产品风格不一致，就会降低人们对产品的评价[60]。

第二个层面与销售环境相关。对于服装、酒店和银行之类没有特别香味的产品或服务，商家往往会通过各种手段在零售环境中扩散香味，为消费者创造怡人的购物氛围，以提高他们对产品和服务的质量感知，从而达到促进销售的目的[56]。

为了销售这些没有特别香味的产品，营销人员开始越来越多地雇用嗅觉专家为他们的店铺环境设计定制化的香味[61]。然而，有关环境气味的文献却并不常见[57,62]。Turley 和 Milliman（2000）回顾了有关环境线索的现有研究，发现环境气味的研究仅局限于与其他的环境线索进行对比[63]。已有的有关环境线索的研究，60 篇中只有 3 篇[9,17,21]集中于环境气味对消费者行为的影响。即使是十年以后情况还是没有多少改变，正如 Teller 和 Dennis（2012）认定的也只有 8 篇文章研究了环境气味对消费者行为的影响[64]。

本研究关注的就是这第二个层面，即环境气味，它不同于产品气味（即第一个层面）。环境气味是指环境当中呈现的香味，而非特定物品散发出来的气味[9]。

3.2.3 环境气味的影响

（1）环境气味对消费者行为的影响

心理学研究已经表明，令人愉悦的环境气味可以辅助记忆，改善学习，提高人们的工作绩效。例如，如果人们曾经在充满某种香味的环境下记忆一段文字，那么将来处在同样的环境下就会更容易回想起这段文字，因为气味激活了人们对相关文字的语意性记忆[65]。Kliauga、Hubert 和 Cenci（1996）也指出，被试在怡人的气味环境下时，在识别拼错单词中的表现会更好[66]。Barker 等（2003）则发现薄荷味可以提高工人在执行文书任务中的生产力[67]。另外，还有研究表明，在令人愉悦的气味环境下，人们更倾向于表现出亲社会的行为[68]。

在消费者行为领域，已经有研究证明环境气味会影响消费者的行为。例如，在有令人愉悦的环境气味存在时，消费者在购物上会花费更多的时间，表现出更大的购买可能性，对产品的评价也会更高[18]。Knasko（1989）的研究发现，当珠宝店内充满了某种香气时，消费者会花更多的时间在店内购物[69]。Lipman（1990）也证实了这一结论。同样，Bone 和 Ellen（1994）也发现被试在充满香味的房间中会花费更多的时间在目录购物上[62]。Spangenberg 等（1996）根据消费者的评价发现，当购物环境中存在适宜的香气时，

购物者对商店环境和商品的评价将会更高，再次光顾该店的欲望也会增强[9]。Mattila 和 Wirtz（2001）[19]、Chebat 和 Michon（2003）[14]、Michon、Chebat 和 Turley（2005）[70]也已确认了环境气味对产品评价的积极影响。此外，环境香气还会提高人们对品牌的评价，特别是非知名品牌[20]。当环境有香味时，消费者也常常表现出更大的消费倾向。例如，当赌场充满令人愉悦的香味时，赌徒会在老虎机上花费更多的金钱[17]。而 Hirsh 和 Gay（1991）则发现，当环境中充满香气时，购物者会表现出更大的倾向去购买耐克的鞋子[16]。Morrin 和 Ratneshwar（2000）则发现，当被试身处一间充满香气的房间内时，愿意为商品多支付 10% ~15% 的钱[20]。Chebat 和 Michon（2003）强调商场中令人愉悦的环境香气会显著影响人们的消费性开支[14]。Gueguena 与 Petrb（2006）也得出类似的结论，即相对于没有香味的环境，当餐厅里有薰衣草的香味时顾客的消费会增加[12]。

环境香气除了会对产品评价和消费倾向等产生影响外，有研究已经表明，环境香气还会对消费者的认知过程产生影响。例如，Mitchell、Kahn 和 Knasko（1995）指出，环境气味会引发记忆，影响对产品信息和选择的精化[21]。Bone 和 Ellen（1999）也发现，在令人愉悦的香气环境下，消费者会表现出更大的认知精化[18]。Morrin 与 Ratneshwar（2000）测试了被试对展示在有香味和没有香味环境下的品牌的记忆，实验结果发现环境香气可以增强人们对品牌的记忆[20]。此外，怡人的环境香气还会显著增加陌生人之间的互动交流[71]。

（2）环境气味的一致性效应

现存研究支持这样的观点，即令人愉悦的香味环境会引发趋近行为，而令人不快的环境则会导致回避行为[18]。然而，香味的怡人性可能还不足以预测在一个零售环境中的趋近或回避行为[9]。正如 Spangenberg 等（2003）的研究发现，如果环境香气和消费者对零售商店和商品的预期或偏好不一致，令人愉悦的环境气味就没有预期的这种效应[72]。这些作者的研究指出，当零售商在采取一种环境刺激时，香味的适当性或一致性是一个关键考量。也就是说，嗅觉线索不仅应该是令人愉悦的，而且也应该和环境中的其他线索相协调。当环境线索不一致或没有与环境协调时，消费者的认知可能会潜在地抑制态度的形成[73]。因此，一种气味可能客观上评价是令人愉悦的，但若它不具有环境一致性，可能就会导致相反的消费者评价。

环境气味一致性指的是环境气味在多大程度上符合消费者的预期或是与消费者在环境中遇到的其他线索相一致[74]。研究已经表明，当环境气味和消费者的预期或与产品所处环境一致时，消费者对商店和产品的评价将会更高，且会表现出更强的购买意愿。例如，Mitchell 等（1995）的研究也表明，当环境气味和产品类别一致时，将会提高消费者对商店和产品的评价，消费者将会花费更多时间进行搜寻，而且会有更多的寻求多样化的行为[21]。Fiore、Yah 和 Yoh（2000）的研究则发现，当销售睡衣的零售店内散发的是铃兰的香味（即一致性的香味）时，消费者对睡衣的评价会更高，更有可能购买睡衣，也愿意为这些睡衣支付更多的钱[25]。同样，Bosmans（2006）也得出了类似的结论，即当环境气味和产品类别一致时，会提高对产品的评价[15]。即闻到柑橘香味时对橙汁的评价会比闻到森林香味时更高。气味一致性除了会影响消费者的产品评价和购买意向外，也会对消费者的认知过程产生影响。例如，在品牌评价期间如果出现一致性的环境气味也会提高消费者的关注度，并增强对品牌的回忆和认知[20]。这些研究表明，零售环境中的环境气味和产品特征一致时，将会导致对零售商更为有利的结果。

除了香味和待售产品的一致性，香味和其他环境线索的一致性也已经被广泛研究。例如，Michon 等（2005）检验了人口密度和环境气味的关系，文章指出只有当人口密度处于中度的情况下，令人愉悦的环境气味才会对消费者产生比较显著的影响，才会较好地影响消费者对商场以及商品的感知[70]。此外，也有研究已经检验过环境气味和音乐之间的一致性[19,75]。Spangenberg 等（2005）研究了环境气味和音乐之间的交互作用，实验结果发现当环境气味与背景音乐协调一致时，将提高消费者对商店环境的评价，增强冲动购买和趋近行为，也会提高消费者对服务的满意程度；如果不一致则有可能对消费者产生负面影响[75]。同样，Michon 等（2006）的研究也发现，当环境气味和背景音乐的节奏协调一致时，将会

明显提高消费者的开支，如果不一致则会产生强烈的反效果[26]。

3.2.4　气味性别属性的相关研究

研究已经表明香水是有特定性别的，某些香水会被认为是男性的，而某些香水则会被认为是女性的[76-79]。Muscarella 等（2011）指出市场上的香水大概可以分成两种类型：麝香—辛辣香型和花香—甜美香型。其中，男性更喜欢给自己用麝香—辛辣香型的香水，喜欢女性用花香—甜美香型的香水；而女性则更喜欢给自己用花香—甜美香型的香水，喜欢男性使用麝香—辛辣香型的香水[77]。因为香水清晰的性别身份，男性和女性常常使用不同的香水来提升他们的形象一致性[78]。

香味有明确性别关联的一个可能原因是持续的关联性[80,81]。根据行为学习理论[82]，香味和特定性别的关联性可能是经典条件反射的结果，是在学习过程中发生的，通过不断地重复一种香味和一种性别的关联性。消费者有可能会通过广告学习到香味的性别化，营销人员会费尽心思创造一种信念，即某些香水是男性化的，而某些香水则是女性化的[24]。Kirk - Smith 和 Booth（1987）的研究发现，对一种气味的情绪反应取决于“先前与气味有关的社会经历的复杂含义”，也就是说，与环境气味有关的含义是基于与它有关的概念[83]。通过重复学习，花香味、香甜味和水果味的香水就与女性联系在一起，而麝香—辛辣香型的香水就和男性联系在一起。当气味被感知到时，性别的语义联想就被激活了。

社会心理学的研究已经表明，感知到的香味性别会影响一些人对其他人的评价。在 Sczesny 和 Stahlberg（2002）的研究中，根据人们的评价得出，当男性和女性求职者都喷男士香水时，会比都喷女士香水有更高的被雇用的可能性[27]。作者指出当使用男性香水时，将会很自然地把男性特质归因于求职者，而因为管理特质往往是与男性特质一致的[76]，因此，一个人使用男性香水将会有更高的被雇用的可能性。

在消费者行为领域，有关香味的性别属性对消费者行为的影响研究却非常少，截至目前也就只有两篇文章对此进行过研究，结果发现环境气味的性别会影响人们的触觉感知和消费者的购买行为。根据有关检验交叉知觉模式相互作用的文献，Krishna 等（2010）认为气味和质地都有男性和女性之分，当感知到的气味性别和触觉性别一致时，对一个物体的触摸感觉将会更好。一致的情况即是男性环境气味与男性质地（即粗糙的纸张）配对，女性环境气味与女性质地（即光滑的纸张）配对。正如预期，Krishna 等（2010）发现，与不一致的情况相比，气味和触觉之间的性别一致性将导致更为正面的触觉感知[29]。Spangenberg 等（2006）则根据购买行为检验了环境气味的性别和有明确性别的产品之间（即男装和女装）的一致性对消费者反应的影响。结果发现当感知到的环境气味的性别和产品性别一致时，即男性香水和男装配对，女性香水和女装配对，参与者将会更多地表现出趋近行为，即对产品的评价会更高，会花费更多时间在购物上，且购买数量也几乎是不一致时的两倍之多[72]。

尽管 Spangenberg 等（2006）的研究已经表明环境气味的性别将影响消费者的反应，但是对气味的性别维度是否会影响对产品（即既适合男性用也适合女性用的产品）的评价还并不清楚。本章认为感知到的环境气味的性别和消费者性别之间的一致性将影响消费者对产品的评价。然而，这种性别—气味一致性效应也会因其他因素的作用而有所不同。对于这项研究，我们研究了性别—气味一致性效应的两个调节因素：①产品类别（即象征性产品 VS 功能性产品）；②产品性别和消费者性别的一致性；③恋爱动机。这三个因素分别在实验一、实验二和实验三中进行了检验，详细过程如下所述。

3.3 研究假设

3.3.1 消费者—气味的性别一致性对消费者产品评价和购买意向的影响

通过回顾现有文献对相关理论进行梳理后，本章将探究对于不同的产品类别，消费者—气味的性别一致性对产品评价和购买意向的影响，采用实验法来对研究假设进行检验。

虽然中性产品没有特定的性别，但是这些产品也可以分为功能性产品和象征性产品，可以承担功能性作用和身份象征性作用（Elliot，1997；Ericksen，1996；Bhat 和 Reddy，1998；Leigh 和 Gabel，1992；Park、Jaworski 和 Maclnnis，1986；Vargolis 和 Sirgy，1984）。相关研究已经表明，对于功能性产品，消费者追求的主要是产品所具有的各项功能，可以满足消费者的实用性需求。功能性消费行为可以描述为与任务相关的理性决策（Batra 和 Ahtola，1991；Engel 等，1993），这往往意味着消费者是在适当考虑产品信息和逻辑论证广告信息后进行购买的。消费者在做决策时往往会更加注重营销信息中的理性信息，将较少地受到其他环境线索的影响。尽管还没有得到实证研究证明，Gulas 和 Bloch（1995）以及 Fiore 等（2000）已经指出，当消费者在做出功能性产品的购买决定时，消费者会更多地进行营销信息的处理，将较少地受到环境气味的影响。

对于象征性产品，消费者往往是为了用它们来象征社会地位和自我身份的，并不是为了它们的功能性利益（Hirschman，1981；Levy，1959）。因而，消费者在购买象征性产品时，将会较少地受到产品信息等的影响，他们关注的是与产品和商店环境有关的属性和消费者自我的一致性（Sirgy，1982；Wallendorf 和 Arnould，1988）。Johar 和 Sirgy（1991）的研究指出，当与产品有关的线索和消费者的自我形象一致时，消费者对产品的评价将会更高。Babin、Hardesty 和 Suter（2003）在研究中指出，当消费者购买的是象征性产品时，将会更多地受到购物环境的影响，而购买功能性产品时则不然。

基于消费者在购买功能性产品和象征性产品时的关注焦点有差异，本章预测当消费者购买的是象征性产品时，将更可能受到消费者—气味的性别一致性的影响。当消费者主要关心的是产品的显示身份能力时，消费者将对决策环境中收到的性别身份线索更为敏感，也更可能将感知到的环境气味的性别归因于待评价的产品。据此，如果感知到的环境气味的性别和消费者的性别一致，消费者将表现出更为积极的产品评价和购买意向。然而，当消费者购买的是功能性产品时，消费者将从性别考虑中抽离出来，因为他们将更加注重营销信息中的理性信息（Batra 和 Ahtola，1991；Engel 等，1993）。因此，对于功能性产品来说，消费者在性别—气味一致和不一致时的反应将不会有显著的差别。因此，我们提出如下的研究假设：

假设 1a：当购买象征性产品时，消费者—气味的性别一致性会对产品评价产生正向影响。

假设 1b：当购买象征性产品时，消费者—气味的性别一致性会对购买意向产生正向影响。

假设 1c：当购买功能性产品时，消费者—气味的性别一致性对产品评价与购买意向没有影响。

3.3.2 消费者—产品的性别一致性的调节作用

本章将引入消费者—产品的性别一致性作为调节变量，检验产品性别和消费者性别一致和不一致时，消费者—气味的性别一致性对产品评价和购买意向的影响。

现有的研究表明，当一种产品有了一个独特的性别时（即性别化产品，如男装和女装），感知气味性别和产品性别的一致性将作为消费者评价产品的一种重要线索。例如，Spangenberg 等（2004）指出，当感知到的环境气味的性别和产品的性别一致时（即男性气味和男装配对，女性气味和女装配对），被试对产品的评价将比不一致时更为积极。Krishna 等（2010）的研究也发现，当环境气味的性别和纸张性别（质地粗糙是男性，质地细腻是女性）一致时，被试对纸张的触觉感知将会更好。

中性产品既适合男性用也适合女性用，它们是没有特定性别的，但是在中性产品或品牌的营销过程中，营销人员可能会利用代言人赋予产品特定的性别，消费者也常常会拟人化一个产品（Fournier，1998）。当中性产品具有了特定的性别时，就如 Spangenberg 等（2004）和 Krishna 等（2010）的研究发现，产品的性别也会对消费者的产品评价产生影响。此时，产品性别、消费者性别和环境气味性别三者就会产生交互作用。Mandler（1982）指出当环境气味和消费者的预期或心理模式一致时，消费者

将表现出“原始的正面评价”；当环境气味性别和消费者性别以及产品性别都保持一致时，将会提高消费者对产品的评价。

因此，我们可以预测，当我们用男性代言人代言中性休闲鞋时，休闲鞋就会更多地倾向于被认为是男性的，而用女性代言人代言时，休闲鞋就会更多地倾向于被认为是女性的。当产品性别和消费者性别一致时，如果消费者性别和环境气味性别一致，也即产品性别和环境气味性别一致，先前的研究已经表明，这将会提高消费者的产品评价和购买意向；而当消费者性别和环境气味性别不一致时，也即产品性别和环境气味性别不一致，这将会降低产品评价和购买意向。当产品性别和消费者性别不一致时，如果消费者性别和环境气味性别一致，也即产品性别和环境气味性别不一致，先前的研究已经表明，这将会降低产品评价和购买意向；而如果消费者性别和环境气味性别不一致时，也即产品性别和环境气味性别一致，这将会提高产品评价和购买意向。为此，我们提出了以下研究假设：

假设 2a：当消费者—产品的性别一致时，消费者—气味的性别一致性将正向影响产品评价和购买意向。

假设 2b：当消费者—产品的性别不一致时，消费者—气味的性别一致性将负向影响产品评价和购买意向。

3.3.3　消费者恋爱动机的调节作用

为了更深入地探究消费者—气味的性别一致性对产品评价和购买意向的影响，本章将继续采用实验法聚焦消费者—产品的性别一致性的调节作用的调节变量——恋爱动机。

相关研究表明，当人们处于恋爱动机下时会更加喜欢异性。当男性处于恋爱动机下时会更加喜欢女性，更多地向女性示好。在这种状态下，男性对女性会比对男性更加地慷慨（Iredale、Van Vugt 和 Dunbar，2008），相对于男性，会更喜欢在女性面前表现出自己英雄的一面（Griskevicius 等，2007），且会更多地在女性在场时关注身份产品，选择昂贵的品牌，并进行奢侈品消费（Griskevicius 等，2007）。而当女性处于恋爱动机下时则会更加喜欢男性，更多地向男性示好。在这种状态下，她们会对男性表现出更大的友好性，与男性的互动交流也会比平时多（Griskevicius 和 Kenrick, 2013），并会在有男性在场的时候，更加注意自身的形象（Hill 和 Durante, 2011）。

现有的研究表明，恋爱动机还会导致人们想要变得引人注目。当男性和女性想要变得引人注目以获得一个恋爱对象时，他们经常会以不同的方式试图吸引异性的注意。对于男性来说，他们会通过各种行为来强化男性的形象，展示男性具有的魅力，以增强自身对女性的吸引力。男性在这种状态下往往会变得更具有创造性（Griskevicius 等, 2006），更加慷慨（Iredale、Van Vugt 和 Dunbar, 2008），更具操纵性（Ackerman、Griskevicius 和 Li, 2011），更具社会主导性（Campbell、Simpson、Stewart 和 Manning, 2003），更加英雄主义（Griskevicius 等, 2007），以及更加独立（Griskevicius、Goldstein 等, 2006）。除此之外，男性还会通过消费行为来展示自身的男性魅力，例如他们将会更多地进行奢侈品消费（Griskevicius 等, 2007）。当接触到恋爱线索时，他们将会更加关注身份产品（Janssens 等, 2011），以及选择更为引人注目和昂贵的品牌（Sundie 等, 2011）。跟男性一样，恋爱动机也会导致女性想要变得引人注目。对于女性来说，她们也会通过各种行为来强化自身女性的形象，展示女性所具有的魅力，以增强自身对男性的吸引力。例如，当女性处于恋爱动机下时，她们会宣扬自身的漂亮和年轻（Kenrick 和 Keefe, 1992; Wiederman, 1993），会花费大量的时间、精力和金钱去挑选衣服、饰品和化妆品以强化自身的女性形象，提高她们对男性的吸引力（Hill 和 Durante, 2011）。此外，处于恋爱动机下的女性也更愿意吃减肥药和把身体晒成褐色来提高她们外表的吸引力，即使她们知道那样做会导致癌症（Griskevicius 和 Kenrick, 2013）。

综上所述，我们知道当人们处于恋爱动机下时，对异性的渴望将会显著提高，为了增强自身对异性的吸引力，会通过各种行为来强化自身的性别身份。由此我们推测，当男性处于恋爱动机下时，如果闻到的是女性香味，将会让他们联想到女性，对女性的渴望将会使得他们对女性香味的评

价更高；而如果闻到的是男性香味，将会让他们意识到自己的男性身份，强化了自身的男性形象，所以对男性香味的评价也会更高。而当女性处于恋爱动机下时，如果闻到的是男性香味，将会让她们联想到男性，对男性的渴望将会使得她们对男性香味的评价更高；而如果闻到的是女性香味，将会让她们意识到自己的女性身份，强化了她们的女性形象，所以对女性香味的评价也会更高。为此，我们提出了以下的研究假设：

假设 3：当恋爱动机高时，消费者—产品的性别一致性对于消费者—气味的性别一致性对产品评价和购买意向的影响的调节作用将更为明显。

3.4　研究一

3.4.1　预测试

为了选出接下来实验中要用到的一对女性香味和男性香味，我们进行了一个香味选择的预测试。香味选择的标准主要有以下两个：①香味能够被感知为男性/女性；②女性香味和男性香味在效价上相等，即有相同的感知愉悦性。

香味选择预测试是在本科生中进行的，一共有 161 名被试参与了预测试，其中男生 79 人，女生 82 人。预测试中一共使用了 8 种香水，分别是玫瑰、古龙、玉兰、冰河世纪、草莓、登喜路、国际和阳光海岸，都是从同一家商店购买的，其生产制造商也是同一家。8 种香水分别被放在 8 个不透明的小瓶子里，以排除香水颜色对香水评价的影响（Zellner 和 Kautz，1990）。每个小瓶子大约装有 20mL 香水，然后从 1 ~ 8 对 8 个小瓶子进行编号，瓶身上除了号码外没有其他的信息。

被试在参加预测试之前需先声明没有鼻子过敏症，然后随机发放给被试一小瓶香水，每一个被试只评价一种香水，每一种香水让 20 名被试（10 男 10 女）进行评价。让他们打开瓶子闻香水的味道，想闻几次就闻几次，然后在 7 级量表上评价香味的愉悦性（其中“1”代表难闻的/不吸引人的/糟糕的/不喜欢的，“7”代表好闻的/吸引人的/美好的/喜欢的），之后是对香味的性别进行评价，根据 Spangenberg 等（2006）对香水性别的测量，用7级差异量表来测量被试对香味的感知性别倾向（其中，“1”代表女性，“7”代表男性）。

香水的评价分析结果如表3－1所示。

表3－1　香味评价结果

香水	均值	
	感知愉悦性	感知性别
1（玫瑰）	3.73	3.15
2（古龙）	3.86	3.45
3（玉兰）	4.26	2.14
4（冰河世纪）	3.63	3.38
5（草莓）	4.83	2.19
6（登喜路）	3.30	3.50
7（国际）	4.31	2.05
8（阳光海岸）	3.96	2.89

根据香味选择的两个标准，我们最后选择了古龙和国际两款香水，从表3－1可以看出，两者在感知愉悦性上相似，在感知性别上存在明显的差异，正好符合我们的要求。

3.4.2　研究设计

(1) 实验设计

实验一共招募了277名本科生参加，其中男生130名，女生147名，达到了实验法的一般要求。实验耗时15分钟左右，每组实验都由6~8名被试组成，被试中既有男性也有女性。被试被随机地分配在了2（产品类别：象征性 VS 功能性）×2（参与者性别：男性 VS 女性）×2（感知气味性别：男性 VS 女性）的受试者间实验设计中。

在之前的预测试中已经证明，古龙香水被显著地感知为男性，而国际香水被显著地感知为女性，且两种香水在感知愉悦性上相似。所以，在男性气味环境下扩散的就是“古龙”香水，而在女性气味环境下扩散的则是“国际”香水。因为两种气味扩散不可能同时进行，所以男性气味和女性气味分别在两个不同的房间内进行，但是两个房间在空间大小、内部设置和光照等方面都基本相同，就排除了其他因素对实验效果的干扰。

环境气味是通过自动喷香机在实验室中进行扩散的。为了消除两个房间内先已存在的气味，在实验开始前分别对房间进行了一个小时左右的通风。为了确保正式实验时香味能均匀地散布在整个房间中，在实验开始前自动喷香机已经开启了一个小时，之后在实验进行过程当中自动喷香机将继续间歇性地喷发出香味。为了防止被试发现自动喷香机的存在，从而对实验的真实目的有所怀疑，我们把喷香机放在了电视屏幕的后面，如果不仔细寻找的话，被试一般发现不了它的存在。香味的浓度可以通过自动喷香机进行调节，通过调节喷香机的喷射间隔时间来控制浓度，最佳的浓度水平是香味强烈到足以让被试感知到，但是还要淡到足以让人保持喜欢。为确定自动喷香机的喷射频率，在实验开始前我们先在两个房间中进行了频率测试，分别设置不同的喷射间隔时间，然后让一些同学进入房间，对香味的浓度和好闻性进行评价。最终，确定在整个实验过程中两个房间的喷香机都保持在每五分钟喷射一次的频率。为保持两个房间中的香味扩散的一致性，在实验过程中对室温和通风采光进行了监测。同时，为了防止其他香味来源影响实验效果，在实验过程中不允许研究人员和被试自身散发出任何强烈的气味。

本研究中待评价的产品有两种，即背包和移动硬盘，如图 3－2 所示。采用的是印刷广告的形式，从图 3－2 中可以看出，两幅广告在尺寸大小和背景颜色上都相同，排版布局也是一样的，上半部分都是不同颜色的产品展示，下半部分左侧都是产品的基本信息介绍，而右侧都是其中一种颜色产品的不同角度图片展示。这是为了防止平面广告的差异会对两种产品的评价和购买意向产生影响。此外，对两种产品的评价和购买意向的测量题项也都是一样的。

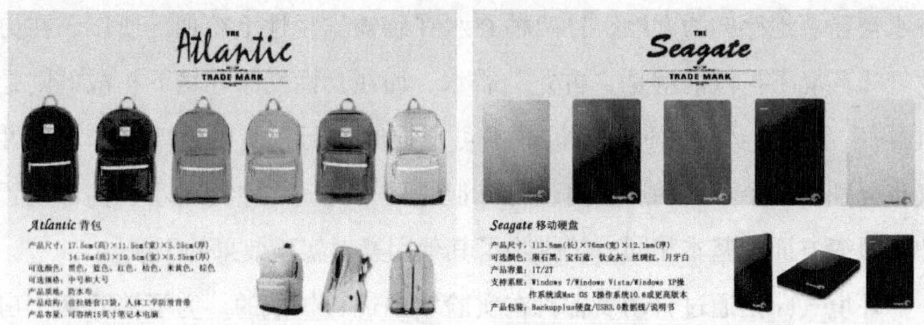

图 3-2　背包与移动硬盘平面广告

(2) 实验步骤

为了确保被试等同地闻到房间内的气味，要求被试同时进入房间。在所有被试都落座后，先对被试做了一些有关研究的说明，大致如下：

欢迎大家来参加本次调研，本次调研主要是想了解一下大家对一些产品的评价和偏好，实验大概需要耗时 15 分钟。在本次调研中，问卷会依次发放，只有当所有人都答完这一份问卷后才会发放下一份问卷。请各位在拿到问卷后，先仔细阅读问卷开头的填写说明，按照我们的要求填写问卷。在填写完问卷后，请把问卷背面朝上倒扣在桌面上，之后就不允许再返回去修改已经填写的答案。你们填写的答案并无对错之分，所以只需要按照你们的真实想法填写即可。在整个过程中不能看别人的问卷和互相讨论，也不能接听电话。下面我们就开始进行正式的调研。

然后，让被试根据一张 A4 纸大小的背包平面广告，完成一项“新产品评价”的调查，要求是根据自己的真实想法填写。被试看到的情境如下所述：

某公司是一家专门生产背包、箱包、旅行用品和装备的公司，现在他们准备向市场推出一款双肩背包，在推出之前他们想对大学生的产品偏好进行前期调研。您将看到这款背包的平面广告，请仔细观看该广告并根据自己的真实想法来回答下列问题。

当看到的是移动硬盘平面广告时，被试看到的情境如下所述：

某公司是一家专门生产硬盘、U 盘、计算机配件和用品的公司，现在

他们准备向市场推出一款移动硬盘，在推出之前他们想对大学生的产品偏好进行前期调研。您将看到这款硬盘的平面广告，请仔细观看该广告并根据自己的真实想法来回答下列问题。

之后进行产品显示身份能力的测量，然后是香味测量，最后是被试的基本信息的收集。

（3）变量测量

本研究中一共涉及四个变量的测量，分别是产品评价、购买意向、产品显示身份能力和香味评价。具体情况如下：

产品评价一共涉及三个题项，采用的是 7 级量表，其中“1”代表非常不同意，“4”代表中立，“7”代表非常同意。具体的测量题项如表 3 - 2 所示。

表 3 - 2　背包（移动硬盘）评价题项

代码	测量题项
Eva 1	我认为这款背包（移动硬盘）是很吸引人的。
Eva 2	我对这款背包（移动硬盘）的评价是很好的。
Eva 3	总的来说，我很喜欢这款背包（移动硬盘）。

购买意向一共有三个题项，采用的也是 7 级量表，其中“1”代表非常不同意，“7”代表非常同意。具体的测量题项如表 3 - 3 所示。

表 3 - 3　背包（移动硬盘）购买意向题项

代码	测量题项
Inten 1	我很可能会购买这款背包（移动硬盘）。
Inten 2	我很愿意购买这款背包（移动硬盘）。
Inten 3	我很希望能够购买这款背包（移动硬盘）。

对于产品显示身份能力的测量，要求被试对背包（移动硬盘）这类产品（不特指平面广告中的这个产品）的身份显示能力进行评价。一共涉及四个题项，采用的也是 7 级量表，其中，“1”代表非常不同意，“7”代表非常同意。具体的测量题项如表 3 - 4 所示。

表 3-4 背包（移动硬盘）的显示身份能力题项

代码	测量题项
Type 1	我认为双肩背包（移动硬盘）这种产品能够向周围人传达拥有者的个性。
Type 2	我认为双肩背包（移动硬盘）这种产品能够反映出拥有者的身份。
Type 3	我认为双肩背包（移动硬盘）这种产品能够塑造拥有者在他人心目中的形象。
Type 4	一个人购买和使用的双肩背包（移动硬盘）会告诉别人他是一个怎样的人。

最后对香味进行了测量，确认被试对香味的感知是否跟预测试中的一致，即对两款香水的感知愉悦性是相似的，但是古龙香水感知为男性，而国际香水感知为女性。一共包含有四个题项，使用的依旧是 7 级量表，其中“1”代表非常不同意，“7”代表非常同意。具体的测量题项如表 3-5 所示。

表 3-5 香味评价题项

代码	测量题项
Scent 1	这种香味很好闻。
Scent 2	这种香味让人感到愉悦。
Scent 3	这种香味适合男士作为香水使用。
Scent 4	这种香味让我想到了男性。

3.4.3 数据分析与假设检验

本章使用了 SPSS11.5 进行了所有的数据分析。

（1）信度检验

在对本研究的假设进行检验之前，我们先对研究中所涉及的产品评价、购买意向、产品显示身份能力、香味愉悦性和香味感知性别五个变量的量表进行了信度检验，我们选择的指标是 Cronbach α 系数。其中，产品评价的 Cronbach α 系数为 0.79，购买意向为 0.84，产品显示身份能力为

0.79，香味愉悦性为 0.93，香味感知性别则为 0.81，所有变量的 Cronbach α 系数都大于 0.70，这说明本研究中的五个变量都具有较好的信度。

（2）操控检验

对于产品显示身份能力、香味愉悦性和香味感知性别的测量，我们分别使用了 4 个题项、2 个题项和 2 个题项。产品显示身份能力操控检验的结果如表 3－6 所示。移动硬盘的显示身份能力均值为 3.75，背包的显示身份能力均值为 4.25，两者之间差异显著［$F(1, 275) = 12.543$，$P = 0.000 < 0.05$］，这说明我们对功能性产品和象征性产品的操控是有效的。

表 3－6　产品显示身份能力操控检验

变量	均值		F 值	P 值
	移动硬盘	背包		
产品显示身份能力	3.75	4.25	12.543	0.000

从表 3－7 可以看出，古龙香水的感知愉悦性均值为 3.99，国际香水的感知愉悦性均值为 4.11，两种香味在感知愉悦性上并没有显著差别［$F(1, 275) = 0.440$，$P = 0.508 > 0.05$］。

表 3－7　香味感知愉悦性操控检验

变量	均值		F 值	P 值
	男性香味	女性香味		
香味愉悦性	3.99	4.11	0.440	0.508

从表 3－8 可以看出，对古龙香水的感知性别均值为 4.65，对国际香水的感知性别均值为 5.39，两者之间差异显著［$F(1, 275) = 20.521$，$P = 0.000 < 0.05$］。

表 3－8　香味感知性别操控检验

变量	均值		F 值	P 值
	男性香味	女性香味		
香味感知性别	4.65	5.39	20.521	0.000

综上所述，两种香味在感知愉悦性上并没有明显差别，只是在感知性

别上存在显著差异，这说明我们的操控检验是有效的，即被试对古龙香水和国际香水的性别感知明显不同。

（3）假设检验

为了检验产品类别对消费者性别和气味性别的一致性对产品评价和购买意向的影响的调节作用，我们以消费者性别和气味性别的一致性为自变量，产品类别为调节变量，产品评价和购买意向为因变量，进行双因素方差分析（Two - way ANOVA），具体的结果如表 3 - 9 所示。分析结果表明，无论是对于男性还是女性来说，对产品评价的影响，消费者—气味的性别一致性和产品类别之间都存在着显著的交互效应［$F_{男}$（1，129）=13.413，P=0.000<0.05；$F_{女}$（1，146）=11.864，P=0.001<0.05］。也就是说，产品类别会显著调节消费者—气味的性别一致性对产品评价的影响。

表 3 - 9　以产品评价为因变量的双因素方差分析

	df	Mean square	F 值	P 值
消费者—气味的性别一致性 × 产品类别（男性样本）	1	11.623	13.413	0.000
消费者—气味的性别一致性 × 产品类别（女性样本）	1	9.511	11.864	0.001

从表 3 - 10 可以看出，无论是对于男性还是女性来说，对购买意向的影响，消费者—气味的性别一致性和产品类别之间都存在着显著的交互效应［$F_{男}$（1，129）=7.049，P=0.009<0.05；$F_{女}$（1，146）=7.628，P=0.008<0.05］。也就是说，产品类别会显著调节消费者—气味的性别一致性对购买意向的影响。

表 3 - 10　以购买意向为因变量的双因素方差分析

	df	Mean square	F 值	P 值
消费者—气味的性别一致性 × 产品类别（男性样本）	1	7.83	7.049	0.009
消费者—气味的性别一致性 × 产品类别（女性样本）	1	8.09	7.628	0.008

为了检验功能性产品在消费者性别—气味一致和不一致情况下的产品评价和购买意向之间不存在显著差异，而象征性产品在消费者性别—气味一致和不一致情况下的产品评价和购买意向之间存在显著的差异，我们分别对它们进行了单因素方差分析（One - way ANOVA）。我们先对产品评价进行了分析，具体的结果如表 3 - 11 和图 3 - 3 以及表 3 - 12 和图 3 - 4 所示。从表 3 - 11 和图 3 - 3 可以看出，对于男性被试来说，当面对的是象征性产品（背包）时，消费者—气味在性别上一致与不一致时，对产品的评价将有显著差别［$F(1, 62) = 17.471$，$P = 0.000 < 0.05$］，即当男性被试闻到的是男性气味时，对产品的评价（4.88）将会显著高于他们闻到女性气味时的产品评价（3.95）；而当面对的是功能性产品（移动硬盘）时，消费者—气味的性别一致与不一致时对产品的评价之间没有显著差别［$F(1, 64) = 1.277$，$P = 0.263 > 0.05$］，即男性被试闻到男性气味时的产品评价（4.22）与闻到女性气味时的产品评价（4.50）基本相当。

表 3 - 11　以产品评价为因变量的单因素方差分析（男性样本）

产品类型	均值		F 值	P 值
	消费者—气味性别不一致	消费者—气味性别一致		
背包（象征性）	3.95	4.88	17.471	0.000
移动硬盘（功能性）	4.50	4.22	1.277	0.263

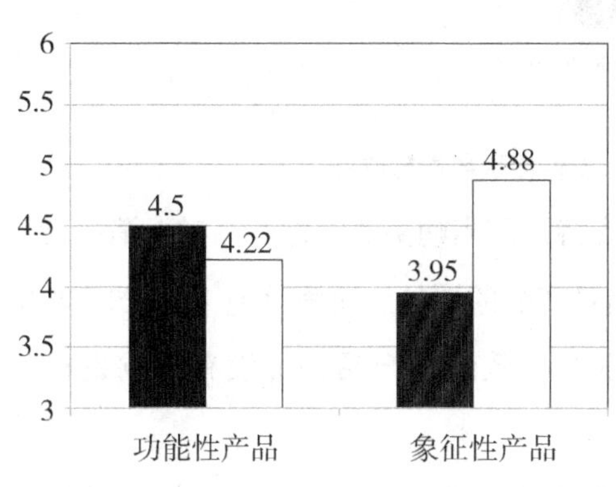

图 3 - 3　男性样本的产品评价

从表3－12和图3－4可以看出，对于女性被试来说，当面对的是象征性产品（背包）时，消费者—气味的性别一致与不一致时，对产品的评价同样存在着显著的差异［$F(1, 68) = 19.938$，$P = 0.000 < 0.05$］，即当女性被试闻到的是女性气味时，对产品的评价（5.14）将显著高于她们闻到男性气味时的产品评价（4.24）；而当面对的是功能性产品（移动硬盘）时，消费者—气味的性别一致与不一致时对产品的评价并不存在明显的差异［$F(1, 75) = 0.292$，$P = 0.590 > 0.05$］，即女性被试闻到女性气味时的产品评价（4.48）与闻到男性气味时的产品评价（4.60）基本相当。

表3－12　以产品评价为因变量的单因素方差分析（女性样本）

产品类型	均值		F值	P值
	消费者—气味性别不一致	消费者—气味性别一致		
背包（象征性）	4.24	5.14	19.938	0.000
移动硬盘（功能性）	4.60	4.48	0.292	0.590

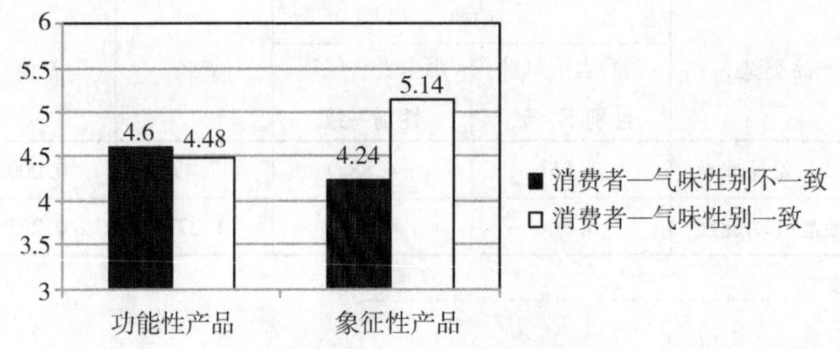

图3－4　女性样本的产品评价

综上所述，假设1a得到了支持，即当购买象征性产品时，消费者性别和气味性别的一致性将正向影响对产品的评价。而假设1c中当购买功能性产品时，消费者性别和气味性别的一致性对产品评价没有影响也得到了验证。

接下来，我们对购买意向进行了单因素方差分析。具体的结果如表3－13和图3－5以及表3－14和图3－6所示。从表3－13和图3－5可以

看出，对于男性被试来说，当面对的是象征性产品（背包）时，消费者—气味的性别一致与不一致时，所表现出来的购买意向将有显著差别［F（1，62）＝13.115，P＝0.001＜0.05］，即当男性被试闻到的是男性气味时，购买意向（4.24）将会显著高于他们闻到女性气味时的购买意向（3.25）；而当面对的是功能性产品（移动硬盘）时，消费者—气味的性别一致与不一致时表现出来的购买意向之间没有显著差别［F（1，64）＝0.001，P＝0.979＞0.05］，即男性被试闻到男性气味时的购买意向（3.95）与闻到女性气味时的购买意向（3.94）基本相当。

表 3－13　以购买意向为因变量的单因素方差分析（男性样本）

产品类型	均值		F 值	P 值
	消费者—气味性别不一致	消费者—气味性别一致		
背包（象征性）	3.25	4.24	13.115	0.001
移动硬盘（功能性）	3.94	3.95	0.001	0.979

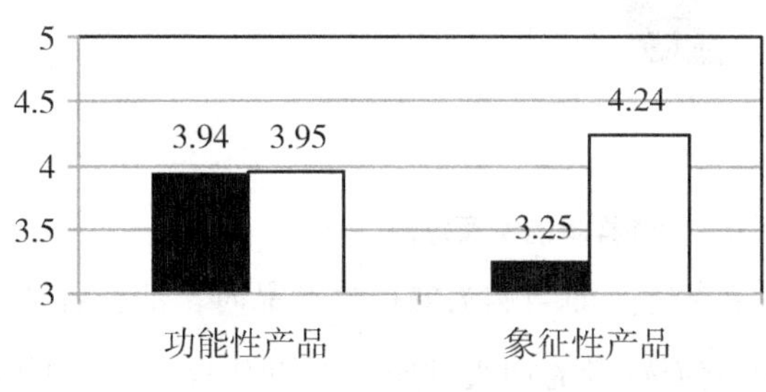

图 3－5　男性样本的购买意向

从表 3－14 和图 3－6 可以看出，对于女性被试来说，当面对的是象征性产品（背包）时，消费者—气味的性别一致与不一致时，表现出来的购买意向同样存在着显著的差异［F（1，68）＝11.162，P＝0.001＜0.05］，即当女性被试闻到的是女性气味时，购买意向（4.57）将显著高于她们闻到男性气味时的购买意向（3.70）；而当面对的是功能性产品（移动硬盘）时，消费者—气味的性别一致与不一致时对购买意向的影响并不存在明显的差异［F（1，75）＝0.101，P＝0.752＞0.05］，即女性被试闻到女性气味时的购买意向（4.23）与闻到男性气味时的购买意向（4.30）基本相当。

表 3－14　以购买意向为因变量的单因素方差分析（女性样本）

产品类型	均值		F 值	P 值
	消费者—气味性别不一致	消费者—气味性别一致		
背包（象征性）	3.70	4.57	11.162	0.001
移动硬盘（功能性）	4.30	4.23	0.101	0.752

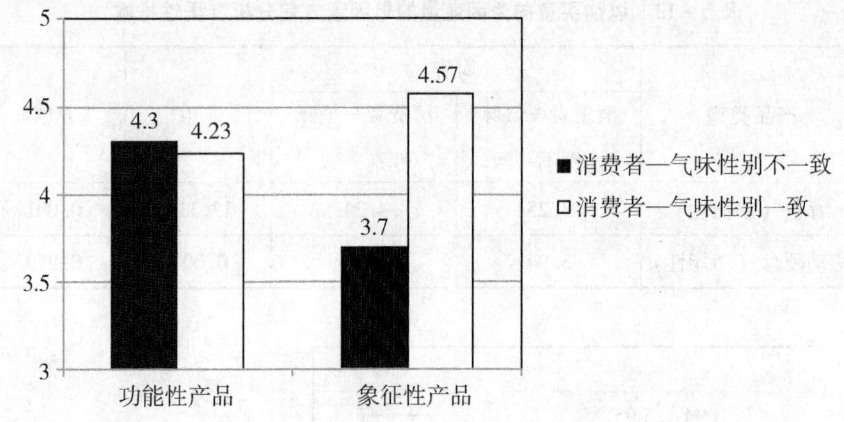

图 3－6　女性样本的购买意向

综上所述，假设 1b 得到了支持，即当购买象征性产品时，消费者性别和气味性别的一致性将正向影响消费者的购买意向。而假设 1c 中的当购买功能性产品时，消费者性别和气味性别的一致性对购买意向没有影响也得到了验证。

3.4.4　研究小结

实验一的研究结果表明：

消费者性别和环境气味性别的一致性将影响产品评价和购买意向，但是这种影响只存在于背包这种产品中，对于移动硬盘这种产品并不存在这种影响。这也就是说，只有对象征性产品（背包）来说，消费者—气味的

性别一致性才会影响产品评价和购买意向，而对功能性产品（移动硬盘）来说，消费者—气味的性别一致和不一致时，对产品评价和购买意向的影响之间并不存在显著的差别。

根据本研究的结果可以得知，我们后续对消费者—气味的性别一致性对产品评价和购买意向的相关研究应该选择象征性产品作为待评价产品，而不能选择功能性产品，因为消费者—气味的性别一致性对功能性产品的评价和购买意向没有影响。此外，在本研究中我们把产品看作是无性别差异的中性产品，接下来我们将赋予中性产品特定的性别，重点探讨消费者、气味、产品三者之间性别的一致性对消费者的产品评价与购买意向的影响。

3.5　研究二

3.5.1　预测试

为了确保选择的同一款休闲鞋在不同性别的代言人代言时被试对休闲鞋的评价是相近的，在正式实验之前我们进行了一个预测试。

首先，我们从网上寻找到了四款男女都适合穿的帆布休闲鞋，把休闲鞋的图片和不同性别代言人的图片截取下来，然后用 Photoshop 制作了四组共八幅休闲鞋的平面广告，每一组平面广告之间基本上是一样的，除了背景和尺寸相同之外，广告页面的排版布局也是一样的，左上方展示的都是不同颜色休闲鞋的图片，而左下方展示的都是休闲鞋的基本信息介绍，例如可选颜色、尺码和材质等，唯一不同的是右方休闲鞋的代言人，一个是男性代言人，而另一个是女性代言人。男性代言人和女性代言人都是同一国籍的，年龄也相仿，且具有相似的吸引力和魅力。

我们需要选出这样一组休闲鞋的平面广告，即在正常情况下，被试对不同性别代言人代言的同一款休闲鞋的评价是相近的，不存在明显的差异性。为此，我们把制作好的八幅广告都放到了网上，分成了两个链接，每个链接四幅广告，第一个链接的代言人性别分别是：男性，女性、男性、女性；第二个链接的广告和第一个的对应，只是代言人的性别相反，分别是：女性、男性、女性，男性。然后，每个链接分别让不同的30个被试（15男15女）对广告中的休闲鞋进行了评价。

对休闲鞋的评价一共涉及四个题项，其中两个题项测量的是被试对休闲鞋的喜好，另两个题项测量的是被试对休闲鞋的购买意向，使用的是7级量表，其中“1”表示非常不同意，“4”表示中立，“7”表示非常同意。具体的测量题项如表3－15所示。

表3－15　休闲鞋评价题项

变量代码	测量题项
EvaS 1	这个广告中的休闲鞋是很吸引我的。
EvaS 2	我很喜欢这个广告中的休闲鞋。
IntS 3	如果价格合适的话，我很愿意购买这个广告中的休闲鞋。
IntS 4	如果价格合理，我购买这个广告中的休闲鞋的可能性是很大的。

我们使用了SPSS11.5对被试对两组休闲鞋的评价和购买意向进行了均值分析，分析结果如表3－16和表3－17所示。

表3－16　休闲鞋评价结果（1）

变量	均值	
	1组	2组
Shoe 1	3.75	3.38
Shoe 2	3.66	3.02
Shoe 3	3.34	2.99
Shoe 4	3.98	3.25

从表3－16可以看出，被试对两组八款休闲鞋的喜好评价的均值中，两组之间差别最小的是第三款休闲鞋，即被试对男性代言人（3.34）和女性代言人（2.99）代言的这款休闲鞋的评价是相近的。

在介绍了研究二的研究内容和研究假设之后，下面对本研究所涉及的

变量进行操作性定义与测量，并进行数据分析与假设检验，最终得出研究二的结论。

表 3－17　休闲鞋购买意向评价结果（2）

变量	均值	
	1 组	2 组
Shoe 1	3.38	3.18
Shoe 2	3.95	3.18
Shoe 3	3.30	3.03
Shoe 4	3.69	3.34

从表 3－17 可以看出，被试对两组八款休闲鞋的购买意向的均值中，两组均值相差最小的是第一款休闲鞋，其次是第三款休闲鞋，代言人为男性的均值是 3.30，代言人为女性的均值是 3.03。再结合对休闲鞋喜好的评价，我们最终选择了第三款休闲鞋作为我们正式试验中用到的待评价休闲鞋。

3.5.2　研究设计

（1）实验设计

实验一共招募了 262 名本科生参加，其中男生 131 名，女生 131 名，满足了实验法的一般要求。实验耗时 15 分钟左右，每组实验都由 6～8 名被试组成，被试中既有男性也有女性。被试被随机地分配在了 2（产品性别：男性 VS 女性）×2（参与者性别：男性 VS 女性）×2（感知气味性别：男性 VS 女性）的受试者间实验设计中。

在本实验中，在男性气味环境下我们扩散的还是“古龙”香水，而在女性气味环境下扩散的依旧是“国际”香水。男性气味和女性气味还是在实验一时用过的两个房间内进行扩散，为了确保房间内没有残留香味，实验二和实验一之间间隔了一个星期才进行。

气味的扩散还是使用的自动喷香机，在喷香机开始工作之前依然先进行了一个小时的室内通风，以消除房间中已经存在的气味。为了使香味均匀地散布在各个角落，在正式实验开始前自动喷香机先开了一个小时，依然是每五分钟喷射一次的频率，在正式实验时依旧以这个频率喷射香味。自动喷香机放置的位置跟实验一相同，放在了电视机后面的角落里。此外，还对室内的温度和采光进行了监控，以保证两个房间的一致性，以及和实验一时的室内条件保持一致，以防止这些外部因素的差异影响实验效果。

总体来说，实验设计基本上同实验一一样，唯一不同的是评价的不再是背包和移动硬盘的平面广告，这次评价的是预测试中选出的两幅西诺帆布休闲鞋的平面广告，如图 3－7 所示。为了消除品牌因素对被试对休闲鞋的评价的影响，我们虚拟了一个休闲鞋的品牌——西诺。从图中可以看出，两幅平面广告几乎是一模一样的，背景和尺寸都相同，左边是同样的休闲鞋的图片和基本信息介绍，右边都是两幅代言人穿上休闲鞋的图片，图片的位置、角度和背景都相同，代言人的姿势也基本相同，唯一不同的就是其中一个是男性，而另一个是女性。

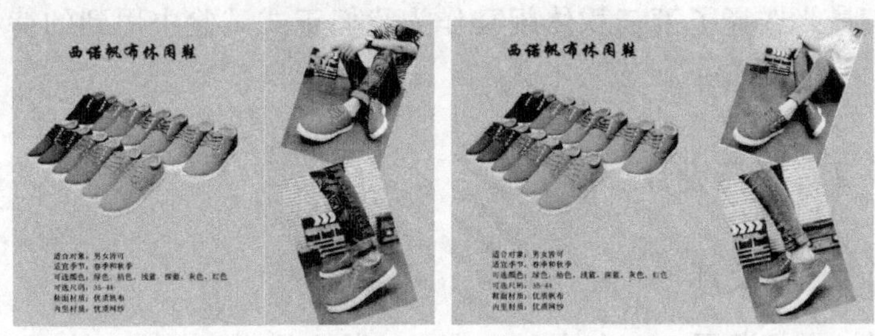

图 3－7　不同性别代言人代言的休闲鞋平面广告

（2）实验步骤

实验步骤基本上同实验一一样，让被试同时进入房间，以保证他们等同地闻到香味，在所有被试都落座后，对被试做了一些有关研究的说明，告知了被试有关研究的表面情况，也提示了被试在实验过程中需要注意的一些问题，然后宣布调研正式开始，首先让被试观看一张 A4 纸大小的西诺帆布休闲鞋的平面广告，在此强调一定要认真观看广告的每一个部分，然后再根据这幅广告完成一项休闲鞋的调研，要求是根据自己的真实想法填写。被试看到的情境如下所述：

某公司是一家专门生产各种运动和休闲服饰的公司，现在他们准备向市场推出一款休闲鞋，在推出之前他们想对大学生的产品偏好进行前期调

研。您将看到这款休闲鞋的平面广告，请仔细观看该广告并根据自己的真实想法来回答下列问题。

在所有被试都完成了休闲鞋的调研之后，我们再进行香味的测量，最后是被试的基本信息的收集。

(3) 变量测量

本研究中一共涉及三个变量的测量，分别是产品评价、购买意向和香味评价。具体情况如下：

产品评价一共有三个题项，主要测量的是被试对休闲鞋的喜好程度，采用的是7级量表，其中“1”代表非常不同意，“4”代表中立，“7”代表非常同意。具体的测量题项如表3-18所示。

表3-18 休闲鞋评价题项

代码	测量题项
Eva 1	我认为这款休闲鞋是很吸引人的。
Eva 2	我对这款休闲鞋的评价是很好的。
Eva 3	总的来说，我很喜欢这款休闲鞋。

对于购买意向的测量，一共涉及三个题项，主要测量的是被试有多大的可能性购买这款休闲鞋，具体的测量题项如表3-19所示。

表3-19 休闲鞋购买意向题项

代码	测量题项
Inten 1	我很可能会购买这款休闲鞋。
Inten 2	我很愿意购买这款休闲鞋。
Inten 3	我很希望能够购买这款休闲鞋。

对于香味的评价测量与研究一相同。

3.5.3 数据分析与假设检验

(1) 信度检验

在对本研究的假设进行验证之前，我们先对研究中所涉及的产品评价、购买意向、香味愉悦性和香味感知性别四个变量的量表进行了信度检验，我们选择的指标是 Cronbach α 系数。其中，产品评价的 Cronbach α 系数为0.85，购买意向为0.95，香味愉悦性为0.92，香味感知性别则为0.82，四个变量的 Cronbach α 系数都大于0.70，这说明本研究中的四个变量都具有较好的信度。

（2）操控检验

对于香味愉悦性和香味感知性别的测量，我们每项分别有两个题项，操控检验的结果如表3－20和表3－21所示。从表3－20可以看出，被试对古龙香水的感知愉悦性的均值为4.00，对国际香水的感知愉悦性的均值为4.14，两种香味在感知愉悦性上并没有显著差别［$F(1, 259) = 0.586$，$P = 0.445 > 0.05$］。

表3－20　香味感知愉悦性操控检验

变量	均值		F值	P值
	男性香味	女性香味		
香味感知愉悦性	4.00	4.14	0.586	0.445

从表3－21可以看出，被试对古龙香水的感知性别的均值为4.64，对国际香水的感知性别的均值为5.35，两者之间差异显著［$F(1, 260) = 15.522$，$P = 0.000 < 0.05$］。

表3－21　香味感知性别操控检验

变量	均值		F值	P值
	男性香味	女性香味		
香味感知性别	4.64	5.35	15.522	0.000

综上所述，两种香味在感知愉悦性上并没有明显差别，只是在感知性别上存在显著差异，这就说明我们的操控检验是有效的，即被试对古龙香水和国际香水的性别感知明显不同。

（3）假设检验

本研究主要进行的是调节变量的交互作用检验，即消费者—产品的性别一致性对于消费者—气味的性别一致性对产品评价和购买意向的影响的调节作用。我们以消费者性别和气味性别的一致性为自变量，消费者—产

品的性别一致性为调节变量，产品评价和购买意向为因变量，进行双因素方差分析（Two - way ANOVA），具体的结果如表 3 - 22 和表 3 - 23 所示。从表 3 - 22 可以看出，无论是对于男性还是女性来说，对于产品评价的影响，消费者—气味的性别一致性和消费者—产品的性别一致性之间都存在着显著的交互效应［$F_{男}(1, 130) = 11.181$，$P = 0.001 < 0.05$；$F_{女}(1, 130) = 13.419$，$P = 0.000 < 0.05$］。也就是说，消费者—产品的性别一致性会显著调节消费者—气味的性别一致性对产品评价的影响。

表 3 - 22　以产品评价为因变量的双因素方差分析

	df	Mean square	F 值	P 值
消费者—产品的性别一致性 × 消费者—气味的性别一致性（男性样本）	1	16.51	11.181	0.001
消费者—产品的性别一致性 × 消费者—气味的性别一致性（女性样本）	1	13.68	13.419	0.000

从表 3 - 23 可以看出，无论是对于男性还是女性来说，对购买意向的影响，消费者—气味的性别一致性和消费者—产品的性别一致性之间都存在着显著的交互效应［$F_{男}(1, 130) = 10.492$，$P = 0.002 < 0.05$；$F_{女}(1, 130) = 8.822$，$P = 0.004 < 0.05$］。也就是说，消费者—产品的性别一致性会显著调节消费者—气味的性别一致性对购买意向的影响。

表 3 - 23　以购买意向为因变量的双因素方差分析

	df	Mean square	F 值	P 值
消费者—产品的性别一致性 × 消费者—气味的性别一致性（男性样本）	1	19.874	10.492	0.002
消费者—产品的性别一致性 × 消费者—气味的性别一致性（女性样本）	1	13.066	8.822	0.004

综上所述，无论是对于男性还是女性来说，对产品评价和购买意向的影响，消费者—产品的性别一致性和消费者—气味的性别一致性之间都存在着显著的交互作用，即消费者—产品的性别一致性会显著调节消费者—气味的性别一致性对产品评价和购买意向的影响。

为了检验消费者—产品的性别一致和不一致时，消费者—气味的性别一致和不一致情况下的产品评价和购买意向之间存在着显著差异，我们分别对它们进行了单因素方差分析（One - way ANOVA）。我们先对产品评价进行了分析，具体的结果如表 3 - 24 和图 3 - 8 以及表 3 - 25 和图 3 - 9 所示。从表 3 - 24 和图 3 - 8 可以看出，对于男性被试来说，当消费者—产品的性别不一致时，消费者—气味的性别不一致与一致时，对产品的评价将有显著差别 [$F(1, 65) = 6.796$, $P = 0.011 < 0.05$]。消费者—气味的性别不一致时的产品评价（5.07）将显著高于消费者—气味的性别一致时的产品评价（4.29），此时，消费者—气味的性别一致性将负向影响消费者的产品评价；而当消费者—产品的性别一致时，消费者—气味的性别一致与不一致时对产品的评价之间也存在着显著差别 [$F(1, 62) = 4.507$, $P = 0.038 < 0.05$]，但是消费者—气味的性别不一致时的产品评价（4.20）将显著低于消费者—气味的性别一致时的产品评价（4.84），此时，消费者—气味的性别一致性将正向影响消费者的产品评价。

表 3 - 24 以产品评价为因变量的单因素方差分析（男性样本）

变量	均值		F 值	P 值
	消费者—气味性别不一致	消费者—气味性别一致		
消费者—产品的性别不一致	5.07	4.29	6.796	0.011
消费者—产品的性别一致	4.20	4.84	4.507	0.038

从表 3 - 25 和图 3 - 9 可以看出，对于女性被试来说，当产品—消费者的性别不一致时，消费者—气味的性别不一致与一致时，对产品的评价将有显著差别 [$F(1, 59) = 10.055$, $P = 0.002 < 0.05$]，消费者—气味的

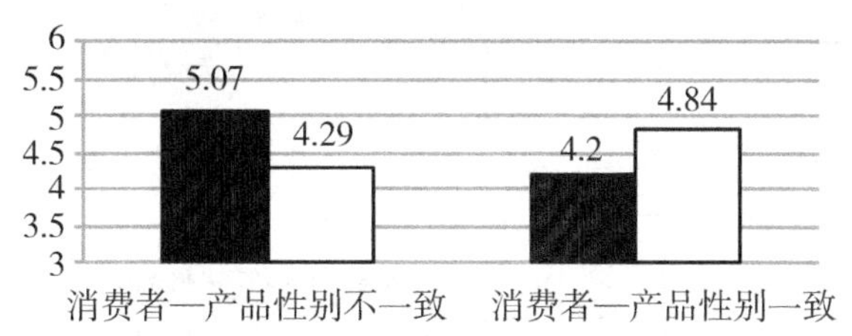

图 3－8　男性样本的产品评价

性别不一致时的产品评价（4.77）将显著高于消费者—气味的性别一致时的产品评价（3.98），此时，消费者—气味的性别一致性将负向影响消费者的产品评价；而当消费者—产品的性别一致时，消费者—气味的性别一致与不一致时对产品的评价之间也存在着显著差别［F（1，68）＝4.150，P＝0.046＜0.05］，但是消费者—气味的性别不一致时的产品评价（3.80）将显著低于消费者—气味的性别一致时的产品评价（4.31），此时，消费者—气味的性别一致性将正向影响消费者的产品评价。

表 3－25　以产品评价为因变量的单因素方差分析（女性样本）

变量	均值		F 值	P 值
	消费者—气味性别不一致	消费者—气味性别一致		
消费者—产品的性别不一致	4.77	3.98	10.055	0.002
消费者—产品的性别一致	3.80	4.31	4.150	0.046

综上所述，假设 2a 中的当消费者—产品的性别一致时，消费者—气味的性别一致性将正向影响产品评价得到了验证，而假设 2b 中的当消费者—产品的性别不一致时，消费者—气味的性别一致性将负向影响产品评价也得到了支持。

接下来，我们对购买意向进行了单因素方差分析。具体的结果如表 3－26 和图 3－10 以及表 3－27 和图 3－11 所示。从表 3－26 和图 3－10 可以看出，对于男性被试来说，当产品性别和消费者性别不一致时，消费者—气味的性别一致与不一致时，对产品的购买意向之间将存在显著差异

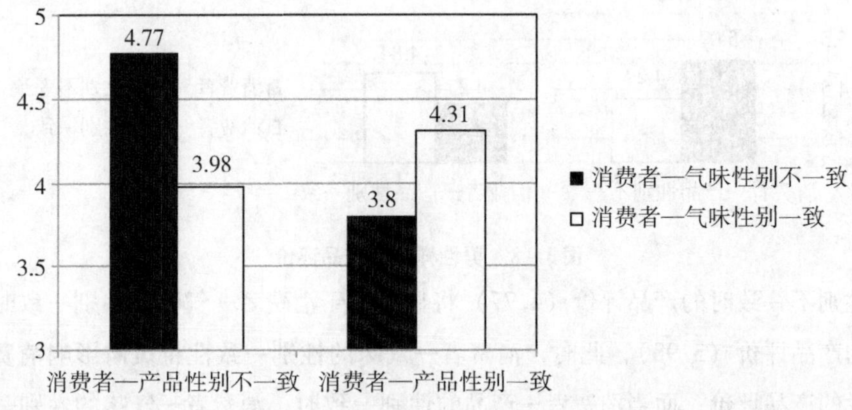

图 3-9　女性样本的产品评价

[F（1，65）=4.121，P=0.046<0.05]，消费者—气味的性别不一致时的购买意向（4.71）将显著高于消费者—气味的性别一致时的购买意向（3.98），此时，消费者—气味的性别一致性将负向影响消费者的购买意向。而当产品性别和消费者性别一致时，消费者—气味的性别一致与不一致时对产品的购买意向之间也存在明显差别[F（1，62）=6.789，P=0.011<0.05]，但是消费者—气味的性别不一致时的购买意向（3.60）将显著低于消费者—气味的性别一致时的购买意向（4.43），此时，消费者—气味的性别一致性将正向影响消费者的购买意向。

表 3-26　以购买意向为因变量的单因素方差分析（男性样本）

变量	均值		F值	P值
	消费者—气味性别不一致	消费者—气味性别一致		
消费者—产品的性别不一致	4.71	3.98	4.121	0.046
消费者—产品的性别一致	3.60	4.43	6.789	0.011

从表 3-27 和图 3-11 可以看出，对于女性被试来说，当产品性别和消费者性别不一致时，消费者—气味的性别一致与不一致时，对产品的购买意向之间存在着显著的差异[F（1，59）=4.097，P=0.047<0.05]，

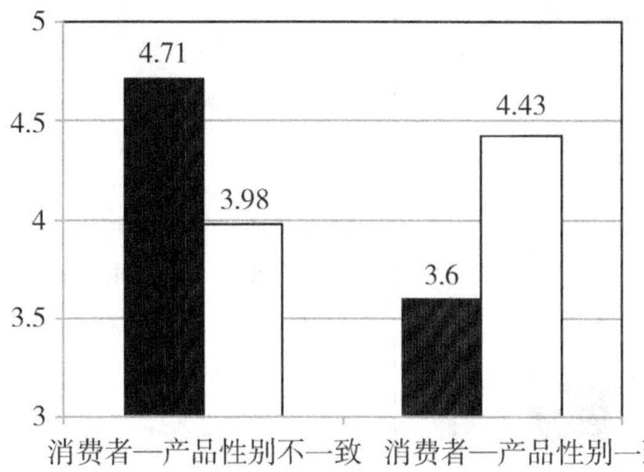

图 3－10　男性样本的购买意向

消费者—气味的性别不一致时的购买意向（3.99）将显著高于消费者—气味的性别一致时的购买意向（3.37），此时，消费者—气味的性别一致性将负向影响消费者的购买意向。而当产品性别和消费者性别一致时，消费者—气味的性别一致与不一致时的购买意向之间也存在明显差异［$F(1, 68) = 4.785$，$P = 0.032 < 0.05$］，但是消费者—气味的性别不一致时的购买意向（3.29）将显著低于消费者—气味的性别一致时的购买意向（3.94），此时，消费者—气味的性别一致性将正向影响消费者的购买意向。

表 3－27　以购买意向为因变量的单因素方差分析（女性样本）

变量	均值		*F* 值	*P* 值
	消费者—气味性别不一致	消费者—气味性别一致		
消费者—产品的性别不一致	3.99	3.37	4.097	0.047
消费者—产品的性别一致	3.29	3.94	4.785	0.032

综上所述，假设 2a 中的当消费者—产品的性别一致时，消费者—气味的性别一致性将正向影响消费者的购买意向；而假设 2b 中的当消费者—产品的性别不一致时，消费者—气味的性别一致性将负向影响消费者的购买意向。

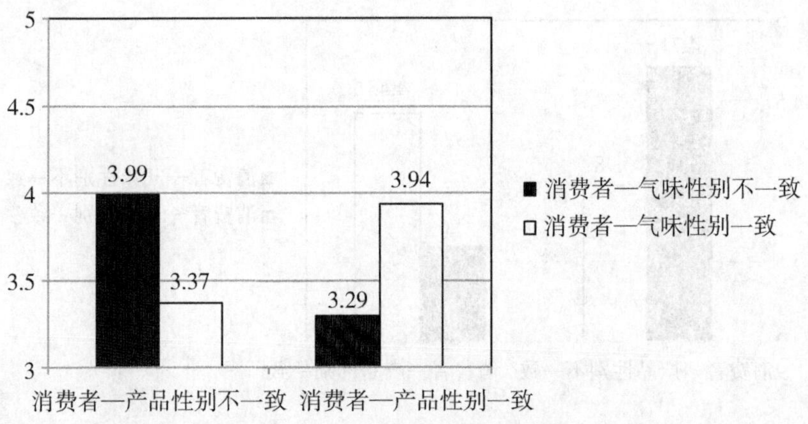

图 3-11　女性样本的购买意向

3.5.4　研究小结

本研究的研究结果表明：

首先，主效应再一次在本研究中得到了验证，即消费者—气味的性别一致性将影响产品评价和购买意向，而且本研究丰富了研究一的结论，即消费者—气味的性别一致性有可能正向影响产品评价和购买意向，也可能负向影响产品评价和购买意向。

其次，消费者—产品的性别一致性具有显著调节作用。研究结果发现，消费者—产品的性别一致性和消费者—气味的性别一致性之间存在着显著的交互作用，即消费者—产品的性别一致性将对消费者—气味的性别一致性对产品评价和购买意向的影响起到调节作用。当产品性别和消费者性别一致时，消费者—气味的性别一致性将正向影响产品评价和购买意向，而当产品性别和消费者性别不一致时，消费者—气味的性别一致性将负向影响产品评价和购买意向。

3.6　研究三

为了更深入地探究消费者—气味的性别一致性对产品评价和购买意向的影响，本部分将继续采用实验法聚焦消费者—产品的性别一致性的调节

作用的调节变量——恋爱动机。

3.6.1　预测试

在本研究中我们使用的待评价产品是一首歌曲，目的是避免视觉和嗅觉的重复影响，如在恋爱动机的启动中看到男性就对男性代言的产品评价更高。为了选出符合要求的一首歌曲的男女声两个版本，我们在正式实验之前进行了一个预测试。

我们从网上找到了四首歌曲共八个版本（男声版本和女声版本）进行预测试，每一首歌曲的两个版本在音乐、节奏和旋律上都是一样的，唯一不同的是唱歌的人，其中一个是男声，而另一个是女声。我们选择的标准主要有两个：第一，歌曲是不知名的，即大部分人都是没有听过的；第二，男女声版本要能比较容易辨别出来。我们需要选出这样一首歌曲，即被试对歌曲是不熟悉的，但对男声版本和女声版本的喜爱程度是相近的。为此，我们把八首歌曲都放到了网上，分成了两个链接，每个链接四首歌曲，第一个链接的演唱者性别分别是：男性、女性、男性、女性；第二个链接的歌曲和第一个的对应，只是演唱者的性别相反，分别是：女性、男性、女性、男性。然后，每个链接分别让不同的 30 个被试（15 男 15 女）对歌曲进行了评价。

对歌曲的评价一共涉及四个题项，其中两个题项测量的是被试对歌曲的熟悉度，而另两个题项测量的则是被试对歌曲的喜爱程度，使用的是 7 级量表。具体的测量题项如表 3－28 所示。

表 3－28　歌曲评价题项

代码	测量题项
EvaS 1	你以前听过这首歌吗？（“1”表示绝对没听过，“7”表示绝对听过）
EvaS 2	你对这首歌熟悉吗？（“1”表示非常不熟悉，“7”表示非常熟悉）
IntS 3	你觉得这首歌好听吗？（“1”表示非常不好听，“7”表示非常好听）
IntS 4	你喜欢这首歌吗？（“1”表示非常不喜欢，“7”表示非常喜欢）

我们使用了 SPSS11.5 对被试对歌曲的熟悉度和评价进行了均值分析，

结果如表3－29和表3－30所示。

表3－29 歌曲熟悉度评价结果

变量	均值	
	1组	2组
Song 1	2.41	3.77
Song 2	2.39	1.89
Song 3	2.02	2.23
Song 4	2.34	1.81

从表3－29可以看出，除了第一首歌曲外，被试对其余三首歌曲的男女声版本都不是很熟悉，但是男女声版本熟悉程度差别最小的是第三首歌曲，其中，男声版本的均值为2.02，女声版本的均值为2.23。

表3－30 歌曲评价结果

变量	均值	
	1组	2组
Song 1	5.19	5.22
Song 2	5.28	4.08
Song 3	3.98	4.52
Song 4	5.13	4.45

从表3－30可以看出，被试对歌曲的男女声版本的喜爱程度差别最小的是第一首歌曲，其次是第三首歌曲。但是因为被试对第一首歌曲相对来说更为熟悉，所以我们最后选择了第三首歌曲作为我们正式实验中用到的待评价歌曲，歌曲名为《模仿情书》。

3.6.2 研究设计

（1）研究设计

本实验一共招募了266名本科生参加，其中男生122名，女生144名，满足了实验法的一般要求。实验耗时15分钟左右，每组实验都由6～8名被试组成，被试中既有男性也有女性。被试被随机地分配在了2（消费者—产品的性别一致性：一致VS不一致）×2（消费者—气味的性别一致

性：一致 VS 不一致）×2（恋爱动机：高 VS 低）的受试者间实验设计中。因为研究一和研究二在男性和女性样本中得到了类似的研究结果，所以在本研究中我们将不再区别样本性别，而把他们作为同样的样本处理，只是在赋值消费者（样本）—气味的性别一致性和消费者（样本）—产品的性别一致性的时候区别对待。

对于恋爱动机的启动，我们采用的是 Griskevicius 等（2007）在研究中使用的启动方法。即实验组（高恋爱动机）的被试看的是四张异性的照片，要求他/她们选出最喜欢的一个作为女/男朋友，在做出选择后，想象和这个人进行“完美的第一次约会”的情景。被试有 5 分钟的时间写出将怎么和这个人进行完美的第一次约会。控制组（低恋爱动机）的被试面临的是一个缺乏任何恋爱提示的相似程序。他/她们看的是一张有若干建筑的普通街景照片，让他/她们想象此刻就在这条街上。被试有 5 分钟的时间写出在最宜人的天气漫步在这条街上的情景。为了消除被试的抵触和反感情绪，我们采用的是网站调研的形式，异性照片对应的是青年人交友网站，街景照片对应的则是青年人旅游网站。

在本实验中，在男性气味环境下我们扩散的还是“古龙”香水，而在女性气味环境下扩散的依旧是“国际”香水。男性气味和女性气味还是在实验二时用过的两个房间内进行扩散，为了确保房间内没有残留香味，实验三和实验二之间间隔了一个星期才进行。

气味的扩散使用的依然是自动喷香机，为了消除房间中已经存在的气味，在喷香机开始工作之前依然先进行了一个小时的室内通风。为了使香味均匀地散布在各个角落，在正式实验开始前自动喷香机先开了一个小时，依然是每五分钟喷射一次的频率，在正式实验时依旧以这个频率喷射香味。自动喷香机放置的位置跟实验一和实验二时一样，放在了电视机后面的角落里。此外，还对室内的温度和采光进行了监控，以保证两个房间的一致性，以及与实验一和实验二时的室内条件保持一致，以防止这些外部因素的差异影响实验效果。

实验设计基本上同实验一一样，不同的是让被试评价的不再是背包和移动硬盘的平面广告，这次评价的是预测试中选出的一首歌的男女声两个版本。

（2）实验步骤

实验步骤基本上同实验一一样，让被试同时进入房间，在所有被试都落座后，对被试做了一些有关研究的说明，然后先对被试进行了一个网站调研，具体的情境如下所示：

①高恋爱动机：某网站是一个面向青年人的交友网站，注册用户可以上传自己的照片，填写个人资料并结交朋友。您将看到几张该网站现有注册用户的照片，请根据您内心的真实想法回答下列问题。

第一个问题是，假设被试没有处于恋爱关系的男朋友（女朋友），然后从照片中的四个人当中选一个最喜欢的人作为自己的男朋友（女朋友）；第二个是短文写作，让被试想象一下和所选择的这个男生（女生）"完美的第一次约会"经历，然后把它写下来。

②低恋爱动机：某网站是一个面向青年人的旅游网站，它经常会发布一些照片介绍全国各地的城市。您将看到一张该网站发布的街景照片，请根据您内心的真实想法回答下列问题。

第一个问题是，问被试是否喜欢照片中的街景；第二个也是短文写作，让被试想象一下独自一人在这条街上漫步的情景，描述一下当时的天气、建筑、植物和交通等。

在所有被试都完成网站调研后，让被试在接下来的时间认真听一首歌曲，然后完成另一项有关歌曲的调研，要求是根据自己的真实想法填写。被试看到的情境如下所述：

某唱片公司最近向市场推出一首歌曲，他们想了解大学生对这首歌的喜爱程度。您将听到这首歌，请仔细聆听这首歌并根据自己的真实想法来回答下列问题。

之后进行的是恋爱动机的测量，然后是香味的测量，最后是被试的基本信息的收集。

（3）变量测量

本研究一共涉及四个变量的测量，分别是歌曲评价、歌曲熟悉度、恋爱动机和香味评价。具体情况如下：

对歌曲的评价一共有四个题项，主要测量的是被试对歌曲的喜爱程

度，采用的是 7 级量表，其中“1”代表非常不同意，“4”代表中立，“7”代表非常同意。具体的测量题项如表 3－31 所示。

表 3－31　歌曲评价题项

代码	测量题项
Song 1	我认为这首歌是好听的。
Song 2	我对这首歌的评价是很好的。
Song 3	我感觉这首歌是很吸引人的。
Song 4	总的来说，我很喜欢这首歌。

对歌曲熟悉度的测量一共涉及两个题项，采用的也是 7 级量表，具体的测量题项如表 3－32 所示。

表 3－32　歌曲熟悉度题项

代码	测量题项
FamS 1	您以前听过这首歌吗？（“1”代表肯定没听过，“7”代表肯定听过）
FamS 2	您对这首歌熟悉吗？（“1”代表非常不熟悉，“7”代表非常熟悉）

对恋爱动机的测量一共涉及四个题项，采用的也是 7 级量表，其中“1”代表完全没有，“4”代表不确定，“7”代表产生很多。具体的测量题项如表 3－33 所示。

表 3－33　恋爱动机题项

代码	测量题项
Roman 1	我认为自己会受到异性的吸引。
Roman 2	我认为自己需要一个恋爱的异性伴侣。
Roman 3	我很希望找到一个男朋友（女朋友）。
Roman 4	我很希望自己能够吸引异性的关注。

对于香味的评价测量与研究一相同，依旧是四个题项。

3.6.3　数据分析与假设检验

(1) 信度检验

在检验本研究的假设之前，我们先对研究中所涉及的歌曲评价、歌曲熟悉度、恋爱动机、香味愉悦性和香味感知性别五个变量的量表进行了信度检验，我们选择的指标是 Cronbach α 系数。其中，歌曲评价的 Cronbach α 系数为 0.95，歌曲熟悉度为 0.80，恋爱动机为 0.89，香味愉悦性为 0.91，香味感知性别为 0.80，五个变量的 Cronbach α 系数都大于 0.70，这说明本研究中的五个变量都具有较好的信度。

（2）操控检验

对于恋爱动机、香味愉悦性和香味感知性别的测量，我们分别使用了四个题项、两个题项和两个题项。恋爱动机操控检验的结果如表 3 - 34 所示。当被试接受的是交友网站调研时，恋爱动机的均值为 4.48，当被试接受的是旅游网站调研时，恋爱动机的均值为 3.78，两者之间的差异显著［$F(1, 264) = 13.597$，$P = 0.000 < 0.05$］，这说明我们对恋爱动机的操控是成功的。

表 3 - 34　恋爱动机操控检验

变量	均值		F 值	P 值
	控制组（旅游网站）	实验组（交友网站）		
恋爱动机	3.78	4.48	13.597	0.000

从表 3 - 35 可以看出，古龙香水的感知愉悦性均值为 3.97，国际香水的感知愉悦性均值为 4.07，两种香味在感知愉悦性上并没有显著差别［$F(1, 263) = 0.336$，$P = 0.563 > 0.05$］。

表 3 - 35　香味感知愉悦性操控检验

变量	均值		F 值	P 值
	男性香味	女性香味		
香味愉悦性	3.97	4.07	0.336	0.563

从表 3 - 36 可以看出，对古龙香水的感知性别均值为 4.60，对国际香水的感知性别均值为 5.36，两者之间差异显著［$F(1, 264) = 19.472$，$P = 0.000 < 0.05$］。

表 3 - 36　香味感知性别操控检验

变量	均值		F 值	P 值
	男性香味	女性香味		
香味感知性别	4.60	5.36	19.472	0.000

综上所述，两种香味在感知愉悦性上并没有明显差别，只是在感知性别上存在显著差异，这说明我们的操控检验是有效的，即被试对古龙香水和国际香水的性别感知明显不同。

（3）假设检验

为了检验恋爱动机对消费者—产品的性别一致性对消费者—气味的性别一致性对产品评价和购买意向的影响的调节作用的调节效应，我们以消费者—气味的性别一致性为自变量，消费者—产品的性别一致性和恋爱动机为调节变量，歌曲评价为因变量，进行双因素方差分析（Two - way ANOVA）。因为通过之前的两个研究发现，男性和女性在影响趋势上是一样的，所以在研究三中我们不做区别对待。具体的结果如表 3 - 37 所示。分析结果表明，当不区分男性和女性样本时，消费者—产品的性别一致性和消费者—气味的性别一致性之间也存在着显著的交互效应［$F(1, 265) = 45.292$，$P = 0.000 < 0.05$］，这是对研究二的研究结果的反复论证。更加重要的是，消费者—产品的性别一致性、消费者—气味的性别一致性和恋爱动机三者之间存在着显著的交互作用［$F(1, 265) = 7.629$，$P = 0.006 < 0.05$］，这说明恋爱动机会改变消费者—产品的性别一致性对主效应的调节作用的大小。

表 3 - 37　三方交互作用结果

	df	Mean square	*F* 值	*P* 值
恋爱动机	1	4.96	4.645	0.032
消费者—产品的性别一致性 × 消费者—气味的性别一致性	1	48.37	45.292	0.000
消费者—产品的性别一致性 × 消费者—气味的性别一致性 × 恋爱动机	1	8.15	7.629	0.006

为了检验不同恋爱动机水平下消费者—产品的性别一致性对消费者—气味的性别一致性对歌曲评价的影响都存在显著的调节作用，我们分别检验了低恋爱动机下和高恋爱动机下的这种调节作用，为此进行了一个分组的双因素方差分析（Two - way ANOVA）。具体的结果如表 3 - 38 和表 3 - 39 所示。从表 3 - 38 可以看出，当处于高恋爱动机下时，消费者—产品的

性别一致性和消费者—气味的性别一致性之间存在着显著的交互作用［$F(1, 128) = 40.357$，$P = 0.000 < 0.05$］。

表 3-38 高恋爱动机下的双因素方差分析结果

	df	Mean square	F 值	P 值
消费者—产品的性别一致性 × 消费者—气味的性别一致性	1	47.05	40.357	0.000

从表 3-39 可以看出，当处于低恋爱动机下时，消费者—产品的性别一致性和消费者—气味的性别一致性之间的交互作用也是显著的［$F(1, 136) = 8.812$，$P = 0.004 < 0.05$］。

表 3-39 低恋爱动机下的双因素方差分析结果

	df	Mean square	F 值	P 值
消费者—产品的性别一致性 × 消费者—气味的性别一致性	1	8.60	8.812	0.004

综上所述，说明恋爱动机对消费者—产品的性别一致性的调节作用的调节效应是非常显著的。虽然低恋爱动机也对消费者—产品的性别一致性的调节作用具有调节作用，但是这种调节作用明显没有高恋爱动机时显著（$F_{低} < F_{高}$）。

接下来为了检验在低恋爱动机和高恋爱动机下，消费者—产品的性别一致和不一致时消费者—气味的性别一致和不一致对歌曲的评价之间存在显著差异，我们进行了一个分组的单因素方差分析（One-way ANOVA）。具体的结果如表 3-40 和表 3-41 所示。从表 3-40 可以看出，当处于低恋爱动机下时，如果消费者—产品的性别不一致，消费者—气味的性别一致和不一致时的歌曲评价存在显著差异［$F(1, 63) = 4.443$，$P = 0.039 < 0.05$］，消费者—气味的性别不一致时的歌曲评价（5.64）将显著高于消费者—气味的性别一致时的歌曲评价（5.09）。此时，消费者—气味的性别一致性将负向影响对歌曲的评价。而如果消费者—产品的性别一致，消费者—气味的性别不一致和一致时的歌曲评价也存在着显著的差异［$F(1, 70) = 4.318$，$P = 0.041 < 0.05$］，但是消费者—气味的性别不一致时的歌曲评价（4.74）将显著低于消费者—气味的性别一致时的歌曲评价

(5.20)，此时，消费者—气味的性别一致性将正向影响对歌曲的评价。这也再一次验证了研究二所得出的研究结果。

表 3－40　低恋爱动机下的单因素方差分析结果

变量	均值		F 值	P 值
	消费者—气味性别不一致	消费者—气味性别一致		
消费者—产品的性别不一致	5.64	5.09	4.443	0.039
消费者—产品的性别一致	4.74	5.20	4.318	0.041

从表 3－41 可以看出，当处于高恋爱动机下时，如果消费者—产品的性别不一致，消费者—气味的性别一致和不一致时的歌曲评价将存在显著差异［$F(1, 65) = 29.453$，$P = 0.000 < 0.05$］，消费者—气味的性别不一致时的歌曲评价（5.68）将显著高于消费者—气味的性别一致时的歌曲评价（4.21），此时，消费者—气味的性别一致性将负向影响对歌曲的评价。而当消费者—产品的性别一致时，消费者—气味的性别一致和不一致时的歌曲评价也存在着显著差别［$F(1, 60) = 12.687$，$P = 0.001 < 0.05$］，但是消费者—气味的性别不一致时的歌曲评价（4.37）将显著低于消费者—气味的性别一致时的歌曲评价（5.32），此时，消费者—气味的性别一致性将正向影响对歌曲的评价。

表 3－41　高恋爱动机下的单因素方差分析结果

变量	均值		F 值	P 值
	消费者—气味性别不一致	消费者—气味性别一致		
消费者—产品的性别不一致	5.68	4.21	29.453	0.000
消费者—产品的性别一致	4.37	5.32	12.687	0.001

从图 3－12 可以看出，虽然在低恋爱动机下，消费者—产品的性别不一致时，消费者—气味的性别一致性会负向影响对歌曲的评价，但是这种负向

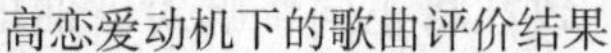

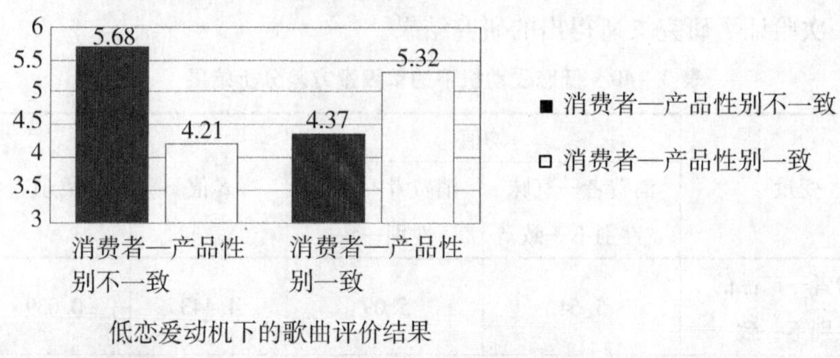

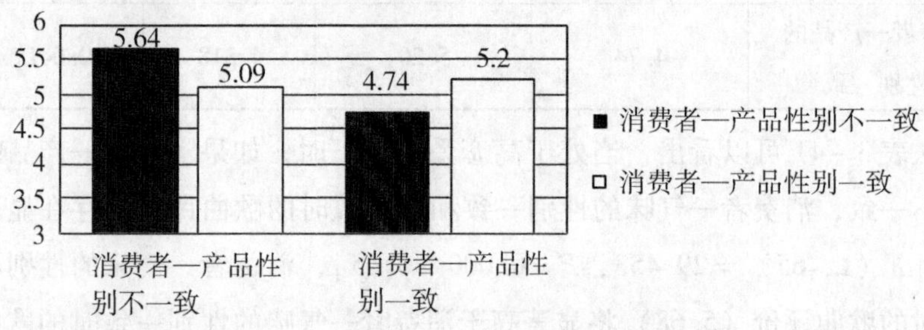

图 3 – 12 不同恋爱动机下的歌曲评价结果

影响明显没有高恋爱动机时显著，在高恋爱动机下两个柱形图的差距对比更加明显；虽然在低恋爱动机下，消费者—产品的性别一致时，消费者—气味的一致性会正向影响歌曲评价，但是这种正向影响也明显没有高恋爱动机时显著，在高恋爱动机下两个柱形图的差距对比更加明显。也就说明，恋爱动机对消费者—产品的性别一致性的调节作用起到了明显的调节作用，即验证了假设 3，当恋爱动机高时，消费者—产品的性别一致性对消费者—气味的性别一致性对歌曲评价的影响的调节作用将更为明显。

3.6.4 研究小结

本研究的研究结果表明：

首先，本研究是对前面的研究二的拓展和进一步深化，不仅再次验证了消费者—产品的性别一致性的调节作用，即当消费者—产品的性别不一致时，消费者—气味的性别一致性将负向影响对产品的评价，而当消费者—产品的性别一致时，消费者—气味的性别一致性将正向影响对产品的评价，而

且还解答了为什么当消费者闻到异性气味时，会对异性产品的评价更好。

其次，恋爱动机具有显著调节作用。研究结果发现，消费者—产品的性别一致性、消费者—气味的性别一致性和恋爱动机之间存在着显著的交互作用，即当处于恋爱动机下时，消费者—产品的性别一致性对消费者—气味的性别一致性对歌曲评价的影响的调节作用将更为显著。但是，相比低恋爱动机，当恋爱动机高时，消费者—产品的性别一致性对消费者—气味的性别一致性对歌曲评价的影响的调节作用将更为显著。

3.7　本章小结

经过前面几节的研究与分析，对本研究做一个整体的总结，指出本研究的具体结论、创新点、研究意义和局限性，并在此基础上提出对未来研究的展望。

3.7.1　研究结论

在当代，香味已经在营销实践中被越来越广泛地使用，由此便衍生出了香味营销。营销人员虽然已经认识到香味会对消费者行为产生影响，但是对于香味具体是如何影响消费者的却不甚清楚。本章正是为了探索这一影响过程，以消费者—气味的性别一致性为核心变量，研究其对消费者产品评价和购买意向的影响，同时引入消费者—产品的性别一致性和恋爱动机两个重要的调节变量。本章一共分为三个研究，通过实验法分别探究了不同产品类别下消费者—气味的性别一致性对产品评价和购买意向的影响；当消费者—产品的性别一致和不一致时，消费者—气味的性别一致性对产品评价和购买意向的影响；以及不同的恋爱动机水平下，消费者—产品的性别一致性对消费者—气味的性别一致性对产品评价的影响的调节作用。具体的研究结果如下所述：

研究一验证了消费者—气味的性别一致性对产品评价和购买意向的影响以及产品类别对其的调节作用。实验结果表明，消费者—气味的性别一致性会提高消费者对产品的评价和购买意向，但这种效应只存在于背包当中，在移动硬盘中不存在这种效应。通过对背包和移动硬盘的产品显示身份能力进行评价发现，背包具有较高的显示身份能力，而移动硬盘的显示身份能力较低。也就是说，只有对于象征性产品（背包）来说，消费者—气味的性别一致性才会提高消费者对产品的评价和购买意向，而对于功能性产品（移动硬盘）并不存在这种影响。

研究二验证了消费者—产品的性别一致性的显著调节作用。实验结果表明，当产品性别和消费者性别不一致时，消费者—气味的性别一致性时对产品的评价和购买意向的影响将显著低于消费者—气味的性别不一致时，而当产品性别和消费者性别一致时，消费者—气味的性别一致性时对产品的评价和购买意向的影响将显著高于消费者—气味的性别不一致时。也就是说，当产品—消费者性别不一致时，消费者—气味的性别一致性将负向影响消费者的产品评价和购买意向，而当消费者—产品的性别一致时，消费者—气味的性别一致性将正向影响消费者的产品评价和购买意向。

研究三的结果表明恋爱动机对消费者—产品的性别一致性的调节作用起到了显著的调节作用。实验结果表明，当处于恋爱动机下时，消费者—产品的性别一致性对消费者—气味的性别一致性对产品评价和购买意向的影响的调节作用将更为显著。但是，在高恋爱动机下，消费者—产品的性别一致性的调节作用将比在低恋爱动机下时更为显著。

综上所述，消费者—气味的性别一致性会提高消费者对产品的评价和购买意向，但是这种效应只存在于象征性产品当中，而当消费者—产品的性别一致时，且处于高恋爱动机下时，这种影响将更加明显。

3.7.2 研究创新

过去学者们研究了香味的性别维度对消费者行为的影响，本章进一步明确了产品类别、消费者—产品的性别一致性以及消费者恋爱动机在这一影响过程中的调节作用。主要的研究创新点有以下三个方面：

第一，本章探究了香味的性别维度对产品评价和购买意向的影响，先前有关香味的研究主要关注的都是香味的愉悦性和适当性对消费者行为的影响，却很少有研究去关注香味的性别属性对消费者行为的影响，本章就

通过把香味分成男性和女性来研究其如何影响对产品的评价和购买意向，并创新性地引入了产品类别作为调节变量，结果发现，消费者—气味的性别一致性对产品评价和购买意向的影响只存在于象征性产品中，对于功能性产品并不存在这种影响。

第二，本章首次探究了产品、消费者和环境气味三者之间的交互作用对消费者行为的影响，先前的研究基本上关注的都是环境气味和产品特征以及其他环境线索的协调，却忽视了环境气味和消费者自身的关系，对于环境气味、产品和消费者三者之间的相互作用更是从未研究过，本研究就率先探索了产品性别、消费者性别和环境气味性别三者之间的一致性效应，结果发现，当产品性别、消费者性别和环境气味性别一致时，将显著影响对产品的评价和购买意向。

第三，本章率先引入了恋爱动机作为消费者—产品的性别一致性的调节作用的调节变量，探究了不同恋爱动机下消费者—产品的性别一致性对消费者—气味的性别一致性效应的调节作用。结果发现，当消费者处于高恋爱动机下时，消费者—产品的性别一致性对消费者—气味的性别一致性对产品评价的影响的调节作用将更为显著。此外，还对为什么消费者在处于异性气味中时会对异性产品有更好的评价做出了解释。

3.7.3　研究意义

(1) 理论意义

尽管先前的研究已经建立了香味的性别维度对消费者反应的影响，但关注的都是对特定性别产品的评价（即男装和女装）(Spangenberg 等，2004)，而对于中性产品却没有涉及。本章正好填补了香味营销文献中的这一空白，检验了消费者—气味的性别一致性是否以及何时将影响对中性产品的评价和购买意向。一些研究已经指出，嗅觉线索可能是通过一种认知路径来进行处理的（Cann 和 Ross，1989；Debono，1992；Ehrlichman 和 Bastone，1991；Kirk - Smith 和 Booth，1987；Mitchell 等，1995；Morrin 和 Ratneshwar，2003)，先前的嗅觉研究大部分都是侧重于环境气味对情绪和唤醒的作用（Bitner，1992；Lawless，1991；Ehrlichman 和 Bastone，1992；Gulas 和 Bloch，1995；Mehrabian 和 Russell，1974；Spangenberg 等，1996）。本研究通过控制情绪效应，从一种认知的角度检验了环境气味的效应，研究结果指出消费者性别和感知气味性别之间的一致性将影响产品评价和购买意向。

本研究的结果也支持了先前研究的结论，即香味的适当性或一致性是香味营销有效性的一个重要决定因素（Parsons，2009；Bone 和 Ellen，1999；Bone 和 Jantrania，1992；Mattila 和 Wirtz，2001；Mitchell 等，1995；Morrin 和 Ratneshwar，2003；Spangenberg 等，2004）。但是，本研究和先前研究的一个极其重要的区别是，本研究识别出了产品类别对消费者—气味的性别一致性效应的调节作用。只有对于象征性产品来说，消费者—气味的性别一致性才会提高对产品的评价和购买意向，而对于功能性产品来说并不存在这种效应。当消费者购买象征性产品时，他们更关注自我的一致性，对性别一致性的环境气味的反应会更加积极，而对性别不一致的环境气味的反应则截然相反。然而，当消费者购买的是功能性产品时，消费者会倾向于更多地关注营销信息中的理性信息（Batra 和 Ahtola，1991；Engel 等，1993），将更少地受到性别线索的影响。

先前的研究已经表明，香味除了愉悦性之外，还需要同产品特征、消费者和其他环境线索相协调，只有这样才能提高消费者的产品评价和购买意向。但是以往的研究基本上关注的都是环境气味和产品特征以及其他环境线索之间的协调，却忽视了环境气味和消费者自身的协调一致，对于环境气味、产品和消费者三者之间的相互作用更是从未研究过。本章正好弥补了这一研究空白，结果发现三者之间存在着显著的交互作用，即当消费者性别、产品性别和环境气味性别三者保持一致时，将会显著提高对产品的评价和购买意向。此外，本章还引入了恋爱动机作为消费者—产品的性别一致性的调节作用的调节变量。结果发现，当消费者处于恋爱动机下时，消费者—产品的性别一致性对消费者—气味的性别一致性对产品的评价和购买意向的影响的调节作用将更加明显。通过引入这个调节变量，极大地丰富了有关香味性别的研究。

(2) 现实意义

我们都知道零售商店倾向于把商店空间划分成男士专区和女士专区，如果能确定出适当性别的气味在不同的空间扩散，营销人员必将会从中获益。但是，不是所有商品都有明显的性别区分，对于那些男女都适用的中性商品商家又该如何确定香味呢？本章的研究结果为商家提出了解决办法，即对于经营中性产品的商家，可以选择和消费者性别一致的香味在店内进行扩散，这样也会产生香味的一致性效应，提高消费者对产品、品牌和商店的评价。

虽然产品没有明显的性别区分，但是同样可以分为象征性产品和功能性产品，本研究的结果表明，消费者—气味的性别一致性效应只存在于象征性产品中，对于功能性产品来说并不存在这种效应。所以，商家可以根据所经营的中性产品的类别决定是否以及如何采用香味营销，以求在提高销售额的同时又能最大限度地降低营销成本。例如，对于专门销售电子产品的商家来说，就没有很大的必要进行香味营销，而对于销售服饰和鞋帽之类的商家来说，则可以巧妙地利用香味来影响消费者对产品和商店的感知。

在一般情形下中性产品是没有特定性别的，但是商家可以通过一定的方法操控消费者对中性产品的性别认知。本章的研究结果就为商家提供了这样一种办法，即商家可以通过使用特定性别的代言人来使中性产品具有特定的性别，然后在采用香味营销时，可以使环境气味和消费者性别以及产品性别保持一致，这样就能明显地提高消费者对商店和产品的评价，也会显著增强消费者对产品的购买意向。例如，在三八妇女节或者母亲节这类属于女性的节日里，经营中性产品的商家就可以通过在店内展示女性代言人的广告，以及在店内扩散女性香味来影响女性消费者对产品的评价和购买意向。

爱情是生命中的永恒主题，恋爱不仅会影响人们的心情，也会影响人们的行为，包括消费行为。本章的研究表明，当处于恋爱动机下时，消费者—产品的性别一致性的调节作用将更加显著。为了提高香味营销的有效性，商家可以在营销当中巧妙地引发消费者的恋爱动机。例如，可以把店内的标语和恋爱关联起来，如“送给最爱的人”等，或者是在广告中把产品和爱情关联起来，如画面上是一对都在使用产品的情侣，他们在一起做一些浪漫的事等。就像 OPPO MP3 的电视广告一样，里面的男女主角都在使用 MP3，然后想象着两人在一起时的一些浪漫情景。

3.7.4 研究局限与展望

(1) 研究局限

本研究对消费者—气味的性别一致性对消费者对产品的评价和购买意向的影响进行了一次探索性研究，并探讨了与其相关的调节变量。对于这样一次新的尝试不可避免会有一些不足之处，需要之后进一步改进。

首先，结果变量的单一性。在本章中只验证了消费者—气味的性别一致性对产品评价和购买意向的影响，对于消费者—气味的性别一致性对其他的可能结果变量的影响都未进行测量，有待后续研究进一步丰富消费者—气味的性别一致性对其他不同结果变量的影响。

其次，香味、产品和样本选择的局限性。①香味选择的局限性。男性香味和女性香味有很多种，但是在三个实验中我们只使用了一组男性香味（古龙）和女性香味（国际），这在一定程度上限制了我们的研究结论的普适性。②待评价产品的选择局限性。在研究一中只评价了背包和移动硬盘，在研究二中只评价了一款帆布休闲鞋，而在研究三中只评价了一首现代歌曲，对于其他产品和音乐类型还可进一步检验研究结论的成立性。③样本选择的局限性。本研究采用的都是本科生样本，虽然具有一定程度上的普适性，但对于其他人群也需要后续的进一步探讨。

最后，忽视了环境气味性别和其他环境线索之间的一致性。本章中虽然综合考虑了产品性别、消费者性别和环境气味性别三者之间的关系，但对环境气味性别与其他环境线索之间的交互效应却未考虑，因为人们对购物环境、产品和品牌的评价是建立在多方相互作用的感知基础上的，所以其他的环境线索必然也会影响环境气味性别对消费者行为的影响。

(2) 研究展望

基于以上所述的研究局限，我们认为未来的研究大概可以从以下几个方面进一步地展开：

首先，消费者—气味的性别一致性除了会对消费者对产品的评价和购买意向产生影响，还可能会对其他结果变量产生影响。先前已有研究表明，嗅觉记忆持续的时间要长于视觉记忆，产品—气味的性别一致性将提高消费者对品牌的关注度，增强对品牌的认知和记忆，同样地，未来的研究也可以进一步探讨消费者—气味的性别一致性对消费者认知过程的影响，如信息处理、品牌认知和品牌记忆等。

其次，为了增强研究结论的普适性，在未来的研究中可以采用更多不同的男性香味和女性香味；对于研究样本的选择，未来的研究可以进一步拓展到大学生以外的其他群体；而对于待评价的产品，则可以更多地涉及其他的产品。

最后，环境心理学的研究指出，人们是对环境线索的整体进行反应的，是所有刺激（如环境气味、颜色和音乐等）的结合决定了消费者对环境的反应（Holahan，1982；Solomon，1983；Bell、Holbrook 和 Solomon，1991）。也就是说，环境气味的作用应该与其他环境因素的作用一同考虑（Fiore 等，2000）。先前已经有研究探究了环境气味和人口密度以及音乐之间的协调一致性对消费者行为的影响，所以，未来的研究可以进一步检验环境气味的性别和其他环境线索（如颜色，即粉色被认为是女性颜色，而黑色、蓝色被认为是男性颜色）（Green，1995；Thomas 等，1978）之间的相互作用，探索多种环境线索之间的一致性是否会影响消费者—气味的性别一致性对消费者行为的影响。

参考文献

[1] 卿英迪，高金金，陈毅文. 香气在营销中的应用 [J]. 心理科学进展，2011，19 (3)：449－458.

[2] Kotler P. Atmosphere as a Marketing Tool [J]. Journal of Retail, 1973, 49 (4): 48 -63.

[3] Bitner M J. Servicescapes: The Impact of Physical Surroundings on Customers and employees [J]. Journal of Marketing, 1992, 56 (3): 57 -71.

[4] Baker J, Levy M, Grewal D. An Experimental Approach to Making Retail Store Environmental Decisions [J]. Journal of Retailing, 1992, 68 (4): 445 -460.

[5] Mitchell D J. For the smell of it all: Functions and Effects of Olfaction in Consumer Behavior [J]. Advertise Consumer Research, 1994, 21 (1): 330.

[6] Gerrig R J, Zimbardo P G. 心理学与生活 [M]. 16 版. 王垒, 等, 译. 北京: 人民邮电出版社, 2003.

[7] Gibbons B. The Intimate Sense of Smell [J]. National Geographic, 1986, 170 (3): 324 -362.

[8] MacLean P D. A Triune Concept of the Brain and Behavior [M]. Toronto: University of Toronto Press, 1973.

[9] Spangenberg E R, Crowley A, Pamela H. Improving the Store Environment: Do Olfactory Cues Affect Evaluations and Behaviours [J]. Journal of Marketing, 1996, 60 (2): 67 -80.

[10] Knasko S C. Ambient Odor and Shopping Behavior [J]. Chemical Senses, 1989, 14 (94): 718.

[11] Lipman J. Scents that Encourage Buying Couldn't Smell Sweeter to Stores [J]. The Wall Street Journal, 1990, 9 (1): 5.

[12] Gueguena N, Petrb C. Odors and Consumer Behavior in a Restaurant [J]. International Journal of Hospitality Management, 2006, 25 (2): 335 -339.

[13] Laird D A. How the Consumer Estimates Quality by Subconscious Sensory Impressions [J]. Journal of Applied psychology, 1932, 16 (3): 241 -246.

[14] Chebat J C, Michon R. Impact of Ambient Dors on Mall Shoppers' Emotions, Cognition and Spending: a Test of Competitive Causal Theories [J]. Journal of Business Research, 2003, 56 (7): 529 –539.

[15] Bosmans A. When Do (In) Congruent Ambient Scents Influence Product Evaluations [J]. Journal of Marketing, 2006, 70 (3): 32 –43.

[16] Hirsch A, Gay B. Effect of Ambient Olfactory Stimuli on the Evaluation of a Common Consumer Product [J]. Chemical Senses, 1991, 16 (5): 535 –543.

[17] Hirsch A. Effects of Ambient Odours on Slot Machine Usage in a Las Vegas Casino [J]. Psychology & Marketing, 1995, 12 (7): 585 –594.

[18] Bone P F, Ellen P S. Scents in The Marketplace: Explaining a Fraction of Olfaction [J]. Journal of Retailing, 1999, 75 (2): 243 –262.

[19] Mattila A S, Wirtz J. Congruency of Scent and Music as a Driver of In-Store Evaluations and Behaviour [J]. Journal of Retailing, 2001, 77 (2): 273 –289.

[20] Morrin M, Ratneshwar S. The Impact of Ambient Scent on Evaluation, Attention and Memory for Familiar and Unfamiliar Brands [J]. Journal of Business Research, 2000, 49 (2): 157 –165.

[21] Mitchell D, Kahn B, Knasko S. There's Something in the Air: Effects of Congruent and Incongruent Ambient odour on Consumer Decision Making [J]. Journal of Consumer Research, 1995, 22 (2) 229 –238.

[22] Morrin M, Ratneshwar S. Does It Make Sense to Use Scents to Enhance Brand Memory [J]. Journal of Marketing Research, 2001, 40 (1): 10 –25.

[23] Yalch R F, Spangenberg E R. Using Store Music for Retail Zoning: a Field Experiment [A]. In: McAlister Leigh, Rothschild Michael, editors. Advances in Consumer Research [C], Vol. 10. Provo (UT) 7 Association for Consumer Research, 1993: 632 –636.

[24] Bone P F, Jantrania S. Olfaction as a Cue for Product Quality [J]. Mar-

keting Letters, 1992 (3) 289 – 296.

[25] Fiore A M, Yah X, Yoh E. Effects of a Product Display and Environmental Fragrancing on Approach Responses and Pleasurable Experiences [J]. Psychology & Marketing, 2000, 17 (1): 27 – 54.

[26] Michon R, Chebat J C. The interaction effect of music and odour on shopper spending [D]. Toronto: Unpublished doctorial dissertation, School of Retail Management, Ryerson University, 2006.

[27] Sczesny S, Stahlberg D. The Influence of Gender-Stereotyped Perfumes on Leadership Attribution [J]. European Journal of Social Psychology, 2002, 32 (6) 815 – 828.

[28] Spangenberg E R, Sprott D E, Grohmann B, et al. Gender-Congruent Ambient Scent Influences on Approach and Avoidance Behaviors in a Retail Store [J]. Journal of Business Research, 2006, 59 (12): 1281 – 1287.

[29] Krishna A, Elder R S, Caldara C. Feminine to Smell but Masculine to Touch? Multisensory Congruence and its Effect on the Aesthetic Experience [J]. Journal of Consumer Psychology, 2010, (20): 410 – 418.

[30] Batra R, Ahtola O. Measuring the Hedonic and Utilitarian Sources of Consumer Attitudes [J]. Marketing Letters, 1991, 2 (2): 159 – 170.

[31] Donovan R J, Rossiter J R. Store Atmosphere: An Environmental Psychology Approach [J]. Journal of Retailing, 1982, 58 (1): 34 – 57.

[32] Grossbart S, Hampton R, Rammohan B, et al. Environmental Dispositions and Customer Response to Store Atmospherics [J]. Journal of Business Research, 1990, 21 (3): 225 – 241.

[33] Obermiller C, Bitner M. Store Atmosphere: A Peripheral Cue for Product Evaluation [C]. American Psychological Association Annual Conference Proceedings, 1984: 52 – 53.

[34] Rys M E, Fredericks J O, Luery D A. "Value = Quality, Are Service Value and Service Quality Synonymous: a Decompo-Sitional Approach" [A]. In: Add Value to Your service, Supernat, C. (Ed): American

Marketing Association, 1987: 25 –28.

[35] Darden W R, Schwinghammer J K L. The Influence of Social Characteristics on Perceived Quality in Patronage Choice Behavior [A]. J Jacoby and J Olson, eds., Perceived Qualit, Lexing-ton Books, Lexington, MA. 1985: 161 –172.

[36] Milliman R. Using Background Music to Affect the Behaviour of Supermarket [J]. Journal of Marketing, 1982, 46 (3): 86 –91.

[37] Stanley T, Sewall M. Image Inputs to a Probabilistic Model: Predicting Retail Potential [J]. Journal of Marketing, 1976, 40 (3): 48 –53.

[38] Bitner M. Consumer Responses to the Physical Environment [J]. Creativity in Services Marketing, 1986: 89 –93.

[39] Bitner M J Booms B H, Tetreault M S. The Service Encounter: Diagnosing Favourable and Unfavourable Incidents [J]. Journal of Marketing, 1990, 54 (1): 71 –84.

[40] Morrow P C, McElroy J C. Interior Office Design and Visitor Response: A Constructive Replication [J]. Journal of Applied Psychology, 1981, 66 (5): 646 –650.

[41] McElroy J C, Morrow P C, Eroglu S. The Atmospherics of Personal Selling [J]. Journal of Personal Selling & Sales Management, 1990, 10 (4): 31 –41.

[42] Mazursky D, Jacoby J. Exploring the Development of Store Images [J]. Journal of Retailing, 1986, 62 (2): 145 –165.

[43] Bellizzi J A, Crowley A E, Hasty R W. The Effects of Color in Store Design [J]. Journal of Retailing, 1983, 59 (1): 21 –45.

[44] Crowley A E. The Two-Dimensional Impact of Color on Shopping [J]. Marketing Letters, 1993, 4 (1): 59 –70.

[45] Valdez P, Mehrabian A. Effects of Color on Emotion [J]. Journal of Experimental Psychology: General, 1994, 123 (4): 394 –409.

[46] Bellizi J A, Hite R E. Environmental Color, Consumer Feelings and Pur-

chase Likelihood [J]. Psychology Marketing, 1992, 9 (5): 347-363.

[47] Baker J, Grewal D, Parasuraman A. The Influence of Store Environment on Quality Inferences and Store Image [J]. Journal of Academy of Marketing, 1994, 22 (4): 328-339.

[48] Kellaris J J, Kent R J. An Exploratory Investigation of Responses Elicited By music Varying in Tempo, Tonality and texture [J]. Journal of Consumer Psychology, 1993, 2 (4): 381-401.

[49] North A C, Hargreaves D J, McKendrick J. The Influence of Instore Music on Wine Selections [J]. Journal of Applied Psychology, 1999, 84 (2): 271-276.

[50] Milliman R E. Using Background Music to Affect the Behavior of Supermarket Shoppers [J]. Journal of Marketing, 1982, 46 (3): 86-91.

[51] Yalch R F, Spangenberg E R. The effects of Music in a Retail Setting on Real and Perceived Shopping Times [J]. Journal of Business Research, 2000, 49 (2): 139-147.

[52] Kellaris J J, Kent R J. The Influence of Music on Consumers' Temporal Perceptions: Does time fly when you're having fun [J]? Journal of Consumer Psychology, 1992, 1 (4): 365-376.

[53] Cohen J B, Chakravarti D. Consumer Psychology [J]. Annual Review of Psychology, 1990, 41 (1): 243-288.

[54] Gilbert A, Greenberg. Stimulus Selection in the Design and Interpretation of Olfactory Studies [J]. The Science of Olfaction, 1992: 309-334.

[55] Wakefield K, Blodgett J. The Effect of the Servicescape on Customers' Behaviour [J]. Journal of Services Marketing, 1996, 10 (6): 45-61.

[56] Mitchell D J. For the smell of it all: Functions and Effects of Olfaction in Consumer Behavior [J]. Advertise Consumer Research, 1994, 21 (1): 330.

[57] Gulas C S, Bloch P H. Right Under Our Noses: Ambient Scent and Consumer Response [J]. Journal of Business and Psychology, 1995, 10 (1): 87-98.

[58] Cox D F. The Sorting Rule Model of the Consumer Product Evaluation Process [D]. Boston, MA: Graduate School of Business Administration, Harvard University, 1967.

[59] Krishna A, Lwin M O, Morrin M. Product Scent and Memory [J]. Journal of Consumer Research, 2010, 37 (1): 57 -67.

[60] Ellen P S, Bone P F. Does it Matter if it Smells? Olfactory Stimuli as Advertising Executional Cues [J]. Journal of Advertising, 1998, 27 (4): 29 -39.

[61] Miller C. Scent as a Marketing Tool: Retailers and Even a Casino Seek Sweet Smell of Success [J]. Marketing News, 1993, 27 (2): 271 -272.

[62] Bone P F, Ellen P S. Olfaction and Marketing: Does it Make Sense to Use Scents [D]. Morgantown: Department of Marketing, West Virginia University, 1994.

[63] Turley L, Milliman R E. Atmospheric Effects on Shopping Behaviour: A Review of the Experimental Evidence [J]. Journal of Business Research, 2000, 49 (2): 193 -211.

[64] Teller C, Dennis C. The Effect of Ambient Scent on Consumers' Perception, Emotions, and Behaviour: A Critical Review [J]. Journal of Marketing Management, 2012, 28 (1): 14 -36.

[65] Cann A, Ross D. Olfactory Stimuli as Context Cues in Human Memory [J]. The American Journal of Psychology, 1989, 102 (1): 91 -102.

[66] Kliauga M, Hubert K, Cenci T. Consumer Panel Study on the Effect of Peppermint and Lavender Fragrances on Proofreading Efficiency [J]. Compendium of Olfactory Research, 1996, 34 (2): 131 -135.

[67] Barker S, Grayhem P, Koon J, et al. Improved Performance on Clerical Tasks Associated with Administration of Peppermint Odour [J]. Perceptual and Motor Skills, 2003, 97 (3): 1007 -1010.

[68] Baron R. The Sweet Smell of Helping: Effects of Pleasant Ambient Fra-

grance on Prosocial Behaviour in Shopping Malls [J]. Personality & Social Psychology Bulletin, 1997, 23 (5): 498 -503.

[69] Knasko S C. Ambient odor and shopping behavior [J]. Chemical Senses, 1989, 14 (94): 718.

[70] Michon R, Chebat J C, Turley L W. Mall Atmospherics: the Interaction Effects of the Mall Environment on Shopping Behavior [J]. Journal of Business Research, 2005, 58 (5): 576 -583.

[71] Zemke D M V, Shoemaker S. Scent Across a Crowded Room: Exploring the Effect of Ambient Scent on Social Interactions [J]. Hospitality Management, 2007, 26 (4): 927 -940.

[72] Spangenberg Eric R, Sprott David E, Grohmann Bianca, et al. Effects of Gender-Congruent Ambient Scent on Approach and Avoidance Behaviors in a Retail Store. Unpublished Manuscript, 2004.

[73] James P. Perceptual Organization in Information Processing [A]. In: Kubovy M, Pomerantz J, editors. Perceptual organization. Hillsdale, NJ: Erlbaum, 1981: 141 -80.

[74] MacInnis D J, Park C W. The Differential Role of Characteristics of Music on High-and Low-Involvement Consumers' Processing of Ads [J]. Journal of Consumer Research, 1991, 18 (2): 161 -173.

[75] Spangenberg E R, Grohmann B, Sprott D E . It's Beginning to Smell (and sound) a lot like Christmas: The Interactive Effects of Ambient Scent and Music in a Retail Setting [J]. Journal of Business Research, 2005, 58 (11): 1583 -1589.

[76] Brenner O C, Tomkiewicz J, Schein V E. Schein V E. The relationship between sex role stereotypes and requisite management characteristics [J]. Journal of applied psychology, 1973, 57 (2): 95 -100.

[77] Muscarella F, Arantes L, Koncsol S. A Rose by Any Other Name: Scent Preferences, Gender, and Sexual Orientation [J]. Electronic Journal of Human Sexuality, 2011, 14 (12): 545 -556.

[78] Milinski M, Wedekind C. Evidence for MHC-correlated Perfume Preferences in Humans [J]. Behavioural Ecology, 2001, 12 (2): 140 - 149.

[79] Sczesny S, Stahlberg D. The Influence of Gender-Stereotyped Perfumes on Leadership Attribution [J]. European Journal of Social Psychology, 2002, 32 (6): 815 - 828.

[80] Degel J, Piper D, Köster E. Implicit Learning and Implicit Memory for Odours: The Influence of Odour Identification and Retention Time [J]. Chemical Senses, 2001, 26 (3): 267 - 280.

[81] Stevenson R, Case T, Boakes R. Smelling What Was there: Acquired Olfactory Perceptions are Resistant to Further Modification [J]. Learning and Motivation, 2003, 34 (2): 185 - 202.

[82] Pavlov I. Conditioned Reflexes [M]. London: Oxford University Press, 1927.

[83] Kirk-Smith M, Booth D. Chemoreception in Human Behaviour: An Analysis of the Social Effects of Fragrances [J]. Chemical Senses, 1987 (12): 159 - 166.

第4章 广告沟通中全球化身份诉求对风险偏好的影响

4.1 引言

4.1.1 研究背景

(1) 现实背景

随着全球性经济贸易、文化交流促进世界上不同国家和地区、不同文化发生着剧烈的变化，全球化已成为当今世界发展的最重要的趋势之一，对我们的文化和生活产生了翻天覆地的影响，也对世界各地经济和文化发展带来了机遇和挑战[1]。尽管全球化席卷着世界的每一个角落，但是全球化思潮和本地化思潮在国际上产生着激烈的碰撞。美国新任总统特朗普及其政府积极推行的“美国第一”的保护主义政策以及经济民族主义政策，引人注目的英国公民脱欧公投也是他们面对全球化冲击的本地化思想的体现。相反地，中国正成为全球化的积极倡导者，如“一带一路”倡议、成立亚洲投资银行、积极推动同多个国家和地区的自由贸易等都是拥抱全球化的表现。特朗普及其支持者、英国脱欧公投是典型的本地化思潮的具体表现，中国倡导“一带一路”、自由贸易等展现出全球化的积极态度，也可以看出全球化带来的机会和风险。

全球化促进了世界市场一体化，许多国际公司顺应全球化趋势放弃传统的多国化的方法，开始采取全球化的市场定位和战略选择。如宝洁和联合利华放弃了多元本地化的扩张方式，开始放弃本地产品和品牌，投入到

具有国际化发展潜力的产品和品牌中[2]。然而，为了获得竞争优势，一些本地公司和跨国公司坚守多国化策略或者本地化策略，本地化也是企业进行市场定位和战略选择的重要发展方式。如 3M 公司针对中国市场开发防霾口罩，肯德基向中国市场提供中式早餐，可口可乐在中国市场提供乌龙茶饮料等。除此之外，即使是同一产品市场上也存在着本地化和全球化的不同的品牌定位，许多饮料公司都考虑了是将它们的产品作为全球化产品（global products，指为全世界市场提供一致的规格和包装的产品）推广，如百事可乐和可口可乐，还是作为本地化产品（local products，产品的规格和包装都是专为本地市场打造的）推广，如非常可乐[3,4]。统计发现，媒体上超过 85% 的广告都展示了企业品牌或者产品的本地文化定位或者全球文化定位，显然，全球化和本地化成了企业进行市场定位和市场进入战略选择的重要手段[5]。

随着全球化的发展和经济水平的迅速提高，消费者可支配收入迅速增加，对股市、基金等金融产品的理财需求不断增加，在金融理财产品和企业中也存在着本地化定位和全球化定位。汇丰银行在其网上理财平台强调“洞悉世界，更洞悉你，把合适的机会展现给您”的全球化广告诉求，而一些本地银行在宣传其理财产品时凸显本地化定位，如大连银行的“爱连心，智连业”传递了其本地化的广告诉求。显然身份不同，企业看中的利益点也不尽相同。当企业面对拥有着本地化身份认同或全球化身份认同的客户时，哪种广告诉求更加有效？是强调高收益高风险还是强调稳定低风险呢？它们面对同样风险情境会做出一致的选择吗？还是这两大社会身份有各自不同的风险诉求？为了回答这些问题，本研究从消费者的全球化社会身份的角度入手展开研究。

（2）理论背景

社会身份是构成一个人的自我概念的重要部分，个人会根据社会分类、在社会上扮演的角色、自己归属的社会群体以及与它们相关联的情感、价值观以及行为规范来定义自己[6]。我们之所以产生职业身份、性别身份、区域身份、政治身份等社会身份，是因为在社会活动中我们会主动或者被动地把个人归属到某种社会类别和社会群体[7]。研究发现当消费者某一社会身份显著或启动时，会使消费者激发对这一社会身份的认同而倾向于表现出与该社会身份一致的行为和心理，进而影响消费者的行为、态度甚至是对营销沟通信息的反应，如捐赠行为、品牌态度、对某种促销形式的偏好等[8-11]。消费者之所以会产生与其短期或者长期的社会身份一致的行为，是因为消费者喜欢对自己保持积极的自我观点，因此他们进行信息处理时会自觉地感到身份一致性的信息会比身份不一致的信息与自己更具有相关性，进一步来讲，在一定程度上当消费者某一社会身份比其他社会身份更加显著时，便会诱导其产生与这一身份相一致的心理和行为特点[3,12,13]。

现有研究发现，激活一个人的社会身份不仅会影响消费者的态度、行为，同样也影响着消费者在决策过程中的情绪、记忆等[14,15]。如 Coleman 和 Williams（2013）在研究中发现在广告中与新消费者社会身份一致的情绪会得到更好的评价[15]，Coleman 和 Williams（2013）发现社会身份会影响消费者注意力的分配，显著的社会身份会使消费者选择性地注意与该社会身份匹配的信息和线索[16]。简而言之，我们发现消费者某种特定社会身份会与消费行为背后相应的心理过程相联系，如 White 和 Argo 等（2012）验证了消费者社会身份与自我建构的关系[17]。但是目前关于社会身份的研究，涉及社会身份对消费者消费行为心理动机的影响的研究还较少，因此本研究以消费者的全球化社会身份为出发点，研究全球化社会身份对消费者财务风险偏好影响背后的心理动机。

全球化的发展使消费者置身于多种社会文化环境并拥有多重社会身份，进而影响着他们对于全球化给自己和社会带来的机会和风险展现出不同的看法，尤其是全球各地区之间的社会文化的交流和融合使地区的社会环境以及社会心理深受影响，使消费者构建了根植于当地文化的本地身份以及与全球性文化紧密联系的全球化身份，进而影响着消费者的决策和判断[1,3]。本地化社会身份意味着消费者认为自己属于本地社会，被本地传统的生活方式、规范、环境所定义；全球化社会身份则意味着消费者把自己归属于全世界，把自己定义成世界公民，被全球化的生活方式和文化所

定义[1,18]。显然根据身份一致性理论，消费者本地化社会身份和全球化社会身份会产生与之对应的消费行为和心理机制，但是全球化社会身份对于消费者财务风险偏好的影响机理尚无定论。在面临不同风险的理财方案时，两种社会身份的人会做出同样的选择吗？这两种社会身份是否有各自不同的风险诉求？又会是什么原因决定了本地化或者全球化社会身份的消费者产生财务风险追求或者财务风险厌恶呢？本章将针对全球化社会身份对消费者财务风险偏好的影响进行实证研究，并通过引入调节聚焦这一心理动机变量来回答上述问题。

4.1.2　研究内容

通过对本研究的现实背景和理论背景分析，发现在理论上和实践上，消费者全球化社会身份对财务风险偏好的影响机理尚缺乏科学有效的解释。由此，可得到本章的研究目的，即结合社会身份理论和调节聚焦理论、财务风险偏好相关研究，以消费者的全球化社会身份为核心变量，研究其对消费者财务风险偏好的影响，并验证调节聚焦在其中发挥的中介作用。具体来说，本研究主要的研究内容有三项，下面依次展开进行介绍。

研究内容一：消费者全球化社会身份对财务风险偏好的影响。

本地化社会身份和全球化社会身份被看作是全球化背景下大多数消费者处理自身与本地社会环境及全球社会环境关系时产生的两种社会身份，本地化社会身份的心理表征是消费者重视和尊重本地传统和规范，会把自己归属于本地社会；全球化社会身份的心理表征是指对全球化持积极观点，对世界持开放的态度，把自己归属于世界公民[3]。当消费者的本地化身份显著时，会重视个人与本地社会关系保持和谐，对家庭和朋友的责任和义务，关注全球化对本地文化的冲击及带来的后果，因此面临财务决策时可能更加倾向于风险厌恶以规避损失；拥有全球化社会身份认同的消费者则会更加重视全球化带来的积极结果，对待世界上的变化持开放心态，喜欢尝试新的选择，对超过个人舒适区的不确定性的变化表现出渴望，面临财务决策时可能更加倾向于风险追求以获得更高收益。综上所述，本章的第一个研究内容是：通过测量消费者长期的全球化社会身份倾向与财务风险偏好程度来证明，与本地化社会身份相比，全球化社会身份的消费者更加偏好于财务风险。

研究内容二：调节聚焦的中介作用研究。

调节聚焦对许多消费行为都产生重要影响，是研究消费动机的重要心理变量之一，本研究将调节聚焦引入作为中介变量。促进聚焦的人拥有进取动机，追求理想自我，关注获得正面结果，采取渴望—接近策略；而预防聚焦的人产生防御动机，追求责任自我，关注避免负面结果，采取预防—避免策略[19,20]。也就是说，当激活消费者本地化身份时，其会关注本地生活和规范，注重对朋友和家庭的责任，关注全球化对当地传统带来的消极后果，此时会激起消费者的预防定向，在做财务决策时会倾向于避免风险；当激活消费者的全球化身份时，其会关注全球化带来的积极成果，对全球文化中多样性、复杂性和不确定性抱有开放态度，此时会激活消费者促进定向，在做财务决策时会产生更高的风险偏好。综上，本章的第二个研究内容是：通过实验证明调节聚焦的中介作用，即与具有本地化社会身份的消费者相比，全球化社会身份会使消费者产生更强的促进聚焦倾向，进而产生更强的财务风险偏好。

研究内容三：广告身份诉求与理财产品类型的匹配效应研究。

研究内容一和研究内容二验证了全球化社会身份对消费者财务风险偏好的影响机理，在此基础上，当通过理财产品广告信息操控消费者的全球化社会身份和本地化社会身份以及财务风险时会存在匹配效应。即本章研究内容三是：针对风险较低（较高）的理财产品，消费者对本地化（全球化）广告身份诉求会比全球化（本地化）广告身份诉求产生更强的产品偏好。

4.1.3 研究意义

随着全球化趋势越来越强，消费者的全球化社会身份对于消费行为影响发挥着越来越重要的影响，本章通过结合社会身份理论与调节聚焦理论来研究全球化社会身份对于消费者财务风险偏好的影响，在理论上和营销管理实践上具有重要意义。

首先，本研究探讨了社会身份对于消费者财务风险偏好的影响，是对

社会身份结果变量的重要拓展，丰富了营销领域全球化社会身份的研究。本研究还进一步证明了调节聚焦的中介作用，揭示了全球化社会身份对消费者财务风险偏好的影响机理，既拓展了调节聚焦的前因变量的研究，又丰富了调节聚焦结果变量的研究。本研究在全球化社会身份对消费者财务风险偏好的影响机理的基础上，论证了广告身份诉求与理财产品类型之间存在的匹配效应，是对身份一致性动机理论的有益补充和发展。

其次，随着全球化趋势的加强以及消费者收入大幅增加，如何把握好消费者的本地化/全球化身份对消费者风险偏好的影响，做出恰当的营销决策，将是金融行业关注的焦点。本研究论证了全球化社会身份对消费者财务风险偏好的影响机理，为金融企业理财产品的宣传促销提供理论支持。可以帮助企业根据目标市场消费者的全球化社会身份程度因地制宜地进行制定产品营销策略。本研究还证明广告身份诉求与理财产品类型之间的匹配性，可以有效指导企业根据目标市场顾客身份与心理动机因人而异进行营销沟通，促进产品销售和信息传播。

4.1.4 研究思路方法与文章结构

(1) 研究思路

本章研究在全球化背景下结合企业实践和现有研究，探究了本地化/全球化社会身份对消费者财务风险偏好的影响。首先，研究发现当消费者某一社会身份显著或启动时，会使消费者为保持这一社会身份倾向于表现出与社会身份一致的行为和心理活动，但还有很少研究论证消费者的全球化身份与消费者风险偏好的关系，因此本研究循此思路，在研究一中通过测量消费者长期的社会化身份认同以及财务决策时的风险偏好，证明与本地化社会身份认同相比，全球化身份认同会使消费者产生更强的财务风险偏好。其次，综合前人的研究发现，调节聚焦可以对消费者本地化社会身份和全球化社会身份的表征特点及其对消费行为的影响进行有效解释，因此为了提高解释度，研究二中采用实验法和操控自变量的方式并引入调节聚焦作为中介变量，证明与本地化社会身份相比，全球化社会身份会触发消费者更强的促进聚焦倾向，进而产生更强的财务风险偏好。最后，本研究在全球化社会身份对消费者财务风险偏好影响机理的基础上，论证广告身份诉求与理财产品类型之间的匹配效应，我们利用现实生活中具体的银行理财广告信息同时操控消费者的本地化/全球化社会身份、财务风险类型进行实验论证，既证明了本章研究结论，又阐明了在现实生活中本研究结论的适用性和可靠性。综上，我们提出本章的研究模型，如图 4－1 所示。

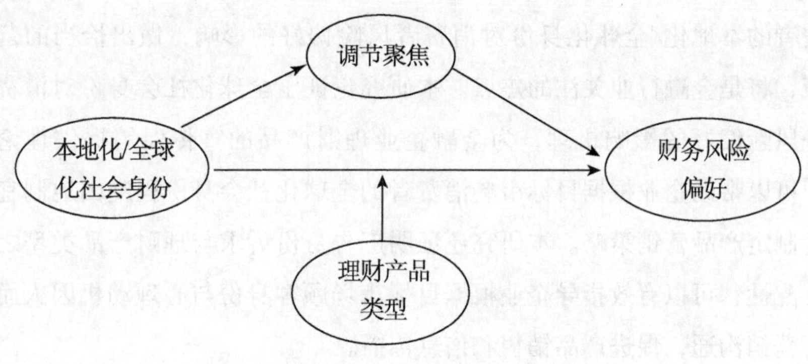

图 4－1　本章研究模型

（2）研究方法

本章将通过问卷调查法和实验法来检验和证明研究模型和假设，并运用 SPSS 19.0 对所收集的数据进行分析处理。

研究一：运用问卷调查法证明本研究的主效应。调查问卷共分为三部分，包括消费者财务风险偏好测量（基金—股票）和社会身份测量以及相关人口统计信息。首先，让被调查人员阅读财务决策情景并回答风险偏好测量问题；其次，通过本地化/全球化社会身份测量量表测量被调查者的长期的本地化/全球化社会身份倾向；最后，收集被调查者的基本信息。研究将验证消费者的本地化（全球化）社会身份与其财务风险偏好（风险规避/风险追求）是否存在匹配性。

研究二：采用实验法验证中介作用。该实验共分为两组进行，包括本地化社会身份组和全球化社会身份组，通过相关情景信息并让参与者填写对于本地化/全球化的理解以及自己与外国人的不同/相同之处（操控社会

身份，通过相关量表测量操控效果），以启动消费者的本地化/全球化社会身份。之后通过相关量表测量参与者的财务风险偏好（储蓄—理财产品）与调节定向。本实验将检验调节聚焦在研究一结论中发挥的中介作用，并通过实验法再次验证研究一的假设。

研究三：采用实验法验证广告身份诉求与理财产品类型间的匹配效应。该实验采取 2（社会身份：本地化社会身份 VS 全球化社会身份）×2（理财产品类型：低风险 VS 高风险）的组间设计，通过四种不同组合的广告设计进行实验，通过调查问卷测量参与者的产品态度、身份操控检验以及感知风险。

（3）文章结构

本章共分为七节，安排如下：

4.1 节，引言。此部分主要介绍本研究的现实背景和理论背景，进而指出本章主要研究内容和任务，然后从理论方面和现实方面两个角度分析了本章的研究意义。最后，分析了本章的研究思路，论证了本章假设的研究方法，并介绍了本章各部分的内容安排。

4.2 节，文献综述。首先，对社会身份的定义、理论进行介绍，接下来介绍营销领域中社会身份对消费者行为的影响研究现状，然后回顾本地化/全球化社会身份的定义以及研究成果，并总结其在营销领域的研究现状。其次，回顾有关调节聚焦以及调节匹配的相关理论，总结营销领域关于调节聚焦相关研究成果。最后，回顾风险偏好相关研究并总结其在营销域的研究成果。

4.3 节，研究假设与推导。结合本章的研究思路以及在现有研究现状的基础上对本章提出的各项研究内容进行严格分析和推导，并提出了本章的具体研究假设。

4.4 节，研究一。通过问卷调查的方法论证本地化/全球化社会身份对消费者财务风险偏好的影响，主要包含研究设计、变量测量、数据分析、假设检验以及研究讨论。

4.5 节，研究二。严格论证启动消费者本地化/全球化社会身份对通过改变消费者的调节聚焦来影响财务决策的风险偏好，主要包括实验设计、操控设计、变量测量、数据分析、假设检验以及研究总结。

4.6节，研究三。主要通过利用同一广告画面同时操控社会身份、财务决策情景（不同风险类型银行理财产品广告）进行实验验证广告身份诉求与理财产品类型的匹配效应。主要包括研究设计、操控设计、数据分析、假设检验以及研究总结。

4.7节，结论与展望。总结本章的三个研究所证明的研究结论，并讨论本研究所做的理论贡献和对相关行业和企业的管理启示，最后归纳本章研究存在的局限性，并对未来可能的研究方向进行展望。

4.2 文献综述

4.2.1 全球化社会身份

（1）社会身份理论概述

Tajfel（1981）指出社会身份是构成一个人的自我概念的重要部分，个人会根据社会分类、在社会上扮演的角色以及自己归属的社会群体以及与它们相关联的情感、价值观以及行为规范来定义自己[6]。自我概念由两个不可分割的部分组成：个人身份和社会身份。个人身份是指构成自身独特特质的身份概念，是在个人在与其他个体的相比较中所产生的；社会身份则是依据自身主动或者被动地属于的社会群体、社会类别而构建的身份概念，是社会关系范畴下依据群体成员资格、群体价值观念、情感意义而获得的自我概念[6,7]。当个人把社会群体进行分类时，并且把自己归属于某一个社会群体，便会为了获得积极的社会身份与内（外）群体进行相互比较，并在比较的基础之上与其他社会群体进行积极的区分[21]。研究表明，属于某一个社会群体的意识会影响个人的行为、态度与知觉来产生身份认同感和群体认同感，也就是说，社会身份会促使人们按照身份一致性的动机来管理自己的行为和认知，并且身份一致性理论认为个人社会身份是可

塑的，文化和一定的社会情景在激发一个人的显著的社会身份方面具有重要作用[22]。综上来看，社会身份是个人基于社会分类把自己归于实际或者想象的社会群体并依据这一社会群体的社会关系、行为规范、情感意义等获得的自我认知和自我认同，它会激发出个人的身份一致性动机来处理自己与内外群体的关系，并指导和管理个人的认知、行为和态度，使自己与所属群体保持一致，并与外群体、规避群体等群体进行区分。

基于身份一致性行为动机模型认为，消费者的临时或长期的某一社会身份通达时会让其产生与通达的社会身份保持一致的消费行为和心理。学者们已经证实社会身份不仅会影响消费厌腻等消费行为，而且还会影响消费者对产品或者品牌等的态度。除此之外，还影响着消费者对企业的不同的营销沟通方式的反应，以及会对消费者情绪、注意力等产生影响。如 Chugani 等（2015）检验了身份一致性效应对于消费者重复消费导致的消费厌腻行为的影响，研究证明重复消费某一产品导致的厌腻程度与产品与身份的一致性紧密相关，当所购商品与消费者的社会身份一致时，消费厌腻程度更低[23]。Amaral 和 Loken（2016）在研究不同阶层消费者看到他人使用假冒奢侈品行为时对于真实产品的品牌态度的影响时，发现当较高社会阶层身份的消费者看到比自己低的社会阶层的消费者使用假冒奢侈品时会导致其诋毁该品牌，而当较低社会阶层身份的消费者看到比自己高的社会阶层消费者使用假冒奢侈品时不会产生诋毁态度[24]，Choi 和 Winterich（2013）研究发现消费者的道德身份可以通过减少心理距离来增强对外群体品牌的态度，减轻消极印象[25]。同时学者们还研究了社会身份对消费者心理动机、营销刺激等的影响，如 Coleman 和 Williams（2013）发现社会身份会影响消费者注意力的分配，显著的社会身份会使消费者选择性地注意与该社会身份匹配的信息和线索[16]。除此之外，研究还发现基于身份的动机模型还会影响他人对产品或者品牌的态度，如在礼品赠予行为中，被赠予者对礼品的态度依赖于礼品与赠予者身份的一致程度[26]，赠予行为还可以帮助人们重新构建社会身份[27]。显然，社会身份已经被证明是一个影响人们行为的有力的预测变量，基于社会身份的个人特质和群体关系影响着人们的目标和动机。基于身份动机模型的研究详细阐明了人们保持身份一致性行为的原因和方式。

学者们除了正面研究启动消费者社会身份对其心理、行为、态度的影响，也从社会身份威胁的角度来研究基于社会身份动机模型对消费行为的影响。White 等（2012）在研究社会身份威胁时发现了消费者自我建构的调节作用，发现当消费者面对社会身份威胁时，临时启动或长期的独立自我倾向的人会倾向于避开这一与社会身份关联的产品，依赖自我的消费者则会更加倾向于选择与这一社会身份相关的产品[17]。当社会身份受到威胁时，消费者会拥有通过改变自己的产品选择和评价以保护和维持自己的自我价值感和形象的动机，如低集体自尊的人会回避与这一受威胁的社会身份相关联的产品和品牌，而高集体自尊的消费者则会保持这种身份品牌联系而不受影响[28]，消费者也会选择性地遗忘与自己所受威胁的社会身份相关的营销信息，但内群体认同感低的个人在社会身份受威胁时并不会选择遗忘身份相关的营销信息，除此之外，还证明了这种遗忘效应仅针对显性记忆产生效果[29]。综上，当消费者社会身份受到威胁时，他们会远离甚至排斥与这一受威胁身份相联系的产品或品牌。这种规避效应是基于身份一致性动机理论的一个重要体现，同时这种规避效应也会存在一定的边界条件。

社会身份是个人根据所归属的社会群体或渴望群体中的角色构建的身份概念，他们会为了对某种社会身份认同而与参照群体或渴望群体的成员行为规范、情感、价值观等保持一致，通过规避与某一群体不一致的行为来避免这一社会身份，如消费者会通过购买与自己内群体一致的品牌构建和传达自己的社会身份形象并形成自我—品牌联系[30]，而当消费者知晓所属群体和渴望群体使用某种品牌时会使消费者产生更强的自我品牌联系[31]。在规避群体方面，个人基于身份一致性动机的需要会避免与规避群体以及与之相关的产品和品牌产生联系，以避免自己与规避群体身份产生关系。White 和 Dahl（2006，2007）研究了规避群体是如何影响消费者的产品偏好的，证明消费者（如男性）为了避免与规避群体（如女性）有所

联系，会倾向于对与之相关的产品产生较差的态度和购买意向，但这种效应在公共购买或使用情境下和较高的公共自我意识时会消失；与普通外群体相比，消费者会对规避群体相关品牌和产品产生更低的品牌联系以及品牌态度和购买意向[32,33]。但是，规避群体对消费者行为基于身份一致动机所产生的规避效应也会在一定情况下减弱或相反，如 Choi 和 Winterich（2013）在研究中证明启动消费者的道德身份会提升消费者对于规避群体品牌的态度，因为消费者的道德身份会使消费者缩小自己与规避群体品牌之间的心理距离[25]。消费者在进行品牌评价、产品决策等消费行为时会保持与自己所属群体一致，而避免与规避群体相关联的品牌和产品，但是在一定的边界条件调节时消费者的这种动机会发生改变。

身份一致性的动机是营销领域关于社会身份研究的基础，即消费者会为保持积极的自我概念而基于身份行为一致性的动机进行产品决策、品牌评价等，以及依据社会身份赋予个人的特质与群体成员关系判断与参照群体的关系以及自我—品牌之间的联系，在身份受到威胁或面对规避群体（品牌或产品）时产生规避效应。社会身份产生于个人对社会群体的分类，并依据自己所属的社会群体成员资格构建的身份概念来与其他群体进行区分，进而社会身份会赋予个人某种特质（特点、价值观等）与群体成员关系（行为规范等）来统一和指导个人的日常行为，即消费者某种社会身份显著或被激活时，个人会被赋予这一身份特有的特质和群体成员关系从而触发其做出与身份一致的选择或评价的某种心理动机。因此，本研究基于身份一致性的理论，认为全球化社会身份通过对消费者调节聚焦倾向的影响来影响消费者财务风险偏好。

（2）全球化社会身份在营销领域的研究现状

随着全球化的发展，全球的政治、经济、文化的相互交流使人们对这种新的世界和现实的理解产生变化，它们变化对个人和团体有重要影响，尤其是个人，全球化会使个人产生不同的身份、社会表征和思想状态[34]。Beck（2002）指出“在 21 世纪之初，人不能仅被理解为民族的或是本地的，也应该是全球化的”[35]。在全球化趋势下，认识和理解本地化与全球化意识对于人们心理的影响愈加重要，尽管早期对于全球化的研究已经从二元文化、原产国效应等角度展开，但理论上对于全球化的心理影响的研究并没有跟上全球化的速度，直到近几年，Arnett 等系统论述和研究了全球化身份这一概念，为学界研究全球化对人们心理影响提供了新的角度[3]。

Arnett（2002）在论述中指出全球化对人们心理影响主要是导致个人身份的转换，即个人与社会环境的交互作用发生改变，一种新的文化和生活方式超越了国家和地区的限制，使人们开始产生世界公民意识，使大部分人构建了本地化和全球化的社会身份，消费者本地化社会身份根源于根深蒂固的本地社会文化，而全球化社会身份源自全球化世界性的文化意识[1]。本地化的社会身份由信任和尊重本地传统文化和生活方式、对本地事件感兴趣、关注本地区的独特性等心理表征组成，消费者具有本地化身份时会把自己归属于本地社会。全球化的社会身份由认同全球化具有影响、认为全世界人民的共性大于不同、对于发生在世界各地的事情感兴趣等心理表征组成，也就是具有全球化身份便意味着把自己归属于全世界[1,3]。全球化身份关注全球发生的事情，在思维和感知上会更加宽泛，对事件的解读也会从更加抽象到更高层次来看待；而本地化身份的消费者关注本地事件和独特性，对事情的理解会更加狭窄和具体，对事件比较直接地从较低层次上去解读[36]。从概念上讲，本地化身份和全球化社会身份并不相互排斥，一个人可以同时拥有本地化和全球化两种社会身份。然而当两种身份都比较显著时，大部分人都不能忍受二者之间的冲突造成的困扰，结果是人们会倾向于选择其中一种身份。因此，通常一种身份会比另一种身份更加显著和更具有通达性[1,3]。

目前在营销领域，尽管对于社会身份的研究已经成为一个热点，但是关于消费者全球化社会身份对消费行为的研究还很少。在这一创新性的研究中，部分学者从测量本地化/全球化社会身份入手为后续研究建立基础，近期的研究开发了本地化社会身份和全球化社会身份的测量量表，并与其他全球化概念（全球化消费导向、世界主义、民族中心主义等）

进行了区分[18,37]。部分学者在身份一致性动机理论的基础上研究消费者本地化/全球化社会身份认同对于消费者行为的影响。Zhang 和 Khare（2009）研究发现消费者本地化社会身份（全球化社会身份）与本地化（全球化）品牌具有匹配效应。他们的研究表明具有显著全球化社会身份（本地化社会身份）的消费者会更加偏好全球化（本地化）品牌，其中可诊断性的高低以及不同的信息加工模式产生了调节作用[3]。在此基础上有些学者还验证了当消费者全球化身份通达时，什么类型的全球化品牌会对消费者更具有吸引力。中国学者郭晓凌（2013，2014）在研究中发现具有更高程度的全球化身份的消费者（相对于较低程度的全球化身份）会对来自发达国家的全球化品牌有更积极的态度，而对来自发展中国家的全球化品牌评价更低，而且其在随后的研究中证明当消费者的全球化身份（相对于本地化身份）通达时，发达国家地区的消费者（全球化程度较高）对新兴全球化品牌产生更好的品牌态度，并且全球化态度在其中发挥着中介变量的作用，而消费者对全球—当地文化内隐观会对这种效应产生调节作用[38,39]。

现有研究除了验证了本地化/全球化身份对消费者的本地化/全球化品牌态度的影响外，也在其他变量方面展开研究，如对价格敏感性、品牌或产品本地（全球化）文化定位等产生影响。如 Gao 和 Zhang（2015）分析了消费者本地化/全球化身份对于其价格敏感性的影响，他们认为本地化身份（相对于全球化身份）更容易产生奉献心态从而会降低价格敏感性[40]。Westjohn 等（2012）研究了消费者个人个性特质、全球—民族身份认同、全球化/本地化文化定位之间的关系，发现全球（民族）身份认同与产品或品牌的全球（本地）文化定位具有同化作用，而且宜人性（开放性）与民族认同（全球认同）有正向关系[5]。Lin 和 Wang（2016）验证了在单语市场中消费者本地化/全球化身份在语码转换广告效应中的调节作用[41]。

全球化心理影响的结果是消费者会构建出本地化和全球化两种身份，但通常其中一种身份才具有通达性。基于身份一致性的动机，消费者会依据临时或者长期的全球化（本地化）社会身份带给本人的特质或心理表征来选择与其全球化身份（本地化身份）相一致的品牌或者产品，因为为了积极传达这一身份，消费者会更加偏好与这一身份相关的信息及其带来的刺激，如本地化/全球化身份对本地化/全球化品牌的同化作用。目前的大部分研究集中于验证消费者本地化/全球化身份对消费者品牌态度、价格敏感性等消费行为或者态度的研究，对于全球化身份（本地化身份）会以什么样的心理动机进而影响消费者行为的研究还较少。本研究基于身份动机理论，将研究问题聚焦在为何本地化/全球化身份消费者产生不同的财务风险偏好，结合本地化/全球化身份消费者的特质和心理表征，认为全球化身份（相对于本地化身份）消费者在财务决策时更偏好于风险追求，而这一效应通过调节聚焦倾向这一中间路径而发生作用。

4.2.2 调节聚焦

(1) 调节聚焦理论来源和内涵

Higgins（1987）提出的自我差异理论认为一个人的自我共包括三个方面：真实自我、理想自我、责任自我。当个人追求理想自我和责任自我时，就会存在截然不同的两种期望终极状态：理想终极状态和责任终极状态。责任终极状态使人具有强烈的责任感，是表示对自己或者重要的他人所负有的责任和义务；而理想终极状态意味着强烈的理想，是自己或者重要的他人对于自己的愿望和希望[42]。Higgins（1997）以自我差异理论为出发点深入研究进一步提出了调节聚焦理论。调节聚焦理论认为个人对于理想终极状态和责任终极状态的追求会产生促进聚焦（promotion focus）的自我调节定向和防御聚焦（prevention focus）的自我调节定向。促进聚焦（或促进定向）拥有积极进取动机，要求努力实现自己的理想、目标和愿望，关注并追求正面的结果；防御聚焦（或预防定向）会产生防御导向的动机，会尽量避免失败或错误以及损失，注重履行个人肩负的责任和义务[19]。促进聚焦定向和预防聚焦定向两种不同的调节聚焦倾向的主要差异如表 4－1 所示。

表 4－1　促进聚焦和防御聚焦的差异

	促进聚焦	防御聚焦
动机导向	进取导向	防御导向
目标结果	努力实现个人理想、希望、愿望，注重个人发展与自我实现	努力避免失败和错误，关注履行自己的责任、义务和职责
策略方式	促进—渴望、接近路径；积极追求达到目标的促进策略	预防—警惕、避免路径；通过避免错误而实现目标的防御策略
发生情境	是否有收益的情境	是否有损失的情境
结果反应	对正面结果出现与否敏感	对负面结果出现与否敏感
情感体验	快乐或沮丧，对快乐—沮丧情感维度评价敏感	平静或焦虑，对平静—焦虑情感维度评价敏感

资料来源：Higgins E T. Beyond pleasure and pain [J]. American Psychologist, 1997, 52 (12): 1280－1300.

以自我区分理论为基础的调节聚焦理论用两种不同的自我调节状态来阐明人的不同行为背后的心理动机。调节聚焦理论不仅区分了促进聚焦和防御聚焦两种自我调节倾向，还对这两种调节聚焦的来源、发生作用机制和情境等做了深入揭示，推动了动机理论的发展。在此基础之上 Higgins (2000) 提出了调节匹配的原理来解释人们做出各种“好的”决策的原因。调节匹配原理认为当人们的调节定向和目标追求一致时就会达成调节性匹配，这种调节匹配会提升自己所做决策的价值感和正确感，人们做出某种决策或者选择的价值判断正是来源于这种调节性匹配[43]。如促进聚焦的个体热衷于使用渴望—接近的策略追求正面结果，做出能达成理想或愿望的行为和决定；防御聚焦的个体则倾向于使用警惕—回避策略来避免负面结果的出现。促进聚焦（或预防聚焦）的人所追求的结果和使用的策略行动能够维持自己的这一定向时而达成匹配便具有一种动机的力量。调节性匹配会使消费者对自己所做的决策和行为产生一种正确感和感知重要性，进而会增强自己的产生这一行为的动机，提高情绪体验强度，并对消费行为产生广泛的影响[20]。换言之，这种匹配对消费者的行为产生一种调节性的力量，所以被叫作“调节性匹配”，这种匹配会增强个人做出某种行为倾向的动机，如长期（短期）时间目标与促进（防御）聚焦匹配[44]，全球化认同（本地化认同）与促进（防御）聚焦匹配[36]，为自己做决策（为他人做决策）与促进（防御）匹配[45]，全局、抽象（局部、具体）意识与促进（防御）聚焦的匹配[46]。

研究表明，个人的调节聚焦倾向既可以通过测量量表（如 RFQ 测量）测量长期自我调节倾向，也可以通过任务或情境操控的方式诱导出个人的自我调节倾向，在营销、心理学、经济学、社会学等领域，学者们通常采用测量或操控的方式研究调节匹配（促进与渴望、预防与警惕）和不匹配时（促进与警惕、预防与渴望）对个人的消费行为及其他社会性行为的影响[47]。个人的目标追求导向和追求目标策略的关系会影响个人对于目标的评价进而影响个人行为，当个人调节聚焦导向和策略匹配时（相对于不匹配）会提升个人对于所做决策的评价。调节聚焦理论和调节匹配理论的提出为营销领域研究信息说服、购买行为、风险决策等消费者行为的动机和机制提供了新的研究方向。接下来将对调节聚焦对消费者行为的影响的研究现状进行回顾。

（2）调节聚焦对消费行为的影响

调节匹配或者个人调节聚焦倾向与维持聚焦倾向使用的策略匹配是预测消费者行为的有效变量[47]。Aaker（2001）在研究广告信息对于不同自我构念（依赖自我与独立自我）消费者的说服力时引入调节聚焦理论进行解释，自此调节聚焦理论成为营销学界的热点话题。随着国内外营销学界对调节聚焦理论研究的深入探讨，学界对于调节聚焦的研究已经从对信息说服力的影响拓展到对时间距离、自我效能、产品定价、促销方式偏好、品牌延伸等变量的研究。

调节聚焦与不同框架（获得框架和损失框架）下的信息说服力以及消费者信息认知产生影响。Aaker（2001）通过实验证明了不同自我构念的消费者对带有促进聚焦框架的广告信息和对防御框架的广告信息的态度是不同的，对于独立自我（依赖自我）的消费者会认为具有促进导向（预防导向）的信息的广告更具有说服力[48]。在不同情境下，调节聚焦对信息说

服力和产品评价的影响是不同的，如 Yoon 等（2012）研究发现在信息负荷度对于消费者信息处理和产品评价的影响，研究表明在高信息负荷（相对于低信息负荷）情况下，消费者更偏好于与他们调节聚焦导向一致的信息从而产生更好的产品评价。除此之外，调节聚焦对消费者的信息认知及信息搜索也会产生影响，在进行购物信息搜索时，促进聚焦倾向的消费者更注重全局全程搜索，设置更多的搜索指标，而防御聚焦的消费者会进行局部搜索，减少搜索指标[49]；促进聚焦消费者更偏好对信息进行高水平和抽象性、概括性的解释，预防聚焦则偏好于对信息进行具体的低水平的解释。而这种调节聚焦和信息解释水平的匹配会提高消费者喜好和增强体验[50]。

现在，在营销领域对于调节聚焦的研究已经从最初的集中在信息说服力等研究延伸到了产品定价、后悔机制、品牌延伸、目标追求等其他行为或者心理变量。Lee 等（2014）在研究中发现相对于组合定价方式，分别定价方式对于促进聚焦消费者更具有吸引力，而无论是分别定价还是组合定价，对于防御聚焦导向的人来说在态度和评价上没有显著区别[51]。Yeo 和 Park（2006）研究了消费者的调节聚焦倾向和品牌延伸的关系，证明了当消费者启动临时或具有长期预防定向时会对于相似品牌延伸保持更积极的态度，但是对于具有促进聚焦倾向的消费者来说这种关系会削弱甚至得到相反的结论[52]。Bullard 和 Manchanda（2017）研究了消费者在目标进展中的不同阶段其调节聚焦是如何变化的，研究证明在目标追求的早期阶段消费者会表现出促进聚焦倾向进而追求促进型目标，而在目标追求的晚期阶段消费者会展现出防御聚焦的倾向进而会追求预防型的目标[53]。Zhang 和 Yang（2015）另辟蹊径研究了不同调节聚焦的消费者对于不同广告视角的广告的态度，发现促进聚焦的消费者更喜欢由演员的角度引入产品的广告，而防御聚焦的消费者更喜欢从观察者的角度解释产品的广告[54]。国内学者也进行了大量研究，陈洁等（2016）研究了调节聚焦广告框架对于非欺诈性仿冒奢侈品的购买意愿，发现了不匹配也可以使信息说服增强[55]。郝辽钢和曾慧（2017）发现促进聚焦（防御聚焦）消费者对受益型（损失型）的促销方式有更高感知价值和后悔预期[56]。杨晨等（2015）发现不同支付方式（刷卡 VS 现金）会使消费者产生不同调节聚焦倾向从而影响其不同框架的产品偏好[57]。李研和李东进（2013）在研究中发现有变异成语的广告信息使促进聚焦的个人产生更积极的态度，而防御聚焦的消费者则对不包含变异成语的广告持更好的态度[58]。

现有研究表明调节聚焦和调节匹配对广告信息说服力、消费者信息处理、产品定价等消费行为有重要影响，但较少研究调节聚焦这一动机对消费者的财务风险偏好的影响。但个人在投资时会关注两个角度：获得收益和避免损失[59]，而无论是收益还是损失在消费者做出决策时都面对着财务决策结果的不确定性即风险，而收益或是损失又会诱导出促进聚焦（防御聚焦）倾向，进而使消费者采取渴望—接近（警惕—避免）的策略而呈现出风险寻求（风险厌恶），因此本章在研究消费者全球化身份认同对于消费者财务风险偏好影响时引入调节聚焦和调节匹配理论。

4.2.3 财务风险偏好

消费者风险偏好就是消费者对购买决策的结果和后果不确定性的一种主观上能接受的程度和态度。消费者行为中的一个重要方面就是面对各种信息或产品而做出决策，而做出消费选择的消费者面对的对未来结果的不确定性即是风险。感知风险是影响消费行为的重要方面，因为消费者面临风险的焦虑会产生主观上的痛苦进而影响消费者面对这种痛苦的行为和态度[60]。Weber 和 Hsee（1999）在研究中把风险偏好分为风险回避和风险追求，风险回避（不同程度）是指消费者在面临风险决策时更偏向选择有确定性结果的选择（相对于冒险选择），尽管具有风险选择预期收益会远高于确定性结果的选择；相反地，我们称为风险追求[61]。消费者感知风险包括财务风险、健康风险、社交风险、心理风险等，但现在大部分研究都集中在对消费者财务风险或医疗风险的研究[62]。

消费者的幸福感很大部分取决于个人的财务决策，如房屋贷款、教育基金和储蓄基金计划、股票或基金投资等，而实际上许多个人因素和环境因素会影响消费者的财务决策[63]。财务决策在营销领域的研究已经成为一个热门话题，因为财务决策往往涉及高风险，并且对消费者产生终身影响。Hsee 和 Weber（1999）在风险偏好的跨文化研究中发现，中国消费者相对于美国消费者更加追求风险，并从社会文化差异的角度进行了解

释[64]。Pham 和 Zhou（2004）在研究中发现带有不同导向信息的财务产品会诱发消费者的风险追求或风险回避[59]。He 等（2008）在研究中发现，在获得框架的财务决策中，男性处理问题能力与其风险偏好呈正向关系，但此效应在女性中不存在[65]。Mandel（2003）在自我构念和消费者风险偏好的研究中发现面临财务决策时依赖自我的消费者相对于独立自我的消费者更加偏向于追求风险[62]。Duclos 等（2013）通过五个研究验证了社会排斥对于消费者财务风险偏好的影响，验证了当消费者面临社会排斥时会有更高的风险偏好，从而在财务选择中选择风险更高的方案，在这效应中个人对于金钱的动机发挥中介作用[63]。

在营销领域，风险是指消费者在决策中的不确定性，消费者的个人因素或者社会环境因素会使消费者在面临风险选择时产生不同的风险偏好。财务决策一般会涉及两个结果——收益或损失，当消费者面临着重大财务决策时，受个人特质以及成长环境和社会环境影响会呈现出一定的财务风险追寻或者财务风险回避的倾向。综合前文调节聚焦理论研究，拥有促进调节聚焦导向的消费者强调对正面目标的追求，在财务收益框架下会激发消费者的促进聚焦倾向从而会对风险决策呈现出渴望—接近的策略，在损失框架下会激发消费者防御聚焦的调节定向，会对可能出现损失的决策做出警惕—避免的选择[59]。可见消费者的促进（防御）调节聚焦倾向可与消费者的风险追求（风险回避）达成调节匹配，从而使消费者全球化身份（本地化身份）认同增强。

4.2.4　现有研究评述

通过对全球化社会身份、调节聚焦和财务风险偏好的研究现状的梳理，本章对三个方面的相关理论内涵以及在营销领域的研究进展进行了整理和分析。本研究通过对现有研究的理论基础、研究方法、研究范围等进行整理和对比分析，结合现有研究中存在的不足和局限，为本章研究全球化社会身份对消费者财务风险偏好的影响提供理论支持。

首先，身份一致性的动机是营销领域关于社会身份研究的理论基础，即消费者某种社会身份显著或被激活时，个人会被赋予这一身份特有的特质和群体成员关系，从而触发其做出与身份一致的选择或评价的某种心理动机。现有的关于全球化社会身份的研究也都是基于身份一致性动机理论，但还较少，主要集中在消费者品牌态度、价格敏感性等方面。而对于社会身份对消费者财务风险偏好的影响探究还很少，尤其是全球化社会身份，更少有学者探究本地化/全球化社会身份是基于何种心理动机产生不同程度的财务风险偏好的，这便构成了本研究的出发点。

其次，研究表明调节聚焦是预测消费者行为的有效变量，营销学界对于调节聚焦的研究已经从对信息说服力的影响拓展到时间距离、自我效能、产品定价、促销方式偏好、品牌延伸等消费行为变量的研究。财务决策中的收益或是损失会触发消费者的调节聚焦，但还很少有研究详细阐释调节聚焦对于消费者财务风险偏好的影响。此外，对于调节聚焦前因变量的研究还较少。通过对全球化社会身份以及调节聚焦理论的相关研究对比分析，我们认为全球化社会身份会触发消费者调节聚焦动机进而影响财务风险偏好，这便构成了我们的研究主题。

最后，风险是指决策后果的不确定性，消费者的个人因素或者社会环境因素会使消费者在面临风险选择时产生不同的风险偏好。尽管现有学者对财务风险偏好进行了跨文化研究，甚至研究了性别身份对财务风险偏好的影响机理，但是还鲜有学者对全球化社会身份对于消费者财务风险偏好的影响。结合对消费者全球化社会身份的特质，我们认为消费者的全球化社会身份认同会对消费者的财务风险偏好产生影响，这便构成了我们研究的落脚点。

综上，通过对现有研究的评述，我们对全球化社会身份、调节聚焦以及财务风险偏好三个方面进行对比分析，得出本研究的出发点、研究主题以及落脚点。接下来我们将结合本章研究思路，以现有研究为理论基础，提出本章研究假设并进行严谨的推导。

4.3 研究假设与推导

4.3.1 全球化社会身份对财务风险偏好的影响

全球化心理影响的结果是消费者构建出了本地化和全球化两种社会身

份，本地化的社会身份由信任和尊重本地传统文化和生活方式、对本地事件感兴趣、关注本地区的独特性等心理表征组成，消费者具有本地化身份时会把自己归属于本地社会；全球化身份由认同全球化具有影响、认为全世界人民的共性大于不同、对于发生在世界各地的事情感兴趣等心理表征组成，也就是具有全球化身份便意味着把自己归属于全世界[1]。基于身份一致性的动机，消费者会依据全球化（本地化）身份带给本人的特质或心理表征选择与其全球化（本地化）身份相一致的品牌或者产品，因为为了积极传达这一身份，消费者会更加偏好与这一身份相关的信息和刺激[1,3]。Zhang 和 Khare（2009）研究发现具有显著全球化社会身份（本地化社会身份）的消费者会更加偏好全球化（本地化）品牌，其中可诊断性的高低以及不同的信息加工模式产生了调节作用[3]。在郭晓凌、张银龙和康萤仪（2014）的研究中发现相对于本地化社会身份，发达国家和地区的消费者（较高程度的全球化社会身份）对新兴全球化品牌态度产生更加积极的影响[39]。显然，同样地，我们认为消费者的全球化社会身份显著时会更加偏好于财务风险追求。

当消费者把自己归属本地社会时，会具有显著的本地化身份，会关注本地文化，尊重本地传统，会被本地传统价值观和本地社会环境所定义，会抵制全球化带来的冲击；而当消费者具有较高的全球化身份认同时，会积极看待全球化带来的结果，会被全球化的自由主义所影响[1]。显然，本地化身份认同会给个人带来传统的、保守的心理特质，喜好具有确定结果的选择，不愿意承受变化带来的不确定性，而全球化身份认同会使人追求自由、开放，积极追求正面结果，尝试不同的选择，对风险展现出更少的风险厌恶[66]。根据身份一致性动机理论，消费者为保持积极的自我形象，会选择和自己全球化身份（本地化身份）的心理表征一致的决策。

研究表明具有本地身份认同的消费者具有宜人性人格，而当消费者具有较高的全球化身份认同时会具有开放性人格，宜人性比较稳定、温顺、不爱冒险，而开放性人格喜欢尝鲜和多样性，是天生的“冒险家”[5]。显然，本地化身份认同会使消费者产生宜人性的人格特质，并展现出传统保守的本地化的心理表征，面对风险或不确定性时持保守态度。而全球化身份认同会使消费者产生开放性的人格特质，并展现出乐观积极看待多样性和不确定性的心理表征，会使全球身份认同的人对探索世界及其提供的产品有更高的风险偏好[67]。根据身份一致性动机理论，提出假设1：

假设1：与具有本地化社会身份的消费者相比，具有全球化社会身份的消费者具有更高的财务风险偏好。

4.3.2 调节聚焦的中介作用

调节聚焦理论认为促进聚焦的人注重个人成就和发展，追求正面结果的出现；防御聚焦的人重视个人的责任和义务[19]。调节聚焦倾向对消费者行为产生影响是通过调节匹配产生的，这种调节匹配的发生通常依赖于个人成长的社会环境影响，是对自己还是对他人做决策，自我构建等个人因素或环境[45,47,48]。可见，个人如何看待和定义自己会影响他的调节聚焦倾向和消费者行为。而社会身份是一个人自我概念的一部分，表示一个人是如何定义自己和所属社会群体的关系[7]。在全球化的社会环境下，消费者产生了本地化/全球化的社会身份，拥有全球化社会身份认同的消费者则会更加重视全球化带来的积极结果，对待世界上的变化持开放心态，喜欢尝试新的选择，对超过个人舒适区的不确定性的变化展现出渴望，有更低的风险厌恶，表现出促进定向的特点；消费者的本地化身份是和家庭、朋友以及本地社区成员相处时经常使用的，强调安全性和责任心，展现出防御定向的特点，不愿尝试新的选择，不愿意接受具有不确定性结果的变化行为[1,2,66,67]。基于此，本研究认为作为社会环境产物的全球化身份（本地化身份）与消费者调节聚焦倾向存在一定匹配关系，并进而会影响消费者的风险偏好。

为了更好地解释本地化社会身份和全球化社会身份对消费者调节聚焦的影响，我们可以使用解释水平理论（Construal Level Theory）进行解释。解释水平理论表明个人根据与事件发生的心理距离的远近对事件的解读可以从更高层次上或者较低层次上进行解释，高层次的构念（较低层次的构念）会更加宽泛、抽象、间接、脱离语境（细节化、具体细节和情境化），对事件发生的心理距离越近越倾向于进行高层次解释[68]。消费者全球化身

份会使其认知和感受置于更加宽泛的世界（如对世界各地的信息是间接获得的，并不熟悉），会使其对发生事件的感知到的心理距离更远，而本地化身份会使其认知和感受聚焦在本地的、具体的、直接获得的信息，对发生的事件和获取的信息感知到的心理距离更近[36,68]。显然根据构念层次理论，全球化社会身份（本地化社会身份）会促使消费者有高层次（低层次）的构念。除此之外，研究还发现抽象处理方式会导致人相对于不同会更加关注共性；全球化意识会使人更加具有开放性，接受国外的文化和潮流，更少的民族中心主义，更加支持了我们的上述观点[2,5,67]。前人的研究也证明了不同层次构念也会与不同的调节聚焦导向匹配。Pennington 和 Roese（2003）研究发现远时间距离目标（导致高层次构念）与促进聚焦相匹配，近时间距离目标（导致低层次构念）与防御聚焦相匹配[44]。Pham 和 Zhang（2010）证明了促进聚焦消费者在信息搜索时更愿意进行抽象的全程全面的搜索，防御聚焦的消费者在进行信息搜索时更愿意进行局部的细节的搜索[49]。Lee 等（2010）证明了促进聚焦消费者更偏好对信息进行高水平和抽象性、概括性的解释，预防聚焦则偏好于对信息进行具体的低水平的解释[50]。Förster 和 Higgins（2005）更是直接验证了全局、抽象（局部、具体）处理模式与促进（防御聚焦）的匹配[46]。显然，消费者本地化社会身份认同唤起消费者的预防聚焦倾向，而全球化身份认同则会唤起促进聚焦倾向。

个人对于投资时会关注两个角度：获得收益和避免损失，而无论是收益还是损失在消费者做出决策时都具有不确定性即风险，而收益或损失会触发消费者产生促进聚焦倾向或防御聚焦倾向，显然调节聚焦会使消费者由于动机导向不同而产生不同的财务风险偏好。如 Pham 和 Zhou（2004）在研究中发现带有不同导向信息的财务产品会诱发消费者的风险追求或风险回避，收益或损失在诱导出促进聚焦倾向（防御聚焦）时会采取渴望—接近（警惕—避免）的策略而呈现出风险寻求（风险厌恶）的心理表征或态度，即可以影响消费者对财务决策中的风险态度[59]。促进聚焦的个人注重正面结果的产生，易忽视细节而为了积极结果铤而走险；具有预防动机的消费者在消费决策时偏向于避免产生风险，尤其注意对细节和决策过程中的风险回避[69]。当唤起促进聚焦倾向时，消费者会为了获得收益而有更高的风险偏好；当唤起防御聚焦时，消费者会为了避免损失而产生更低的风险偏好。

综上所述，本研究认为消费者全球化社会身份会唤起其更强的促进调节聚焦倾向从而促使消费者产生更高的财务风险偏好，即调节聚焦在全球化社会身份认同对消费者风险偏好影响中发挥中介作用。据此，提出本研究假设 2：

假设 2：调节聚焦对于全球化社会身份在对消费者财务风险偏好影响中发挥中介作用。与具有本地化社会身份的消费者相比，全球化社会身份会使消费者产生更强的促进聚焦倾向，并进而产生更强的财务风险偏好。

4.3.3 广告身份诉求与理财产品类型的匹配效应研究

基于身份一致性行为动机模型认为，消费者的临时或长期的某一社会身份通达时会让其产生与通达的社会身份保持一致的消费行为和心理，如 Coleman 和 Williams（2013）发现社会身份会影响消费者注意力的分配，显著的社会身份会使消费者选择性地注意与该社会身份匹配的信息和线索[16]。在营销领域，对于广告身份诉求与不同的消费行为也存在着匹配效应，如 Forehand、Deshpandé 和 Reed（2002）的研究证明了当消费者的社会身份（如亚洲人）与广告代言人的社会身份（如亚裔明星）匹配时会产生更好的广告态度[70]。显著的社会身份会使消费者选择性地注意与该社会身份匹配的信息和线索[16]，也就是当在广告中启动消费者的某一社会身份时，消费者会自动关注该广告中与其社会身份一致的广告信息和产品信息，忽视甚至遗忘不一致的信息。Forehand 和 Deshpande（2001）也认为外界环境（能够使人们关注身份的声音或视觉线索）会提高人们的社会身份的显著性，研究结果表明种族身份启动（看一个专门针对亚洲或欧洲消费者的广告）会增加消费者在自我描述中无意识提及自己种族的比率，并使消费者对于同种族代言人和广告的反应更好[71]。综合前人的研究，我们认为可以在理财产品广告中激活消费者的本地化或者全球化社会身份，这两种社会身份与相应的理财产品匹配时会使消费者产生更好的产品态度。

某个社会群体接纳的渴望和拒绝参加某个社会群体的渴望会分别地导致同化效应或者异化效应[3]。也就是说，当某个消费者某一社会身份显著时，与这一身份相关的消费行为相匹配会使消费者产生更好的行为体验，反之则会产生较差的感受。而现有关于全球化社会身份对于消费行为的影响的研究也表明，当激活消费者的本地化或者全球化社会身份时，会与消费者行为、品牌定位等产生一定的匹配效应。Zhang 和 Khare（2009）研究发现，消费者本地化社会身份/全球化社会身份与本地化/全球化品牌具有匹配效应，表明具有显著全球化社会身份（本地化社会身份）的消费者会更加偏好全球化/本地化品牌。Westjohn 等（2012）研究了全球—民族身份认同、全球化/本地化文化定位之间的关系，发现全球（民族）身份认同与产品或品牌的全球（本地）文化定位产生匹配效应[5]。那么，当我们使用广告信息激活消费者全球化社会身份或本地化社会身份时，便会使消费者选择性地注意与该社会身份匹配的信息和线索。综合前文分析，全球化社会身份显著时，消费者会产生更强的财务风险偏好，所以本章假设全球化广告身份诉求/本地化广告身份诉求与高风险/低风险的理财产品类型匹配时可以产生更好的产品态度。

综上分析，本研究认为当在同一广告中操控消费者和本地化/全球化社会身份以及财务风险时，会存在匹配效应，提出假设3：

假设3：广告身份诉求与理财产品类型间存在匹配效应。

假设3a：在风险较低的理财产品中，本地化广告身份诉求会使消费者产生比全球化广告身份诉求更强的产品偏好。

假设3b：在风险较高的理财产品中，全球化广告身份诉求会使消费者产生比本地化广告身份诉求更强的产品偏好。

4.4　研究一：本地化/全球化身份对消费者财务风险偏好影响研究

通过文献综述和研究假设推导部分的梳理，本节提出相对于本地化身份，全球化身份认同正向影响消费者风险偏好这一假设，即本研究的主效应，通过问卷调查法实证检验这一假设。

4.4.1 研究设计

(1) 研究设计

研究一采用问卷调查法，共随机发放问卷130份，最终收集有效样本共128份，符合研究一般要求。调查问卷共分为三部分，包括消费者财务风险偏好测量（基金—股票）和社会身份测量以及相关人口统计信息。首先，让参与者阅读财务决策情境短文并回答3道风险偏好测量问题，在决策情境中标的选择基金和股票是因为这两个标的一般情况下具有不同的风险，符合本研究需要，而且使用基金和股票更加贴近实际生活，易于理解；然后，通过本地化/全球化社会身份测量量表的8道题测量被调查者的长期的本地化/全球化社会身份认同情况；最后，收集被调查者的基本信息。

本研究的样本全部来自大连某高校大学生，原因如下：首先，大学是社会重要载体之一，大学生具备独立的消费决策能力具有代表性，因此采用大学生样本也是学界共识；其次，大学生来自不同地区，具有不同的家庭背景及消费能力、成长在不同的社会环境里，具有普适性；最后，基于便利抽样的原则，采用在校大学生样本可以有效保证抽样的数量和质量要求。

(2) 变量测量

调研共130人参与，本次调研共涉及两个变量：财务风险偏好以及消费者长期的本地化/全球化身份认同。首先要求被试阅读财务决策情境，让其了解代表不同风险的基金和股票，为了贴近实际，在研究问卷中设计了具体的投资理财情境，如下文所示：

假设你在毕业工作一段时间以后，自己有了一定的积蓄可以进行投资理财。这时你有两个不同的投资选择：基金A和股票B。基金A的风险和收益都相对较小，赚也赚不了太多，赔也赔不了太多；股票B的风险和收益都会更大一些，赚也可能赚得更多，赔也可能赔得更多。请问你会选择哪种投资理财产品？

在参与者阅读完财务决策情境之后，要求其回答三道题目以测量其财务风险偏好（risk），采用的是 7 级李克特量表，其中“1”代表肯定是基金 A，“4”代表保持中立，“7”代表肯定是股票 B，借鉴改编自 Duclos 等（2013）的相关研究[63]。具体如表 4－2 所示。

表 4－2　消费者财务风险偏好题项

代码	测量题项
risk 1	哪一种产品更吸引你？
risk 2	你对哪一种产品更感兴趣？
risk 3	你更偏向于哪一种产品？

参与者回答完财务风险偏好题目之后回答 8 道进行本地化/全球化身份认同的测量题目，采用的是 7 级李克特量表，其中“1”代表非常不同意，“4”代表保持中立，“7”代表非常同意，其中 4 道题测量本地化社会身份认同，4 道题测量全球化社会身份认同，自变量为全球化身份认同（giden）（global－local，均值化处理之后消费者全球化身份得分减去本地化身份得分，数字越大表示全球化身份认同越高），量表及测量方法源自 Tu 等（2012）改编的测量本地化/全球化身份认同的简化量表[18]，具体表示如表 4－3 所示。

表 4－3　本地化/全球化身份测量题项

代码	测量题项
global 1	我认为自己属于全世界。
global 2	人们应该更加意识到我们与世界其他地方的人是有关联的。
global 3	我强烈认同自己是一个世界公民。
global 4	我对全球正在发生的事情了如指掌。
local 1	我认为我主要还是归属于本地的社会。
local 2	我很尊重我们当地的传统。
local 3	我认为我是一个本地公民。
local 4	我对本地正在发生的事情了如指掌。

4.4.2　数据分析与假设检验

研究一使用 SPSS 19.0 进行相关数据分析和假设检验。

（1）信度检验

在通过数据分析对研究假设进行检验之前，需要先对研究一涉及的消费者财务风险偏好、本地化/全球化社会身份两个变量的测量数据进行信度检验，使用的衡量指标是 Cronbach α 系数。消费者财务风险偏好的 Cronbach α 系数是 0.881，全球化社会身份认同的 Cronbach α 系数是 0.720，本地化社会身份认同的 Cronbach α 系数是 0.734，全部涉及的测量变量的 Cronbach α 系数都大于 0.7，并且任何变量的题项已删除之后的系数都没有变大。综合来看，研究一涉及的所有变量都达到可接受标准，说明研究一的所有变量都具有较高的可靠性，可以进行假设检验。

具体信度检验结果如表 4-4 所示。

表 4-4　信度分析

变量	题项	题项已删除的 Cronbach α	Cronbach α
财务风险偏好	risk 1	0.80	0.881
	risk 2	0.85	
	risk 3	0.84	
本地化社会身份	local 1	0.72	0.734
	local 2	0.61	
	local 3	0.61	
	local 4	0.72	
全球化社会身份	global 1	0.66	0.720
	global 2	0.60	
	global 3	0.69	
	global 4	0.68	

（2）假设检验

为了检验本地化/全球化身份认同对消费者财务风险偏好的影响，首先将研究数据进行平均化处理，研究中自变量和因变量都是连续变量，自变量为全球化身份认同（giden）、因变量为财务风险偏好（risk），进行回归分析，得出检验结果如表 4-5 所示。

表 4 – 5　回归分析统计结果

模型		非标准化系数		标准系数	t	P 值
		β	标准误差			
1	（常量）	3.805	0.117	0.352	32.514	0.000
	global – local	0.787	0.187		4.219	0.000

由表 4 – 5 回归分析统计结果可以看出，全球化身份认同对于消费者财务风险偏好有显著的正向影响（$\beta = 0.352$，$t = 4.219$，$P < 0.05$），表明消费者全球化身份认同越高，具有越高的财务风险偏好，假设 1 得到验证。为了更直观地看出分析结果，我们以全球化身份认同（giden）是否大于 0 为标准进行分组，我们得到因子 group（giden 小于或等于 0 为本地化社会身份组，giden 大于 0 为全球化社会身份组），以消费者风险偏好（risk）为因变量，进行单因素方差分析，得出分析结果如表 4 – 6 所示。

表 4 – 6　以财务风险偏好为因变量的单因素方差分析结果

变量	均值		F 值	P 值
	本地化社会身份	全球化社会身份		
财务风险偏好	3.51	4.03	4.334	0.039

由表 4 – 6 可以看出，全球化社会身份认同组的财务风险偏好显著高于本地化社会身份组的财务风险偏好［$M_{全球化社会身份} = 4.03$，$M_{本地化社会身份} = 3.51$；$F(1, 126) = 4.334$，$P < 0.05$］。由图 4 – 2 可以更直观地看出这种变化趋势，显然面临财务决策时，与本地化身份认同的人相比，全球化社会身份认同的人具有更高的财务风险偏好。假设 1 得到再一次验证。

4.4.3　研究讨论

研究一通过问卷调查法获得被试的长期全球化社会身份倾向和面临基金和股票两种风险类型的财务决策时的财务风险偏好，通过回归分析和方差分析证明了相对于本地化社会身份，全球化社会身份认同正向影响消费者风险偏好。即研究一证明了本研究主效应，相对于本地化社会身份认

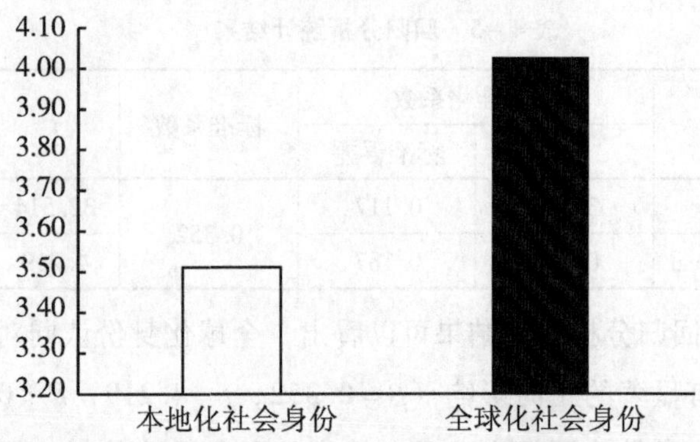

图4-2 本地化/全球化身份认同的财务风险偏好差异

同，全球化社会身份认同度高的消费者会产生更高的财务风险偏好。

对此可能存在以下质疑：首先，研究一只是证明了消费者本地化/全球化社会身份和消费者财务风险偏好之间的关系，并非因果关系，除此之外调查中可能也忽略了一些干扰变量，因此无法表明确实是消费者的全球化社会身份认同的高低导致了其产生不同程度的财务风险偏好，如果要进一步证明二者之间具有因果关系，需要在操控消费者的临时本地化/全球化社会身份认同的同时排除干扰变量的影响，并考察由此造成的消费者财务风险偏好的影响。其次，仅仅通过测量长期本地化/全球化社会身份认同来证明其对消费者财务风险偏好的影响，存在验证不够充分的可能，因为在社会心理学研究中，任何一个可以通达的构念需要既可以通过测量获得也能通过操控暂时获得[18]，即通过长期测量的和操控暂时获得概念有一致的预测性更加可信。最后，本研究在测量因变量时采用了股票和基金这两种产品，为了证明不是由于产品类型的不同导致的消费者财务风险偏好的差异，有必要在接下来的研究中采用不同类型的理财产品来测量消费者的财务风险偏好，如储蓄和理财产品。因此，为了深化和理解全球化身份认同对消费者财务风险偏好的影响，研究二将通过实验操控的方式以及使用研究一不同的金融产品测量因变量，验证消费者全球化身份认同和财务风险偏好的因果关系，同时我们还验证调节聚焦在这一因果关系中的中介作用。

4.5　研究二：调节聚焦的中介作用研究

通过前文研究，我们认为全球化社会身份（相对于本地化身份）导致消费者在财务决策时产生更高的财务风险偏好，而这一效应通过调节聚焦倾向这一中间路径发生作用。研究二将引入调节聚焦作为中介变量，通过实验法验证调节聚焦的中介作用（假设 2）并再次验证假设 1。

4.5.1　研究设计

（1）实验设计

研究二实验法进行相关假设验证，共分成两组（本地化身份组 VS 全球化身份组），最终得到有效数据 110 份，满足实验法的一般要求。当参与者被邀请到实验室后，最初向大家讲述与本研究无关的调研目的，并宣布调研流程、内容和要求；随后让参与者阅读能够唤醒本地化/全球化社会身份的短文描述，并要求参与者撰写一段不少于 100 字的短文来描述自己对于本地化/全球化的理解，目的是通过操控临时启动参与者的本地化/全球化社会身份，然后回答 3 道测量题项检测操控效果，以及 4 道测量情绪的题目以排除情绪对实验结果的干扰；接着让参与者阅读一段财务决策的情境，并通过 3 道题目来测量其财务风险偏好，1 道题让其在两个财务选择（储蓄或理财产品）进行投资分配（共 10 万元）；最终让参与者回答 6 道调节聚焦的测量题项和填写人口基本统计信息。

在研究二中，我们把财务决策情境中的标的更改为储蓄和理财产品，主要有以下原因：首先，使用不同的标的可以有效增强本研究的外部有效性和研究结果的普适性，更有效地应用于实践；其次，使用储蓄和理财产品，二者的风险差异更加直观，更易于参与者理解和感知，在前人的研究中也取得了较好的效果。另外，为了更加直观和有效地证明我们的结论，在因变量测量上，除了使用测量量表测量外，我们还让参与者对投资方案进行投资分配，使用其对高风险产品的分配额来表示。

（2）实验操控

研究二采用操控的方法启动参与者临时的本地化/全球化社会身份，操控方法和操控检验量表借鉴 Zhang 和 Khare（2009）在研究本地化/全球化身份与本地化/全球化品牌的匹配效应时所使用的方法[3]。实验共招募 110 名在校大学生，并随机地平均分配到本地化社会身份组和全球化社会身份组，完成情境阅读和短文写作。具体要求如下：

①本地化社会身份组。

请仔细阅读以下描述，并用不少于 100 字的文字来回答问题。

最近"本地化"的思想越来越受到重视，正所谓"大千世界，各有不同"，来自不同国家和地区的人都有自己特有的传统与习俗，都应该保持本地文化的独特性。请问你是如何理解"本地化"的？作为一名中国人，你觉得自己与外国人有哪些不同之处？

②全球化社会身份组。

请仔细阅读以下描述，并用不少于 100 字的文字来回答问题。

最近"全球化"的思想越来越深入人心，正所谓"大同世界，世界大同"，不管我们来自哪个地方或者属于哪个国家，我们都是世界公民，我们都是"地球村"的一员。请问你是如何理解"全球化"的？作为"地球村"的一员，你觉得自己与其他国家的人有哪些相同之处？

在参与者完成短文写作之后要求其立刻填写一份问卷包括 3 道操控检验题目（Cronbach $\alpha = 0.88$），测量是否成功启动参与者临时的本地化/全球化社会身份，采用 7 级李克特量表形式。然后测量了参与者的情绪状态作为控制变量以排除对实验结果的干扰。

③变量测量。

研究二共涉及 4 个变量的测量，自变量是社会身份操控检验，因变量是财务风险偏好、理财产品投资额，中介变量是促进调节聚焦倾向（促进聚焦得分减防御聚焦得分），控制变量是情绪状态。

首先是自变量本地化社会身份和全球化社会身份操控检验，借鉴 Zhang 和 Khare（2009）的研究[3]，如表 4-7 所示。

表 4-7　身份操控检验

代码	题项
identity 1	我主要把自己看作是×××？本国公民 1～7 世界公民
identity 2	我认为自己是一个×××？本国公民 1～7 世界公民
identity 3	在我头脑中我的想法是成为一个×××？本国公民 1～7 世界公民

然后，控制变量情绪状态的测量在本地化/全球化社会身份操控检验之后进行，采用 4 道 7 级量表题项，其中“1”代表非常悲伤/情绪非常差/非常生气/非常沮丧，“4”代表保持中立，“7”表示非常高兴/情绪非常好/非常愉快/非常快乐。

财务风险偏好的测量主要是先让参与者阅读财务决策情境，借鉴 He 等（2008）在研究消费者财务风险偏好时的研究二[65]，如下文所述：

假设你在毕业工作一段时间以后，自己获得了一定的积蓄。这时你有两个不同的选择：储蓄或者购买理财产品。如果把钱储蓄在银行中可以获得固定的 4% 的利息收益；如果购买理财产品，可能会获得更高的收益，但也有赔本的可能。该理财产品的预期收益率如下所示：

· 45% 的可能获得 16% 的收益
· 10% 的可能获得 7% 的收益（理财产品的平均收益）
· 45% 的可能赔本 2%（收益率为 -2%）

然后回答 4 个测量题项测量其财务风险偏好，然后用 1 道填空题让参与者以 10 万元为总额对储蓄和理财产品两类财务选择进行资金分配，以对理财产品的投资额作为另一个因变量。测量量表采用 7 级李克特量表，其中“1”表示肯定是储蓄，“4”表示保持中立，“7”表示肯定是理财产品。投资分配要求如下：假设你有 10 万元的积蓄，你可以随意确定用多大的比例来储蓄或购买理财产品，你也可以全部用来储蓄或购买理财产品。请问你准备储蓄多少钱？购买理财产品多少钱？（请保证二者钱数相加等于 10 万元）。具体题项如表 4-8 所示。

表 4-8 财务风险偏好题项

代码	测量题项
Prefer 1	在储蓄和购买理财产品之中，你对哪一个更感兴趣？
Prefer 2	在储蓄和购买理财产品之中，你更偏向于哪一种？
Prefer 3	如果现在就让你选择的话，你会选择储蓄还是购买理财产品？
Choice（理财产品投资额）	储蓄_______万元，购买理财产品_______万元。

因变量调节聚焦倾向（promotion - prevention）的测量使用 6 道题目测量得到，其中 3 道题目测量促进聚焦倾向 promotion，3 道题目测量防御聚焦倾向 prevention，均值化处理之后二者得分相减得到调节聚焦倾向，数字越大表示促进聚焦倾向越强，数字越小表示防御聚焦倾向越强。采用 7 级李克特量表题项，其中"1"代表非常不同意，"4"代表保持中立，"7"代表非常同意，调节聚焦测量题项及测量方法借鉴 Yeo 和 Park（2006）研究中开发的量表[52]，具体如表 4-9 所示。

表 4-9 调节聚焦测量量表

代码	测量题项
Prevention 1	总体来讲，我在生活中关注的是如何避免不好的事情发生。
Prevention 2	我经常害怕自己没有尽到我应尽的责任和义务。
Prevention 3	我经常想象自己正在经历着不愿意发生的坏事情。
Promotion 1	总体来讲，我在生活中关注的是如何达成好的成果。
Promotion 2	我经常想象着我如何达成了我的希望与心愿。
Promotion 3	我经常想象自己正在经历着自己希望发生的好事情。

4.5.2 数据分析与假设检验

研究一使用 SPSS 19.0 进行相关数据分析和假设检验。

（1）信度分析与操控检验

在进行研究二的假设检验之前，我们需要先对研究涉及的情绪状态、

财务风险偏好、促进聚焦、防御聚焦等变量进行信度检验，采用的指标是 Cronbach α 系数，检验结果如表 4－10 所示，五个变量的 Cronbach α 系数分别是 0.88、0.88、0.78、0.71、0.71，全部大于 0.7 的可接受标准，说明研究二中各个变量的数据都拥有较好的信度，可以进行接下来的假设检验。

对于本地化社会身份/全球化社会身份，我们使用了 3 个题目进行测量，在进行假设检验之前需要进行操控检验，参与者是否被临时启动了本地化社会身份或者全球化社会身份。对相关变量均值化处理后进行方差分析，结果如表 4－11 所示。数据显示，本地化社会身份操控下均值为 1.87，全球化社会身份操控下均值为 4.00，两者之间差异显著 [$F=74.84$，$P<0.05$]，说明我们的操控是有效的，可以进行下一步的假设检验。

表 4－10　信度分析

变量	题项	题项已删除的 Cronbach α	Cronbach α
身份检验	identity 1	0.82	0.88
	identity 2	0.84	
	identity 3	0.84	
情绪状态	emotion 1	0.87	0.88
	emotion 2	0.86	
	emotion 3	0.84	
	emotion 4	0.82	
财务风险偏好	prefer 1	0.61	0.78
	prefer 2	0.68	
	prefer 3	0.83	
防御聚焦	prevention 1	0.56	0.71
	prevention 2	0.54	
	prevention 3	0.72	
促进聚焦	promotion 1	0.67	0.71
	promotion 2	0.52	
	promotion 3	0.67	

表4-11　本地化/全球化社会身份操控检验结果

变量	均值		F值	P值
	本地化社会身份	全球化社会身份		
身份操控	1.87	4.00	74.84	0.000

（2）假设检验

首先，我们检验本地化/全球化社会身份对情绪状态、财务风险偏好、理财产品投资额以及调节聚焦的影响。对相关数据做均值化处理，我们以group（本地化社会身份组/全球化社会身份组）为因子，以情绪状态、财务风险偏好、理财产品投资额、调节聚焦为因变量进行方差分析，结果如表4-12所示。

表4-12　单因素方差分析结果

变量	均值		F值	P值
	本地化社会身份	全球化社会身份		
情绪状态	4.43	4.55	0.78	0.380
财务风险偏好	4.08	4.68	5.87	0.017
理财产品投资额	3.83	4.84	5.35	0.023
调节聚焦	0.38	1.03	5.26	0.024

从方差分析结果可以看出，全球化社会身份组的财务风险偏好显著高于本地化社会身份组［$M_{全球化社会身份} = 4.68 > M_{本地化社会身份} = 4.08$；$F(1, 108) = 5.87$，$P < 0.05$］；而且全球化社会身份组对理财产品的投资额度远高于本地化社会身份组对理财产品的投资额度，并且这种差异是显著的［$M_{全球化社会身份} = 4.84 > M_{本地化社会身份} = 3.83$；$F(1, 108) = 5.35$，$P < 0.05$］，这说明相对于本地化社会身份，全球化社会身份认同会使消费者进行更多的风险投资，产生更高的风险偏好，因此本研究的假设1再次得到验证。从图4-3我们可以更直观地看出他们的差异。同时我们还发现，与本地化社会身份组相比，全球化社会身份会显著产生更强的促进聚焦倾向［$M_{全球化社会身份} = 1.03 > M_{本地化社会身份} = 0.38$；$F(1, 108) = 5.26$，$P < 0.05$］，即当消费者全球化身份认同时会产生更强的促进聚焦导向，这符

合我们的理论预期。此外，在情绪上，本地化社会身份组和全球化社会身份组没有显著的差异［$M_{全球化社会身份}=4.55$，$M_{本地化社会身份}=4.43$；$F(1, 108)=0.78$，$P>0.05$］，说明研究二排除了情绪状态对本实验结果的影响。

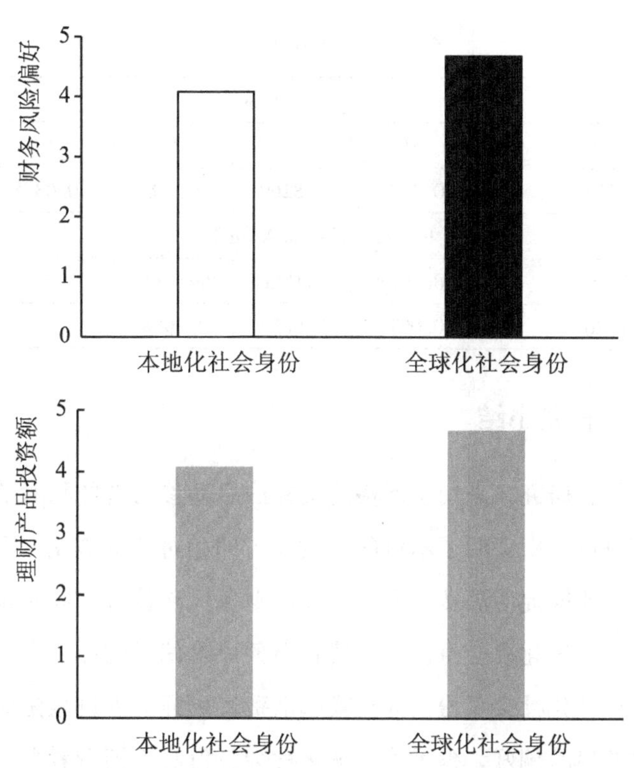

图4-3　本地化/全球化社会身份对财务风险偏好的影响

接下来，我们使用 Preacher 和 Hayes（2008）提出的 bootstrap 方法[72]来检验调节聚焦产生的中介作用并排除情绪作用的影响，即我们认为本地化/全球化社会身份认同对消费者财务风险偏好的影响通过调节聚焦这一中介变量实现。我们以财务风险偏好为因变量，以本地化/全球化社会身份 group（“1”为本地化社会身份，“2”为全球化社会身份）作为自变量，以调节聚焦作为中介变量，以情绪状态作为控制变量进行 bootstrap 分析，设定置信区间为95%，样本量选择5000，检验结果（见表4-13）表明调节聚焦导向的中介作用显著（LLCI，ULCI：0.0055，0.3908）。因此，综上数据证明，调节聚焦导向在全球化身份对财务风险偏好的影响中发挥中介作用，即与具有本地化社会身份的消费者相比，全球化社会身份会使消费者产生更强的促进聚焦倾向，并进而产生更强的财务风险偏好，假设2得到证明。

表4-13 中介变量分析

Direct effect of X on Y					
Effect	SE	t	P	LLCI	ULCI
0.4552	0.2492	1.8269	0.0705	-0.0388	0.9492
Indirect effect of X on Y					
Effect	Boot SE	BootLLCI	BootULCI		
0.1326	0.0974	0.0055	0.3908		

4.5.3 研究小结

综上分析，研究二采用了严格的实验法启动参与者的临时的本地化和全球化社会身份再次证明了本章的主效应，即相对于本地化社会身份，全球化社会身份能够促使消费者产生更高的财务风险偏好。同时也论证了调节聚焦导向在全球化社会身份对消费者财务风险偏好的影响发挥的中介作用，证明了全球化社会身份认同会唤起消费者更强的促进聚焦倾向从而产生较高的财务风险偏好，揭示了全球化社会身份对于消费者财务风险偏好影响的作用机理。

研究一采用问卷调查法使用成熟量表测量了长期的本地化/全球化社会身份认同对消费者财务风险偏好的影响，对财务风险偏好的测量使用基金和股票，而研究二采取实验法使用情境操控的方式临时启动本地化/全球化社会身份，并采用储蓄和理财产品测量了财务风险偏好以及调节聚焦导向，两种方法都得到了一致的结论，验证了本研究的主效应以及证明了调节聚焦的中介作用。由此，说明本研究的结论具有普适性，那么基于此，在理财产品广告中的广告身份诉求是否与理财产品类型之间存在匹配效应呢？我们通过设计成现实生活中某银行不同风险类型理财产品的广

告，使用广告信息同时操控消费者的本地化和全球化社会身份、财务风险，验证在同一广告画面中，当广告身份诉求与相应的理财产品类型匹配时消费者会产生更积极的产品态度，即本章假设三。

4.6　研究三：广告身份诉求与理财产品类型的匹配效应研究

研究三主要通过实验的方式通过同一广告画面操控社会身份、财务风险来验证假设三，即验证广告身份诉求与理财产品类型之间存在匹配效应，即在风险较低的理财产品中，本地化广告身份诉求会使消费者产生比全球化广告身份诉求更强的产品偏好；在风险较高的理财产品中，全球化广告身份诉求会使消费者产生比本地化广告身份诉求更强的产品偏好。

4.6.1　研究设计

（1）实验设计

研究三使用实验法进行相关假设的验证，采取 2（社会身份：本地化社会身份 VS 全球化社会身份）×2（理财产品类型：低风险型 VS 高风险型）组间设计，实验对象为在校大学生，有效样本为 210 份，符合实验法的一般要求。

研究采用平面广告的形式操控社会身份、理财产品类型，我们把邀请的参与者随机分配到 4 个组中，每组至少保证 50 人。第一步，让参与者阅读题目情景和仔细观看包含不同广告信息的广告画面，并回答 3 道题目以测量参与者对广告中理财产品的态度；第二步，让参与者回答看到广告中的关于身份诉求的信息时的感受，共 3 道题，主要检验身份操控是否有效；第三步，让参与者回答对所看广告中提到的理财产品的感知风险；第四步，填写个人基本信息。

另外，在研究三中的标的产品选择是带有不同风险程度的理财产品（具有低风险特点的理财产品和具有高风险特点的理财产品）。原因是，使用银行的理财产品制作广告更加贴近实际情况，有利于参与者的理解和保证实验数据效果。另外，因为参与者是在大连某高校进行招募的，为了便于抽样和保证实验效果，在身份操控中本地化诉求采用“大连”视角。

（2）实验操控

在研究三中，我们将参与调研的210人随机平均分成四组，即本地化社会身份—低风险型理财产品组、本地化社会身份—高风险型理财产品组、全球化社会身份—低风险型理财产品组、全球化社会身份—高风险型理财产品组。

首先，我们操控参与者的财务风险。我们采用理财产品名称和产品特点描述来同时触发财务风险感知，在平面广告之前有一段关于理财产品的简短情境描述，以充分诱发参与者的财务风险感知，“以下是中国工商银行推出的一款低风险型理财产品，它预期收益的范围较小，保证不赔钱（最低2%），但可能赚的钱也比较有限（4%）。请仔细观看广告，并在各题中最能代表你内心想法的数字上画‘√’。”或“以下是中国工商银行推出的一款高风险型理财产品，它预期收益的范围较大，可能赔钱（−2%），也可能赚较多的钱（10%）。请仔细观看广告，并在各题中最能代表你内心想法的数字上画‘√’。”另外，在平面广告中也醒目地显示了理财产品的产品介绍。具体如图4−4所示。

然后我们通过平面广告的广告语触发参与者本地化社会身份或全球化社会身份，“全球视野，世界大同；全球规模最大的中国工商银行出品；为最具全球视野的您特别定制的理财选择”或“本地情怀，聚焦大连；本地规模最大的中国工商银行出品；为关注本地福祉的您特别定制的理财选择”。并在平面广告中以明显的排版和位置进行展示。在参与者观看问卷并回答完对广告态度的题目后，让参与者再次回顾广告中关于社会身份的广告词，并通过3道7级量表题目进行身份检验（Cronbach $\alpha=0.85$），测量操控检验是否成功。

最后让参与者回答关于对所在组的理财产品的感知风险（risk）的3道测量题目（Cronbach $\alpha=0.905$）和基本统计信息。研究三使用的广告如

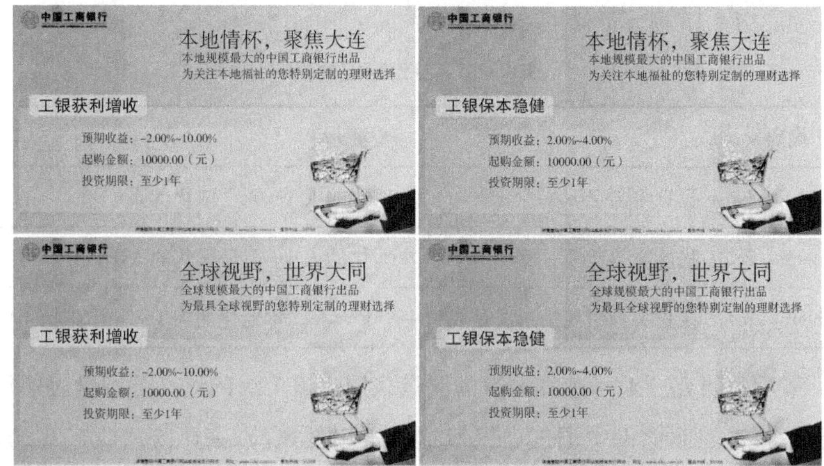

图4-4　研究三操控广告

图4-4所示，四幅广告除了以上描述的不同之外其余全部保持一致。

(3) 变量测量

本研究共涉及三个变量的测量：产品态度、身份检验、感知风险。具体情况如下。

首先，对于产品态度的测量，是在参与者阅读情境并观看广告之后进行三道题目测量，采用7级的语义差别量表进行，题目是“请问你觉得中国工商银行这款工银低风险/高风险增收的理财产品怎么样?”，其中“1”表示非常不喜欢/不吸引人/不感兴趣，“4”表示保持中立，“7”表示非常喜欢/非常吸引人/非常感兴趣，参考借鉴Aaker和Lee（2001）的相关研究[48]。具体如表4-14所示。

表4-14　广告态度题项

代码	题项
attitude 1	非常不喜欢——非常喜欢
attitude 2	非常不吸引人——非常吸引人
attitude 3	非常不感兴趣——非常感兴趣

然后让参与者再次看本组身份广告诉求，并回答7级身份操控检验量

表，如表 4 – 15 所示。

表 4 – 15　身份操控检验

代码	测量
identity 1	我觉得自己是一个 × × ×。本地化的人 1—7 全球化的人
identity 2	我认为自己是一个 × × ×。本地化的人 1—7 全球化的人
identity 3	在我头脑中我的想法是成为一个 × × ×。本地化的人 1—7 全球化的人

最后，研究三对于感知风险的测量采用 3 道 7 级的语义差别量表题目，问题是“请问你觉得中国工商银行这款工银低风险/高风险增收产品的风险程度如何?”，具体如表 4 – 16 所示。

表 4 – 16　感知风险测量题项

代码	测量
risk1	风险非常小——风险非常大
risk2	非常保险——非常不保险
risk3	非常没风险——非常有风险

4.6.2　数据分析与假设检验

研究三使用 SPSS 19.0 进行相关数据分析和假设检验。

（1）信度分析与操控检验

在研究三进行下一步的假设检验验证本研究假设之前，需要对该研究涉及的测量变量进行信度检验。信度检验指标选择 Cronbach α 系数。身份检验的 Cronbach α 为 0.85，产品态度的 Cronbach α 为 0.88，感知风险的 Cronbach α 为 0.73，都大于 0.7 的可接受标准，说明研究三的各项测量指标具有较高的信度，可以进行假设检验。具体信度检验如表 4 – 17 所示。

表 4-17　信度分析

变量	题项	题项已删除的 Cronbach α	Cronbach α
产品态度	attitude 1	0.80	0.88
	attitude 2	0.85	
	attitude 3	0.84	
身份检验	identity 1	0.77	0.85
	identity 2	0.74	
	identity 3	0.86	
感知风险	risk 1	0.72	0.73
	risk 2	0.61	
	risk 3	0.61	
	risk 4	0.72	

研究三中社会身份操控和财务风险操控信息共同在一个广告画面中使用，我们需要进行双因素方差分析以排除二者交互效应对身份测量以及感知风险测量的影响，证明社会身份操控成立和财务风险操控成立的唯一性。

研究三共分为四组，即本地化社会身份—低风险型理财产品组、本地化社会身份—高风险型理财产品组、全球化社会身份—低风险型理财产品组、全球化社会身份—高风险型理财产品组。四组身份检验（check）以及感知风险（risk）的均值和标准差如表 4-18 所示。

表 4-18　身份认同及感知风险均值及标准差

变量	本地化社会身份组				全球化社会身份组			
	低风险型理财产品		高风险型理财产品		低风险型理财产品		高风险型理财产品	
	M	*SD*	*M*	*SD*	*M*	*SD*	*M*	*SD*
身份检验	4.08	1.14	4.15	1.26	4.79	1.17	4.83	0.96
风险检验	2.59	1.22	4.02	1.07	2.82	1.22	4.02	0.96

从表 4-18 可以看出本地化社会身份组的身份检验均值小于全球化社会身份组的均值（$M_{本地化社会身份}=4.12<M_{全球化社会身份}=4.81$），并且单因素方

差结果显示这种差异是显著的 [F (1, 208) = 19.76, P = 0.000 < 0.05], 高风险型理财产品的感知风险显著高于低风险型理财产品的感知风险 [$M_{高风险型理财产品}$ = 4.02, $M_{低风险型理财产品}$ = 2.71; F (1, 208) = 72.108, P = 0.000 < 0.05]。我们以社会身份类型 (check) 和理财产品类型 (product) 为固定因子, 以身份检验因变量进行双因素方差分析, 具体结果如表 4-19 所示。然后换以感知风险为因变量进行双因素方差分析, 具体结果如表 4-20 所示。

首先, 以身份检验为因变量的双因素方差分析结果表明, 理财产品类型对于参与者社会身份感知是没有显著影响的 [F (1, 208) = 0.119, P = 0.730 > 0.05], 社会身份类型与理财产品类型也不存在显著的交互作用 [F (1, 208) = 0.002, P = 0.965 > 0.05], 显然只有身份操控可以影响参与者的本地化/全球化社会身份感知 [F (1, 208) = 19.608, P = 0.000 < 0.05]。即研究三的身份操控有效。

然后, 以感知风险为因变量的双因素方差分析结果显示, 社会身份类型对于参与者的感知风险没有显著影响 [F (1, 208) = 0.541, P = 0.463 > 0.05], 而且社会身份和理财产品类型不存在显著的交互影响 [F (1, 208) = 0.538, P = 0.464 > 0.05], 那么证明只有财务风险操控 (理财产品类型) 可以影响参与者的感知风险 [F (1, 208) = 71.901, P = 0.000 < 0.05]。显然研究三的财务风险操控是成立的。

综上所述, 研究三的各个变量具有较好的信度, 而且研究中的所有操控都是行之有效的, 可以进行下一步的假设检验。

表 4-19 以身份检验为因变量的双因素方差分析

	Df	Mean square	*F* 值	*P* 值
社会身份类型	1	25.412	19.608	0.000
理财产品类型	1	0.154	0.119	0.730
社会身份类型 × 理财产品类型	1	0.003	0.002	0.965
误差	206	1.296		

表 4－20　以感知风险为因变量的双因素方差分析

	Df	Mean square	F 值	P 值
社会身份类型	1	0.684	0.541	0.463
理财产品类型	1	90.828	71.901	0.000
社会身份类型 × 理财产品类型	1	0.679	0.538	0.464
误差	206	1.263		

（2）假设检验

为了验证本章假设 3，即相对于全球化社会身份广告诉求，低风险理财产品与本地化社会身份广告诉求一致时消费者会产生更积极的态度；相对于本地化社会身份广告诉求，高风险理财产品与全球化社会身份广告诉求一致时消费者会产生更积极的态度。我们把理财产品类型（product）进行数据拆分（按组织输出），然后以社会身份类型为因子，以广告态度为因变量进行单因素方差分析。结果如表 4－21 所示。

表 4－21　单因素方差分析结果

变量	低风险理财产品				高风险理财产品			
	本地化社会身份	全球化社会身份	F	P	本地化社会身份	全球化社会身份	F	P
广告态度	M	M	4.198	0.043	M	M	7.846	0.006
	4.15	3.81			3.91	4.43		

从方差分析结果可以看出，在低风险理财产品中，本地化社会身份诉求的广告态度均值显著高于全球化社会身份诉求（$M_{本地化社会身份}=4.15>M_{全球化社会身份}=3.81$，$F=4.198$，$P<0.05$），即在风险较低的理财产品中，本地化广告身份诉求会使消费者产生比全球化广告身份诉求更强的产品偏好，假设 3a 得到验证。与之相反，在高风险理财产品中，全球化社会身份诉求的广告态度均值显著高于本地化社会身份诉求（$M_{全球化社会身份}=4.43>M_{本地化社会身份}=3.91$，$F=7.846$，$P<0.05$），假设 3b 得到证明，即广告身份诉求与理财产品类型间存在匹配效应，假设 3 成立。由图 4－5 可以更直

观地看到研究三的结果。

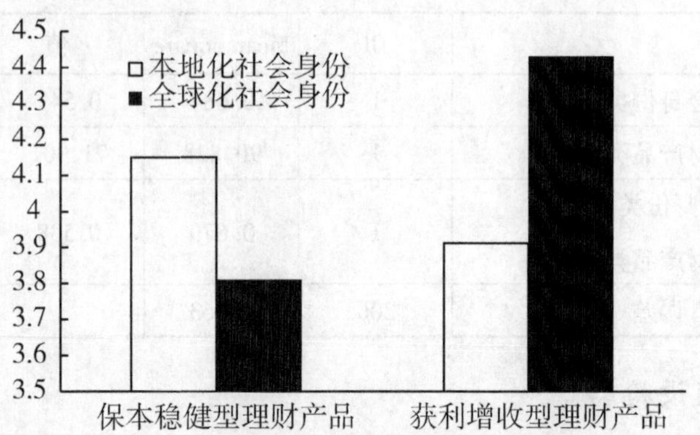

图4-5 研究三的结果

4.6.3 研究小结

综上所述，研究三在研究一和研究二的基础上通过实验法又一次验证了本研究结论的可靠性和普适性，证明了当通过广告操控消费者的本地化/全球化社会身份、财务风险类型时，全球化社会身份广告诉求与高风险型理财产品相匹配时消费者会产生更好的产品态度；本地化社会身份广告诉求与低风险型理财产品相匹配时消费者会产生更好的广告态度，即证明了广告身份诉求与理财产品类型存在匹配效应。研究三作为研究一和研究二的扩展，使用了两种理财产品作为标的，并采用直接观看广告画面的形式启动本地化/全球化社会身份，并且结论成立，得到了与研究一和研究二一致的结果，说明本研究可以有效指导营销实践，在实践应用中具有较好的适应性与可靠性。

4.7 结论与展望

在本部分，我们对本章研究模型和三项实证研究结果展开讨论，然后提出本章研究结论，并给出本章创新点，提出本研究的理论贡献。之后，在本章研究结论的基础上说明全球化社会身份对消费者财务风险偏好影响机理对于金融企业的管理启示。最后分析本研究的局限性，并在此基础上

指出可以继续研究的方向。

4.7.1　本章小结

(1) 研究结论

全球化正深刻地影响着世界的每一个角落，导致人们社会身份的转换是全球化对人们心理的重要影响之一，全球化这种新的文化和生活方式超越了国家和地区的限制，使人们开始产生世界公民意识，使大部分消费者构建了全球化社会身份。同时，全球化也促使世界各地经济迅速发展，人们收入水平逐渐提高，理财需求不断增强，因此本研究结合全球化社会身份和财务风险偏好进行探讨，并引入调节聚焦理论揭示消费者的全球化社会身份对于其财务风险偏好的影响机理。本章共进行三项研究，通过问卷调查法和实验法并采用不同的理财产品分别探究了全球化社会身份对于消费财务风险偏好的影响，调节聚焦的中介作用，以及广告身份诉求与理财产品类型间的匹配效应。具体如下：

研究一通过问卷调查法研究了全球化社会身份对于消费财务风险偏好的影响。此研究主要是通过测量参与者面临财务决策时的风险偏好和其长期的全球化社会身份认同倾向，通过回归的方法来证明二者具有相关关系。研究表明，当消费者具有较强的全球化社会身份认同时会有更高的财务风险偏好，即消费者的全球化社会身份认同与其财务风险偏好呈正相关关系。

研究二通过实验法证明了调节聚焦在全球化社会身份对于消费者财务风险偏好影响中具有显著的中介作用。此实验启动参与者的本地化/全球化社会身份，然后测量其财务风险偏好和调节聚焦导向，通过数据分析发现调节聚焦对于全球化社会身份对消费者财务风险偏好影响具有中介作用。详细来说，与具有本地化社会身份的消费者相比，全球化社会身份会使消费者产生更强的促进聚焦倾向，并进而产生更强的财务风险偏好。

研究三通过实验法论证了广告身份诉求与理财产品类型间的匹配效应。此实验主要是通过设计某银行不同类型的理财产品广告来启动本地化/全球化社会身份和操控财务风险，然后测量参与者对产品的态度。数据分析在风险较低的理财产品中，本地化广告身份诉求会使消费者产生比全球化广告身份诉求更强的产品偏好；在风险较高的理财产品中，全球化广告身份诉求会使消费者产生比本地化广告身份诉求更强的产品偏好。

综上所述，本章通过三项研究证明了全球化社会身份是通过调节聚焦来影响消费者的财务风险偏好的。

（2）理论贡献

本章探究了本地化/全球化社会身份对于消费财务风险偏好的影响，并揭示了调节聚焦的中介作用，理论贡献主要体现在以下几个方面。

第一，本研究丰富了营销领域全球化社会身份的结果变量的研究，探究了它对消费者财务风险偏好的影响，将全球化社会身份的结果变量的研究拓展到了消费者财务风险偏好，拓宽了身份一致性动机理论的应用，发现了社会身份不仅会影响与其社会身份直接相关的消费行为，还会影响财务风险偏好等不直接相关的消费行为。

第二，本研究证明了调节聚焦在全球化社会身份对消费者财务风险偏好影响中的中介作用，揭示了全球化社会身份对消费者财务风险偏好的影响机理，连接了社会身份理论和风险偏好理论，丰富了调节聚焦在市场营销领域的应用范围。发现了全球化社会身份会使消费者产生更强的促进聚焦倾向，拓展了调节聚焦的前因变量的研究，有利于更好地理解调节聚焦动机理论的形成原因。本研究还论证了调节聚焦倾向对消费者财务风险偏好的影响，丰富了营销领域调节聚焦的结果变量的研究，可以帮助我们更好地理解消费者产生不同风险的偏好的心理动机，更好地理解调节聚焦倾向对消费行为的影响。

第三，本研究证明了广告身份诉求与理财产品类型的匹配效应，加深了我们对身份一致性动机理论的理解，同时也证明了可以通过广告情境进行消费者本地化和全球化社会身份操控，为学界进行全球化社会身份的相关研究提供了一种新的全球化社会身份启动方法。

4.7.2　管理启示

随着全球化趋势的加强以及消费者收入大幅增加，如何把握好消费者的本地化/全球化身份对消费者风险偏好的影响，做出恰当的营销决策，将是金融行业关注的焦点。本研究通过三项研究验证了本地化/全球化身份对消费者财务风险偏好的影响机理，并且研究中因变量使用了基金—股票、储蓄—理财产品、不同理财产品来测量消费者的财务风险偏好，说明本研究结论具有普适性，可以有效地指导实践。因此本章研究结论对各类金融企业都具有普遍的指导意义。对管理实践的启示主要体现在以下三个方面。

首先，本研究证明消费者全球化社会身份认同越强烈，越具有更高的财务风险偏好。而研究表明不同地域的全球化社会身份认同水平是不同的，如城市的全球化社会身份认同显著高于农村，发达国家的全球化社会身份认同程度高于发展中国家等[1]，那么当金融企业的目标市场是发达国家或者发达城市时，目标市场的消费者具有较高程度的全球化社会身份认同，其经营管理者在开发金融产品时应该着重配置风险较高的理财产品。相反，当金融企业的目标市场是农村或者欠发达国家时，因为其全球化社会身份认同程度低，本地化社会身份比较显著，在进行理财产品开发时应着重配置低风险产品。即提示金融行业管理者在制订营销策略时注意因地制宜，可以根据当地全球化社会身份认同水平定位其金融产品和制订营销沟通策略。

其次，本研究通过操控本地全球化社会身份验证了调节聚焦的中介作用。金融企业营销人员在销售高风险型的理财产品时，可以通过画册、销售术语、视频等有效手段临时启动消费者的全球化社会身份，当启动客户全球化社会身份时会产生较高的促进聚焦导向，此时营销人员可以根据促进聚焦的心理表征来强调产品的高收益率，或帮助其完成人生理想等利益点，有效促进销售。本研究可以为营销人员通过灵活的营销沟通方式启动消费者的本地化/全球化社会身份，并根据相应的调节聚焦动机销售相关产品提供有效的理论指导。

最后，本研究证明了广告身份诉求和理财产品类型之间的匹配效应，可以有效指导企业根据目标市场客户的身份进行金融理财产品定位。如在营销沟通过程中，营销人员应根据目标客户的社会身份制作产品宣传手册，当面对全球化身份认同的消费者时，应着重全球化身份诉求并且着重推荐高风险型的理财产品；而当目标客户是本地化身份认同较高的群体时，应着重本地化的身份诉求并推荐低风险类的理财产品。这种匹配效应可以提高金融企业营销沟通的效率以促进销售。

4.7.3 研究局限和展望

（1）研究局限

本章探索了本地化/全球化社会身份对于消费者财务风险的影响的形成机理，虽然经过三项严谨的研究，验证了本章的研究假设，但仍然存在一定的局限性，需要继续改进，主要如下：

第一，本研究的数据样本存在一定的局限性。本章三个实验数据全部来自大连某高校的在校大学生，在普适性上存在一定的局限性。未来需要拓展研究样本来源，在大连之外以及大学生以外的其他区域和群体进行验证，提高本研究结果的普适性。

第二，本研究在因变量上主要论证了全球化社会身份对消费者财务风险偏好的影响，但是消费者的感知风险不仅表现在财务风险上，还存在一些其他的风险偏好，这些本研究尚未涉及，如社交风险偏好、心理风险偏好等。

第三，本研究验证了调节聚焦的这一变量的中介作用，同时也排除了情绪状态对研究结果影响的可能性。但是没有排除其他的心理变量的可能解释，也没有对本研究主效应出现的边界条件进行探讨。

（2）未来研究方向

本研究探明了消费者的全球化社会身份对财务风险偏好的影响机理，不可避免地还会存在上文所述的局限性，那么，未来的研究方向可以在本章研究结论以及存在的局限性的基础上从以下几个方面继续进行探索。

第一，在下一步的研究中可以进一步扩充本研究的样本来源，在不同地区、不同社会群体中进行验证，提高本研究的普适性和可靠性。

第二，未来可以研究全球化社会身份认同对于消费者其他风险偏好的影响，消费者感知风险不仅表现在财务风险上，还表现在社交风险、心理风险、健康风险等方面，如 Mandel（2003）在研究中探讨了自我构建与社交风险偏好和财务风险偏好之间的关系[62]，因此本研究可以进一步把结果变量扩展至其他风险偏好类型，如社交风险。

第三，下一步可以探索本章研究的社会身份—财务风险偏好的匹配效应发生的边界条件。如 He 等（2008）研究财务风险偏好时发现性别身份和问题处理能力（issue capability）产生交互作用[65]，那么问题处理能力是否也是本研究主效应发生的一个边界条件呢？

参 考 文 献

[1] Arnett J J. The Psychology of Globalization [J]. American Psychologist, 2002, 57 (10): 774-783.

[2] Steenkamp J B E M, De Jong M G. A Global Investigation into the Constellation of Consumer Attitudes Toward Global and Local Products [J]. Journal of Marketing, 2010, 74 (11): 18-40.

[3] Zhang Y, Khare A. The Impact of Accessible Identities on the Evaluation of Global versus Local Products [J]. Journal of Consumer Research, 2009, 36 (3): 524-537.

[4] Zhang Y, Feick L, Mittal V. Will Consumers Prefer Global or Local Brands? The Role of Identity Accessibility in Consumer Preference for Global versus Local Brands [J]. Marketing Theory and Applications, 2005: 125.

[5] Westjohn S A, Singh N, Magnusson P. Responsiveness to Global and Local Consumer Culture Positioning: A Personality and Collective Identity Perspective [J]. Journal of International Marketing, 2012, 20 (1): 58-73.

[6] Tajfel H. Human Groups and Social Categories: Studies in Social Psychology [M]. London: Cambridge University Press, 1981.

[7] Tajfel H. Social Categorization, Social Identity and Social Comparison [J]. American Journal of Agricltural Economics, 1978, 24 (1): 285-295.

[8] Shang J, Reed A, Croson R. Identity Congruency Effects On Donations [J]. Journal of Marketing Research, 2008, 45 (3): 351-361.

[9] Grier S A, Brumbaugh A M, Thornton C G. Crossover Dreams: Consumer Responses To Ethnic - Oriented Products [J]. Journal of Marketing, 2006, 70 (2): 35-51.

[10] Winterich K P, Barone M J. Warm Glow Or Cold, Hard Cash? Social Identity Effects On Consumer Choice For Donation Versus Discount Promotions [J]. Journal of Marketing Research, 2011, 48 (5): 855-868.

[11] Mercurio K R, Forehand M R. An Interpretive Frame Model of Identity - Dependent Learning: The Moderating Role of Content - State Association [J]. Journal of Consumer Research, 2011, 38 (3): 555-577.

[12] Wheeler S C, Petty R E, Bizer G Y. Self - Schema Matching and Attitude Change: Situational and Dispositional Determinants of Message Elaboration [J]. Journal of Consumer Research, 2005, 31 (4): 787-797.

[13] Brewer M B. The Social Self: On Being The Same and Different At The Same Time [J]. Personality and Social Psychology Bulletin, 1991, 17 (5): 475-482.

[14] Kleine Iii R E, Kleine S S, Kernan J B. Mundane Consumption and The Self: A Social - Identity Perspective [J]. Journal of Consumer Psychology, 1993, 2 (3): 209-235.

[15] Coleman N V, Williams P. Feeling Like My Self: Emotion Profiles and Social Identity [J]. Journal of Consumer Research, 2013, 40 (2): 203-222.

[16] Coleman N V, Williams P. Looking For My Self: Identity - Driven Attention Allocation [J]. Journal of Consumer Psychology, 2015, 25 (3):

504 –511.

[17] White K, Argo J J, Sengupta J. Dissociative Versus Associative Responses To Social Identity Threat: The Role of Consumer Self – Construal [J]. Journal of Consumer Research, 2012, 39 (4): 704 –719.

[18] Tu L, Khare A, Zhang Y. A Short 8 – Item Scale For Measuring Consumers' Local – Global Identity [J]. International Journal of Research In Marketing, 2012, 29 (1): 35 –42.

[19] Higgins E T. Beyond Pleasure and Pain [J]. American Psychologist, 1997, 52 (12): 1280 –1300.

[20] Aaker J L, Lee A Y. Understanding Regulatory Fit [J]. Journal of Marketing Research, 2006, 43 (1): 15 –19.

[21] Turner J C, Hogg M A, Oakes P J, et al. Rediscovering The Social Group: A Self – Categorization Theory [M]. Cambridge MA: Basil Blackwell, 1987.

[22] Oyserman D. Identity – Based Motivation and Consumer Behavior [J]. Journal of Consumer Psychology, 2009, 19 (3): 276 –279.

[23] Chugani S K, Irwin J R, Redden J P. Happily Ever After: The Effect of Identity – Consistency On Product Satiation [J]. Journal of Consumer Research, 2015, 42 (4): 564 –577.

[24] Amaral N B, Loken B. Viewing Usage of Counterfeit Luxury Goods: Social Identity and Social Hierarchy Effects On Dilution and Enhancement of Genuine Luxury Brands [J]. Journal of Consumer Psychology, Society For Consumer Psychology, 2016, 26 (4): 483 –495.

[25] Choi W J, Winterich K P. Can Brands Move In From The Outside?: How Moral Identity Enhances Out – Group Brand Attitudes [J]. Journal of Marketing, 2013, 77 (2): 96 –111.

[26] Paolacci G, Straeter L M, Hooge I E D. Give Me Your Self: Gifts Are Liked More When They Match The Giver's Characteristics [J]. Journal of Consumer Psychology, Society For Consumer Psychology, 2015, 25 (3):

487 -494.

[27] Klein J G, Lowrey T M, Otnes C C. Identity - Based Motivations and Anticipated Reckoning: Contributions To Gift - Giving Theory From An Identity - Stripping Context [J]. Journal of Consumer Psychology, Society For Consumer Psychology, 2015, 25 (3): 431 -448.

[28] White K, Argo J J. Social Identity Threat and Consumer Preferences [J]. Journal of Consumer Psychology, 2009, 19 (3): 313 -325.

[29] Dalton A N, Huang L. Motivated Forgetting In Response To Social Identity Threat [J]. Journal of Consumer Research, 2014, 40 (4): 1017 -1038.

[30] Escalas J E, Bettman J R. Self - Construal, Reference Groups, and Brand Meaning. [J]. Journal of Consumer Research, 2005, 32 (3): 378 -389.

[31] Escalas J E, Bettman J R. You Are What They Eat: The Influence of Reference Groups On Consumers' Connections To Brands [J]. Journal of Consumer Psychology, 2003, 13 (3): 339 -348.

[32] White K, Dahl D W. To Be Or Not Be? The Influence of Dissociative Reference Groups On Consumer Preferences [J]. Journal of Consumer Psychology, 2006, 16 (4): 404 -414.

[33] White K, Dahl D W. Are All Out - Groups Created Equal? Consumer Identity and Dissociative Influence [J]. Journal of Consumer Research, 2007, 34 (4): 525 -536.

[34] Türken S, Rudmin F W. On Psychological Effects of Globalization: Development of A Scale of Global Identity [J]. Psychology & Society, 2013, 5 (2): 63 -89.

[35] Beck U. The Cosmopolitan Society and Its Enemies [J]. Theory, Culture & Society, 2002, 19 (1 -2): 17 -44.

[36] Ng S, Batra R. Regulatory Goals In A Globalized World [J]. Journal of Consumer Psychology, 2017, 17 (2): 270 -277.

[37] Zhang Y, Khare A. Consumers' Local - Global Identity: Measurement

[C] //Association For Consumer Research. Na – Advances In Consumer Research Volume 36, Eds. Ann L. Mcgill and Sharon Shavitt, Duluth, Mn, 2009: 41 –44.

[38] Guo X. Living In A Global World?: Influence of Consumer Global Orientation On Attitudes Toward Global Brands From Developed Versus Emerging Countries [J]. Journal of International Marketing, 2013, 21 (1): 1 –22.

[39] Guo X, Zhang Y, Hong Y. How Do Consumers From Developed Regions Evaluate Global Brands From Emerging Countries? The Influence of Consumer Global – Local Identity [J]. Journal of Marketing Science, 2014, 10 (1): 52 –66.

[40] Gao H, Mittal V, Zhang Y. Consumers' Local – Global Identity and Price Sensitivity: The Role of Sacrifice Mindset [J]. Asia – Pacific Advances In Consumer Research, 2015, 11: 302.

[41] Lin Y, Wang K. Local Or Global Image? The Role of Consumers' Local – Global Identity In Code – Switched Ad Effectiveness Among Monolinguals [J]. Journal of Advertising, 2016, 45 (4): 1 –16.

[42] Higgins E T. Self – Discrepancy: A Theory Relating Self and Affect [J]. Psychological Revieweview, 1987, 94 (3): 319 –340.

[43] Higgins E T. Making A Good Decision: Value From Fit [J]. The American Psychologist, 2000, 55 (11): 1217 –1230.

[44] Pennington G L, Roese N J. Regulatory Focus and Temporal Distance [J]. Journal of Experimental Social Psychology, 2003, 39 (6): 563 –576.

[45] Polman E. Effects of Self – Other Decision Making On Regulatory Focus and Choice Overload [J]. Journal of Personality and Social Psychology, 2012, 102 (5): 980 –993.

[46] Förster J, Higgins E T. How Global Versus Local Perception Fits Regulatory Focus [J]. Psychological Science, 2005, 16 (8): 631 –636.

[47] Motyka S, Grewal D, Puccinelli N M, et al. Regulatory Fit: A Meta-An-

alytic Synthesis [J]. Journal of Consumer Psychology, Society For Consumer Psychology, 2014, 24 (3): 394-410.

[48] Aaker J L, Lee A Y. "I" Seek Pleasures and "We" Avoid Pains: The Role of Self - Regulatory Goals In Information Processing and Persuasion [J]. Journal of Consumer Research, 2001, 28 (1): 33-49.

[49] Pham M T, Chang H H. Regulatory Focus, Regulatory Fit, and The Search and Consideration of Choice Alternatives [J]. Journal of Consumer Research, 2010, 37 (4): 626-640.

[50] Lee A Y, Keller P A, Sternthal B. Value From Regulatory Construal Fit: The Persuasive Impact of Fit Between Consumer Goals and Message Concreteness [J]. Journal of Consumer Research, 2010, 36 (5): 735-747.

[51] Lee K, Choi J, Li Y J. Regulatory Focus As A Predictor of Attitudes Toward Partitioned and Combined Pricing [J]. Journal of Consumer Psychology, 2014, 24 (3): 355-362.

[52] Yeo J, Park J. Effects of Parent - Extension Similarity and Self Regulatory Focus On Evaluations of Brand Extensions [J]. Journal of Consumer Psychology, 2006, 16 (3): 272-282.

[53] Bullard O, Manchanda R V. How Goal Progress Influences Regulatory Focus In Goal Pursuit [J]. Journal of Consumer Psychology, 2017.

[54] Zhang J, Yang X. Stylistic Properties and Regulatory Fit: Examining The Role of Self - Regulatory Focus In The Effectiveness of An Actor's Vs. Observer's Visual Perspective [J]. Journal of Consumer Psychology, 2015, 25 (3): 449-458.

[55] 陈洁，韦俊龙，杨梦泓. 广告信息对非欺诈性仿冒奢侈品购买意愿影响研究 [J]. 管理评论，2016，28 (7): 120-129.

[56] 郝辽钢，曾慧. 时间压力与调节聚焦对促销框架效应的影响研究 [J]. 管理工程学报，2017，31 (1): 32-38.

[57] 杨晨，王海忠，钟科，等. 支付方式对产品偏好的影响研究 [J]. 管理学报，2015，12 (2): 264-275.

[58] 李研，李东进. 变异成语对消费者广告态度和企业感知的影响［J］. 管理评论，2013，25（8）：132－141.

[59] Zhou R, Pham M T. Promotion and Prevention Across Mental Accounts: When Financial Products Dictate Consumers' Investment Goals [J]. Journal of Consumer Research, 2004, 31 (1): 125－135.

[60] Taylor J W. The Role of Risk In Consumer Behavior [J]. Journal of Marketing, 1974, 38 (2): 54－60.

[61] Weber E U, Hsee C K. Models and Mosaics: Investigating Cross－Cultural Differences In Risk Perception and Risk Preference [J]. Psychon Bulletin & Review, 1999, 6 (4): 611－617.

[62] Mandel N. Shifting Selves and Decision Making: The Effects of Self－Construal Priming On Consumer Risk－Taking [J]. Journal of Consumer Research, 2003, 30 (6): 30－40.

[63] Duclos R, Wan E W, Jiang Y. Show Me The Honey! Effects of Social Exclusion On Financial Risk－Taking [J]. Journal of Consumer Research, 2013, 40 (1): 122－135.

[64] Hsee C K, Weber E U. Cross－National Differences In Risk Preference and Lay Predictions [J]. Journal of Behavioral Decision Making, 1999, 12: 165－179.

[65] He X, Inman J, Mittal V. Gender Jeopardy In Financial Risk Taking [J]. Journal of Marketing Research, 2008, 45 (4): 414－424.

[66] Westjohn S A, Arnold M J, Magnusson P, et al. The Influence of Regulatory Focus On Global Consumption Orientation and Preference For Global Vs. Local Consumer Culture Positioning [J]. Journal of International Marketing, 2016, 24 (2): 22－39.

[67] Riefler P, Diamantopoulos A, Siguaw J A. Cosmopolitan Consumers As A Target Group For Segmentation [J]. Journal of International Business Studies, 2012, 43 (3): 285－305.

[68] Trope Y, Liberman N. Construal－Level Theory of Psychological Distance

[J]. Psychological Review, 2010, 117 (2): 440 - 463.

[69] 刘龙珠，胡赛全，赵小华，等. 决策过程后悔还是结果后悔？调节聚焦对后悔类型的影响 [J]. 中国软科学，2013 (12): 173 - 184.

[70] Forehand M R, Deshpandé R, Reed A. Identity Salience and The Influence of Differential Activation of The Social Self - Schema On Advertising Response [J]. The Journal of Applied Psychology, 2002, 87 (6): 1086 - 1099.

[71] Forehand M R, Deshpandé R. What We See Makes Us Who We Are: Priming Ethnic Self - Awareness and Advertising Response [J]. Journal of Marketing Research, 2001, 38 (3): 336 - 348.

[72] Preacher K J, Hayes A F. Asymptotic and Resampling Strategies For Assessing and Comparing Indirect Effects In Multiple Mediator Models [J]. Behavior Research Methods, 2008, 40 (3): 879 - 891.

第5章　广告沟通中双重身份诉求对广告态度的影响

5.1　引言

5.1.1　研究背景

(1) 现实背景

“物以类聚，人以群分。”当我们主动或被动地把自己归入某个社会类别时，我们就有了某种社会身份，如性别、种族、宗教、职业等方面的社会身份。社会身份会显著地影响消费者偏好选择。通常情况下，为了构建、维持和传达某一社会身份，人们经常会采取与自己的社会身份相一致的消费行为[1]。不同身份驱动消费行为的现象非常普遍，购买和使用与社会身份相一致的产品将有助于消费者形成对自我概念的认知[2]，更好地向外界传达自己所属的社会群体，并让他们成为自己想成为的“那类”人。如果一个人把自己看作是运动员，他就会更可能产生和运动员的身份相一致的消费行为，他会经常逛体育用品商店，更容易注意到那些运动品牌的产品信息，在家里时常观看 CCTV－5 的体育节目，偏爱运动员李娜做代言人的广告，购买马自达6 的运动型轿车，甚至能清楚地记得自己获得冠军时喝过的运动饮料品牌。而为了证明自己是一个巴塞罗那足球俱乐部的球迷，会选择去西班牙旅游只为到巴塞罗那主场诺坎普看球；平时省吃俭用节约的资金最终只为买一件球队正品球衣或是一双正品球鞋；曾历尽千辛万苦要到的梅西签名，只为证明自己是他的铁杆粉丝。由此可见，社会身份对消费者行为有十分强烈的影响。

广告对于企业的作用早已不言而喻，各大公司不惜花巨资进行广告投入和宣传。其中，社会身份广告是企业界经常采用的广告诉求方式。例如，中国移动签约周杰伦代言其年轻品牌“动感地带”。该品牌主要受众为朝气蓬勃的年轻用户群体，其特点与周杰伦的偶像气质不谋而合。利用群体身份特点，签约相关代言人从而表达年轻化的广告诉求，使得“动感地带”成为并保持移动公司用户基数最庞大的品牌。利用目标客户群的社会身份做广告并产生良好效果的企业还有很多。再如，“东北人的方便面东三福”“东北人吃东三福”。作为市场追赶者，东三福要想在康师傅领导下的方便面市场分一杯羹，就只能针对“东北人”这一社会群体进行社会身份定位。在东北三省，东三福的市场占有率、知名度、美誉度远超过市场领导者康师傅，都是因为消费者对于东北人身份的认同，而东三福也围绕着“东北人”这一身份定位做各种广告宣传。啤酒的销量受地域性影响严重，一方面在于地方政府的保护性提携政策，另一方面在于企业的本地化身份广告宣传。冰爽哈啤在全国的销量较为领先，特别在东北地区它的销量更是无可匹敌。东北人“豪气”“够哥们儿”的处事风格，东北地区冰天雪地的地域环境，作为东北地区发源起来的产品，哈啤的广告中“冰爽”“豪爽”“够意思”以及“让我们一起 happy”“哈啤就是够哥们儿”等广告语都在传达东北人认可的广告诉求，从而得到东北本地人的强烈认可，因而销量最大也就不足为奇了。从实际效果来看，企业采用的社会身份广告很好地抓住了消费者群体。

然而随着市场细分的多维化和品牌塑造的立体化，很多企业已经不再满足于诸如“金利来，男人的世界”“海澜之家，男人的衣柜”以及“‘90 后’李宁”这样的基于单一社会身份的广告宣传，纷纷开始尝试建立品牌与消费者多重身份的联系。双重社会身份诉求广告甚至多重社会身份诉求广告开始不断涌现。例如，三星高端商务手机 W2015 及 W2016 的广告诉求：“心系天下在路上”。宣传广告第一幕展示贫困山区现状及从这里走出的某企业家回想儿时受到好心人资助读书的艰难时刻，遂产生必须帮助贫困山区孩子们的想法。第二幕展示自己在生意场上叱咤风云谈业务

的时刻，内心对当年资助自己读书的好心人满怀感激之情，最终谈完业务开车行驶在去往贫困山区的路途中。这则广告同时宣传了目标客户群的高端商务人士以及爱心公益人士的双重社会身份诉求。再如，上海大众在昊锐汽车的一则广告中，甚至把整个广告画面分成两个部分，一部分体现的是男主角与同事驾车去工作的“职业身份”，另一部分则表现他与家人开车去游乐场的“家庭身份”，并提出“生活从不只有一面，真爱从不只为自己”的广告诉求；而邀请“既为登山爱好者同时也是著名企业家”的王石作为形象代言人的 Jeep 切诺基营销负责人则表示：“王石的跨界身份与 Jeep 切诺基的品牌内涵不谋而合，这一品牌必将成为那些富有冒险精神的高端商务人士首选”。在消费需求个性化形势刺激下，企业越发地不满足于单一社会身份诉求的广告，未来关于采用双重身份诉求甚至多重身份诉求的广告必将成为社会身份广告的发展趋势。

由此可见，社会身份广告是企业常选的广告诉求方式，单一社会身份诉求已经不能满足企业采用社会身份广告的需要，双重甚至多重身份广告此刻应运而生，并呈现逐渐增多的趋势。同一品类的产品，不同的宣传广告诉求，不同的形象代言人可以为产品广告带来不同的认知感觉，可以使消费者区分出产品不同的定位人群，为企业带来不同的产品效益。但是双重社会身份的广告诉求是否比单一社会身份的广告诉求以及无社会身份的广告诉求对消费者更具吸引力？也就是说，相对于较为常见的单一社会身份诉求的广告以及无社会身份诉求的广告而言，消费者对越来越多的企业开始启用的双重社会身份甚至多重社会身份诉求的广告态度会不会更好呢？

（2）理论背景

基于社会身份的广告诉求有助于企业满足目标市场的社会认同需求，使消费者对产品广告拥有更好的态度，并形成品牌共鸣。不同领域的学者们围绕单一身份诉求广告进行过许多相关研究。而营销学者也围绕单一社会身份对消费者行为的影响进行了大量的研究，论证了社会身份会使消费者对企业形象代言人的态度（Forehand 等，2002）[3] 及选择什么类型的媒体宣传（Deshpande 等，1986）产生影响[4]；进而影响消费者对产品广告的反应（Whittler 和 Spira，2002）[5]及自身关于广告信息的记忆与处理过程（Dalton 和 Huang，2014）[6]；最终造成消费者对品牌的特殊偏好（Escalas 和 Bettman，2005）[7]及购买意向（White 和 Dahl，2006）[8]的影响。Grier 和 Deshpande（2001）的研究显示，除了社会群体的相对规模以外，群体的社会地位也会影响消费者社会身份的显著性，结果表明无论是少数种族还是多数种族，那些认为自己的种族与其他种族相比，社会地位较低的顾客会有更强的种族身份显著性，并会对同种族的广告代言人和品牌产生更加积极的评价[9]。Puntoni 和 Tavassoli（2008）则通过平面广告来提高消费者的身份显著性，如粉色的广告背景、女性广告模特和广告词能够启动女性消费者的性别身份，研究发现，显著的女性身份会降低她们对卵巢癌研究的捐款和抗乳腺癌广告的记忆，这种效应主要是由潜意识中的自我保护机制所引起的[10]。由此可见，营销领域单一社会身份的相关研究较为成熟，也较为常见。

单一社会身份广告诉求的研究较为常见，但却较少有学者关注到双重社会身份的相关研究。双重社会身份的研究主要集中在心理学和社会学领域。Halberstadt 和 Winkielman（2014）的研究表明：多重社会身份的感知对于个体本身是充满挑战的。被试对于自己混血儿（两个种族）的双重社会身份并不会感到高兴，甚至会觉得一点儿也不能吸引别人，而主要的原因在于不能很好地感知到所属群体，遂使自己不能准确地区分外群体[11]。Johnson 和 Negin（2001）的研究表明性别和种族在感知社会身份时是有相关性的，性别化的种族线索能带来对性取向的偏见感知。被试对种族和性别有重叠度目标（黑人男性和亚裔女性）的性取向能进行精确的感知；如果目标的性别和种族身份没有相应的固有印象（亚裔男性和黑人女性），则会被想当然地认为是同性恋[12]。另有研究也证明了种族和性别身份存在的相关性，Goff 和 Kahn（2013）发现关于女性的刻板印象主要集中在白种人群体中而不是在少数民族群体中[13]。Gündemir 等（2014）通过交叉身份的实验刺激发现在评价明显属于规避群体即少数民族领导人时，当启动白种人和少数民族领导人共有的一种身份时，白种人对于少数民族领导人

的内在的偏见显著降低了[14]。而 Crisp 和 Hewstone 早在 2007 年的研究成果恰好辅助补充了这一结论。结论证实被试的情绪状态是上述内在偏见降低程度的一个调节变量。积极情绪下内在偏见降低的程度显著，处于积极情绪下，内在偏见降低程度越大，消极情绪下内在情绪降低越小[15]。国内学者陈小花（2014）全面分析了高校辅导员兼顾学校教师与管理干部的双重身份的利与弊。他认为双重身份的确立有助于明确具体岗位的职业能力要求，增加了职业晋升与职务评聘的选择，但是加剧了高校辅导员内在的角色紧张，弱化了晋升发展的优势，削弱了职业归属感[16]。

综上所述，基于社会身份的态度行为研究是热点研究领域之一，主要集中在社会心理学和营销学领域。但不论是从社会心理学还是从营销学角度尝试基于双重社会身份广告的效用研究依旧鲜见，因此这里隐藏着研究机会。国内外学者基于社会身份视角对消费者行为态度的相关研究皆是基于单一社会身份，虽然 Briley 等（2005）关于东西方文化身份的研究[17]，Zhang 和 Khare（2009）关于全球化/本地化身份的研究[18]，Leboeuf 等（2010）关于家庭身份和职业身份的研究[19]，其都属于双重社会身份上的研究，但在具体研究过程中只是在启动不同身份消费者中进行的横向对比，同时鲜有学者在社会身份广告诉求领域进行双重社会身份的相关研究，特别是研究同时激活消费者双重社会身份，并进行消费者对广告态度、产品评价甚至购买行为等方面的影响研究。因此，在广告诉求视角进行双重社会身份的相关研究存在着巨大的研究机会，十分迫切地需要从双重社会身份广告视角来研究广告的效用，以此拓展社会身份领域的研究。

5.1.2　研究意义

（1）现实意义

社会身份广告是企业经常选择的广告方式，但由于企业不再满足单一身份诉求广告，遂开始尝试采用双重甚至多重身份广告，不过双重身份广告的采用还有很多问题需要验证。常见社会身份广告往往定位在某一特殊人群，当宣传产品广告诉求符合目标消费者的社会身份时，消费者会与广告宣传产生心理共鸣，进而对广告给予积极和肯定的态度。例如，“百事，新一代的选择”“坐红旗车，走中国路”。整体来讲，2014 年央视黄金资源广告招标总额为 109. 6645 亿元，比 2013 年招标总额多出 17. 1 亿元。各公司同样增加成本，加大资金投入做广告，社会身份广告和传统广告的效果大相径庭。不同消费者说出类似“看见这个广告我就反感”“这广告是给孩子看的吧”“这产品好像就是为我们这种发烧友研发的”等话语。然而，伴随逐渐增多的新型社会身份广告即双重社会身份甚至多重社会身份定位的广告诉求，如前文所述“切诺基代言人王石的双重身份”“上海大众汽车梁朝伟的职业和家庭身份”，企业不惜花费巨资请广告代言人，此种诉求广告的真实有效性究竟如何？能否激起消费者更积极的广告态度？换句话说，消费者对双重社会身份诉求广告的态度如何？这种基于双重社会身份的广告诉求是否比单一社会身份的广告诉求以及无社会身份的广告诉求更有效果？通过本章的结论你可以直观地了解上述问题的答案。

本章的研究成果，可以对企业选择广告的时机即是否采用双重社会身份诉求的广告提供指导意见。如果消费者对双重社会身份的广告诉求拥有更好的广告态度，那么企业日后便可以放心大胆地采用双重社会身份广告，并且要尽可能多地使用双重社会身份广告，而不用再担心广告有效性问题。实验数据首先支撑了企业应该选择社会身份广告的情况。因为消费者不论对单一社会身份广告诉求还是对双重社会身份广告诉求的广告态度都要明显好于无社会身份的广告。其次支撑企业确实应该选择双重社会身份广告。这个结论某种程度上可以让花费巨资找双重身份符合的明星代言或者进行双重社会身份宣传的企业吃下一颗定心丸。

本章的研究成果还帮助企业寻找到启用双重社会身份诉求广告前的必要准备，即正确识别目标客户群的特点。本章的研究数据表明，双重社会身份广告其实并非总比单一社会身份广告有效，单一社会身份广告和双重社会身份广告效果有差异是存在边界条件的。例如当目标客户群的两种社会身份复杂性较大（重叠度比较小）时，采用双重社会身份的广告诉求明显要比采用单一社会身份诉求更好，而复杂性较小（重叠度较大）时，单一社会身份和双重社会身份诉求的广告就没有显著差异；同样地，如果目

标消费群处于异化动机情境下，采用双重社会身份的广告诉求明显要比单一社会身份诉求更具吸引力，而处于同化动机时，企业就没必要采用双重社会身份广告诉求。

（2）理论意义

社会身份对广告态度和消费行为的相关研究较为常见，前人学者主要是针对特定身份展开的研究。社会身份（Social Identity）是由学者 Goffman 在 1959 年提出的，研究中他将社会身份同个人身份、自我身份做了区别[20]，而 Tajfel 于 1981 年对社会身份进行了比较权威的界定[21]，后来 Reed 等于 2012 年在综合前人研究的基础上对社会身份进行了分类[22]。Whittler（2002）检验了种族身份的一致性对广告态度和产品评价的影响，指出黑人消费者会对带有黑人模特的广告产生更好的评价，并且广告代言人的种族会正向影响黑人消费者对产品的想法和评价，这一效应只发生在那些对黑人文化具有较强认同感的黑人消费者之中[5]。Ward 和 Broniarczyk（2011）在礼品消费中检验了身份威胁对于消费者身份产品偏好的正向影响，他们发现送礼者为一个亲近的朋友购买了与自己的身份相悖的礼物可能会造成对送礼者社会身份的威胁，这种威胁会让送礼者在接下来的产品选择中更加偏好与自己社会身份相一致的产品，而当送礼者为疏远的朋友购买礼品时则不会出现上述效应[23]。Wheeler 和 Bizer（2005）利用产品介绍的方法来影响社会身份的目标相关性，例如强调录像机能够使自己成为聚会的焦点来增强它与朋友身份的相关性，结果表明，当论据质量较高时消费者会对身份一致性广告和产品做出较高评价，当论据质量较低时则会做出更低的评价[24]。Coleman 和 Williams（2013）提出了社会身份与评价物基于情绪的相关性，他们认为有些社会身份会与特定的情绪相联系，如运动员身份就与愤怒的情绪相关，因此当激活消费者的运动员身份时，他们就会对那些表达愤怒情绪的广告给出更高评价[25]。

综合前人学者研究成果不难发现，研究视角是启动消费者某一社会身份，探究与该身份相关的广告态度、产品评价、品牌偏好等。鲜有学者在营销学领域同时启动消费者双重社会身份进行相关研究，更少有学者同时启动双重社会身份并探究双重社会身份广告诉求的效果。而本章是基于社会身份的视角探讨双重社会身份的广告诉求对广告态度的影响。本研究是在前人理论研究基础上，同时启动消费者的双重社会身份，探查消费者对双重社会身份诉求广告的态度，并且与前人研究的单一身份和无身份广告效果进行对比，首次论证双重社会身份广告诉求比单一身份广告诉求更有吸引力的作用机理，即双重身份广告比单一身份广告带来更高的感知定制化程度。同时在研究过程中我们发现消费者对双重社会身份广告的态度并非总比单一身份广告的态度好。鉴于此，我们又尝试探索差异产生的边界条件，最终发现目标群体的身份复杂性和处理动机调节着主效应影响的发生。从理论上为企业坚持双重社会身份广告提供理论支撑，同时也丰富了社会身份领域的相关研究，为后续学者关于社会身份对广告态度、产品评价，甚至购买行为等方面影响提供借鉴。

5.1.3 研究内容和思路方法

(1) 研究内容

本章的研究内容安排如下：

5.1 节，引言。首先从现实背景和理论背景两个角度剖析了本章的研究背景，其次从现实意义和理论意义两个角度展示了本章的研究意义，最后提出了本章的研究内容以及撰写本章时的整体思路和研究方法。

5.2 节，文献综述。结合本研究的内容和目的，该部分首先对社会身份的界定、社会身份的分类和相关经典理论进行回顾。接下来回顾社会身份对消费者态度行为的影响研究，主要总结广告中社会身份诉求角度的相关研究。最后回顾针对双重社会身份的相关研究，从社会心理学和营销学的角度进行总结。从以上三个方面对以往文献进行整理和研究，形成比较系统的文献综述。

5.3 节，研究假设。在前述文献综述的基础上，我们进行了严格的假设推导，并提出本章的研究模型。

5.4 节，研究一。我们验证了社会身份广告对消费者广告态度的影响。

论述了当启动双重社会身份时，消费者对双重社会身份诉求的广告态度显著高于单一身份广告和无身份广告，而消费者感知定制化（Feel targeted）是这一影响的中介变量。本节包括研究假设、研究设计、数据分析以及研究结论。

5.5 节，研究二。详述在不同的社会身份复杂性（社会身份复杂性高和低）调节作用下，双重社会身份广告诉求和单一社会身份广告诉求对消费者广告态度的影响。本节包括研究假设、研究设计、数据分析以及研究结论。

5.6 节，研究三。详述在不同的处理动机（同化动机和异化动机）调节下，双重社会身份广告诉求和单一社会身份广告诉求对消费者广告态度的影响。本节包括研究假设、研究设计、数据分析以及研究结论。

5.7 节，结论与展望。首先总结文章的三个研究实验，得出相应的研究结论并进行分析；其次归纳提出本研究的创新点和局限之处；最后提出未来可能的研究方向。

（2）研究思路

本章结合现实生活与已有研究，尝试探究消费者双重社会身份诉求对广告态度的影响。首先从学术界关于单一社会身份广告诉求方面的研究入手，研究一探究了消费者对双重社会身份诉求广告明显比单一社会身份和无社会身份广告拥有更友好的态度，并且明晰了这一差异产生的作用机理是消费者自我感知定制化的程度不同。其次，尝试寻找主效应发生作用的边界条件。结合前人研究和实际情况，即消费者的社会身份是复杂的，多重社会身份集于一身的。研究二引入社会身份复杂性（身份重叠程度）这一变量，探究社会身份复杂性对社会身份诉求与广告态度间影响的调节作用，文中使用性别身份（男性身份和女性身份）对社会身份复杂性（社会身份重叠程度）进行操控。最后，考虑到特定时刻同样人群不同的处理动机（同化动机和异化动机），研究三引入处理动机这一变量，探究处理动机对社会身份诉求与广告态度间的调节作用。

（3）研究方法

本章采用实验法来检验研究模型与假设，并运用 SPSS19.0 对所收集的实验数据进行分析和处理。根据本章的研究模型，文章共进行了三次实验研究，分别为：

研究一采用实验法，为3×2的研究设计，共分为6组，即社会身份诉求（双重身份VS单一身份VS无身份）×社会身份启动（无社会身份VS社会身份）。首先让参与者（均为男性大学生）回忆并回答8道开放性问题进行社会身份启动（启动社会身份组回答关于大学生及男性相关的问题，无社会身份启动组回答关于天气的问题）；其次通过问卷测量对产品广告的态度，以及感知定制化和男性身份认知，大学生身份认知；最后收集参与者的基本信息。研究一将验证启动双重社会身份时，双重社会身份广告诉求是否比单一身份广告诉求以及无身份广告诉求更具吸引力，以及社会身份广告诉求与广告态度间的中介作用。

研究二采用实验法，为2×2的研究设计，共分为4组，即社会身份诉求（双重社会身份诉求VS单一社会身份诉求）×社会身份复杂性（高复杂性VS低复杂性）。由于大连理工大学（以下简称大工）的男性本科生明显多于女性本科生，男性是常见的，而女性是稀少的。因此，对于大连理工大学的本科男学生而言，其大工学生身份和其男性身份的重叠度较高，此时我们称其社会身份复杂性低；而对于大连理工的本科女学生而言，大工学生身份和其女性身份的重叠度较低，此时我们称其社会身份复杂性高。关于社会身份复杂性的控制，我们是凭借控制性别身份（男性身份和女性身份）来实现的。实验中，首先让被试与其性别身份和大工学生身份相对应的广告图片进行双重社会身份启动（男西装+大工宣传广告VS女化妆品+大工宣传广告）。其次用问卷测量不同性别的被试对于大工学生身份和自我性别身份的认知、两种社会身份的复杂性（社会身份重叠程度），以及对待不同数量社会身份诉求（双重身份VS单一身份）的广告态度。最后收集参与者的基本信息。研究二将验证启动双重社会身份时，社会身份复杂性（重叠程度）是双重社会身份诉求对广告态度影响的调节变量。

研究三采用实验法，为2×2的研究设计，共分为4组，即社会身份诉求（双重社会身份诉求VS单一社会身份诉求）×处理动机（同化动机VS

异化动机)。首先被试被选为东北人，男性。被试用东北旅游和男性服装的广告图片进行双重社会身份启动，接下来让被试回忆并写小短文（一个与他人明显不同，显得鹤立鸡群的时刻 VS 一个与他人过于雷同，没有丝毫个性的时刻)。其次用问卷测量被试性别和东北人社会身份认知，不同处理动机以及对不同数量社会身份诉求（双重身份 VS 单一身份）的广告态度。最后收集参与者的基本信息。研究三将验证启动双重社会身份时，处理动机是双重社会身份诉求对广告态度影响的调节变量。

5.2　文献综述

5.2.1　社会身份

(1) 社会身份的定义和分类

Goffman（1959）首次提出了社会身份（Social Identity）的术语，并把它与个人身份和自我身份相区别[20]。Tajfel（1981）对社会身份进行了比较权威的界定，他认为社会身份就是“一个人的自我概念的一部分，它来自于他对自己在社会群体中成员资格的认知，以及与这一成员资格相联系的价值观和情感意义”[21]。其主张个人身份（Personal Identity）和社会身份是一个人的自我概念（Self - concept）的构成部分，其中个人身份是依据个人的独特素质而建构起来的身份，是个人在与其他个体比较中所获得的自我概念；而社会身份是依据群体成员资格来建构的身份，是通过社会范畴或群体成员关系所获得的自我概念。二者分别在人际关系和群际关系两个不同层面上，回答了“我是谁”这样的哲学命题。后来的学者们在 Tajfel 定义的基础上对社会身份进行了类似的定义，例如 Turner（1985）定义社会身份是个人所获得的对自己所在群体成员身份的认识，它将直接影响个体的社会知觉、社会态度和社会行为，也会影响其对于自我存在及价值的感知[26]。此外 Reed（2002）指出社会身份是指个人所拥有的关于他是谁或者希望如何表现的参照框架，是与个人的自我概念相关联的社会分类。Burke 和 Stets（2009）认为社会身份是一些与社会分类相关联的特性、态度、行为、目标的结构化知识，它使得每个人可以理解和统一自己的日常行为[27]。

Reed 等（2012）在综合前人研究的基础上对社会身份进行了分类[15]。根据个人进行身份认知的时候参照群体大小的不同，社会身份可以包括以下三种主要类型：第一类是所有成员互相认识的小群体，小的真实的成员资格的参照群体，典型特征是所有成员间的互动，如朋友圈子、直系家庭、同学或校友会、邻居或社区、学术协会等；第二类是所有成员不认识的大群体，大的成员资格群体，特征是有限的互动并可以被典型人物所代表，如性别身份、年龄身份、职业身份、爱好身份（运动员、爵士乐迷）、种族身份、宗教身份、政治身份等；第三类是大的社会集合，特征是涉及非常巨大的、模糊的和抽象的人群，而且不能被典型人物所代表，如地域身份（南方人 VS 北方人）、国别身份（欧洲人 VS 亚洲人）、人类身份等。

（2）社会身份的经典理论

社会身份理论。Tajfel（1978，1981）提出的社会身份理论最初是用来捕捉群体间分类和动态发展的，主要针对的是大型的社会身份，如种族、国家等[28]。这一理论认为社会身份产生于个人对社会群体的分类，这种心理分类总是强化类别间的差异而弱化类别内部的差异（Turner et al.，1987）[29]。一旦人们把自己归入某个社会群体，群体成员就会通过在内群体和外群体的比较中获得或者维持获得积极的社会身份。如果没有获得满意的社会身份，个体就会离开他们的群体或使用各种策略进行积极区分。因此社会身份理论由三个过程组成：①社会分类，是指将对象、事件和人进行归类，找出内群体和外群体的区别；②社会比较，是指将自己所在群体和其他群体在社会地位等方面进行比较；③积极区分，是指在比较的基础上找到自己群体的优势，然后与其他群体积极地进行区分，进而提升自尊水平。人们更喜欢他们所属的群体，不喜欢他们不属于的群体，这叫作内群体偏好和外群体偏见。对于内群体的偏好可以带来很多正面的效果，包括提升自尊和维持积极的自我形象。但个体过分热衷于自己的群体，认

为自己的群体比其他群体好，就容易引起群体间偏见和群体间冲突。因此，对社会身份的追求是群体间冲突和歧视的根源，即对属于某群体的意识会强烈地影响着人们的知觉、态度与行为。

社会分类理论。Turner（1985）提出了社会分类理论来阐述更小群体内部的机制，发现这些群体通常在所有成员间都进行着频繁的面对面的互动[20]。该理论认为人们会自动地将事物分门别类，因此在对他人分类时会自动地区分为内群体和外群体。当人们进行分类时会将自我也纳入这一类别中，符合内群体的特征将会赋予自我，这就是一个自我定型的过程。Tajfel 的社会身份定义可以不用参照外群体来界定社会身份，而 Turner 对社会身份的界定要求存在一个“我们—他们”的不同。而一旦个体进入某一社会类别将会产生“去个性化”，即把自己看作是类别中的一员，对自己所属的群体产生社会认同。个体会遵守“正面自我身份”的原则，赋予自己所属群体正面的评价，同时将负面特征强加于其他群体。而且这一理论尽管承认我们每个人都属于很多的社会群体，但它更多地强调为什么人们会在特定的情形下认同于特定的社会类别，有哪些情境因素来解释这种认同的模式（Turner，1982；Turner 等，1987）[30]。为了特定的社会身份变得显著，不仅群间差异要大于群内差异，而且群体间的客观差别必须与这些群体被期望的刻板印象相吻合（Turner 等，1987）。Turner 认为每个人的自我概念是可变的、易变的和动态的，可以被社会背景所激活，而当社会身份被激活时，人们就会利用与身份相一致的心智来理解世界。

5.2.2　社会身份对消费者行为的影响研究

营销界，国内外学者关于社会身份对消费者的影响研究主要为三个角度：社会身份与态度行为的一致性研究、身份威胁对消费者行为的影响研究、对参照群体的影响研究。

（1）态度行为的影响

启动消费者某一种社会身份，会让消费者产生与该社会身份相一致的态度和行为。包括诸如环保行为、捐赠行为等消费者行为，以及广告态度和品牌态度等消费者态度，同时还会影响消费者对于广告和促销等企业营销刺激的反应，甚至对消费者的记忆、情绪和动机等心理过程也会产生作用。Goldstein 等（2008）通过两个实证研究表明强调消费者社会身份的诉求（如“大部分入住本酒店的客人都重新利用毛巾”）会比传统诉求更有效地影响消费者的环境保护行为，并且与消费者所处环境更加匹配的具体社会身份诉求（如“大部分入住本房间的客人都重新利用毛巾”）是最有效的[31]。Mandel 等（2006）的研究则检验了专业身份的一致性对于奢侈品牌广告态度的影响，结果表明当消费者阅读一个同样学校同样专业的毕业校友的成功故事时，会增加他们对未来财富的预期，并进而提升他们对奢侈品牌广告的态度，但是让他们读一个不同专业校友的成功故事时，会降低他们对奢侈品牌广告的态度[32]。

Deshpande 和 Stayman（1994）的研究发现社会群体的相对规模会影响社会身份的显著性，与多数种族的成员相比，少数种族的成员的种族身份将更加显著。研究结果表明少数种族的消费者会认为与他同种族的广告代言人更可信，并由此产生更好的品牌态度，在多数种族的消费者中则不会存在这种效应[33]。近年来的研究发现这种独特性不但受到数量优势的影响，还会受到群体社会身份的影响（Grier 和 Deshpande，2001）[9]。Grier 等（2006）检验了种族身份一致性对于消费者广告态度的影响，其研究表明对少数种族成员来说，产品和消费者种族的一致性会正向影响消费者的产品态度，产品的熟悉度是这一效应的中间变量；而对多数种族的成员来说，种族一致性的效应并不存在，而那些多样性追求高的消费者还会对种族不一致的产品做出更好的评价[34]。Whittler（2002）检验了种族身份的一致性对于广告态度和产品评价的影响，指出黑人消费者会对带有黑人模特的广告做出更好的评价，并且广告模特的种族会正向影响黑人消费者对产品的想法和评价，这一效应只发生在那些对黑人文化具有较强认同感的黑人消费者之中[5]。

Fisher 和 Dube（2005）检验了性别身份一致性对于广告态度的影响。研究结果表明当男性消费者与其他男性一起观看与身份不一致的广告（如含有羞怯情绪）时，他们会产生更低的广告态度，这一效应在个人独自观

看广告时就会消失，而女性消费者的广告态度在不同的社会背景和广告类型下都保持不变[35]。Mercurio 和 Forehand（2011）检验了性别身份一致性对于消费者记忆的影响，他们认为在编码阶段激活消费者的性别身份会让消费者把广告内容与这一身份相连接，因此在回忆阶段再次激活这一身份时，会提高消费者对广告信息的识别能力。广告内容与消费者社会身份的关联程度将对上述效应起到调节作用，当高度关联时仅在回忆阶段的激活身份就会提高消费者对信息的识别能力，中度关联时必须要在两个阶段激活身份才能增加消费者的信息识别，无关联时则不存在这样的效应[36]。Chan 等（2012）的研究表明消费者能够通过一次选择的不同维度来同时满足同化和异化这两种不同的动机，他们可以在一个维度上（如在品牌这种具有身份表达作用的属性上）与自己的群体保持一致，同时可以在另一个维度上（如颜色这种表达独特性的属性上）把自己与他人区别开来。传达社会身份的愿望使得消费者在与群体密切相关的维度上随大流，特别是在那些与身份相关的产品种类中表现得更加明显。更高的独特性需要使消费者去选择那些不太流行的款式而在群体中保持独立性[37]。

（2）身份威胁的影响

身份威胁研究即在消费者已经获得并启动某种社会身份的前提下，当其所处的社会身份受到威胁时，对其所做出的行为选择研究。White 和 Argo（2009）的相关研究显示，当消费者的社会身份受到威胁时，低集体自尊的消费者会避免选择与社会身份相关联的产品，而高集体自尊的消费者则会维持他们的产品偏好不变，这主要是因为消费者把社会身份当作是维持和保护自我价值的一种资源。如果消费者通过自我确认而对自己感受良好的话，低集体自尊消费者的规避效应也会消失[38]。White 等（2012）则检验了另一个变量自我建构的调节作用，这种自我建构可以是种族背景不同的、实验启动的，或跨文化差别的。他们认为当消费者的社会身份受到威胁的时候，独立自我的消费者会避免选择社会身份相关的产品，而依赖自我的消费者则会更加偏好与社会身份相关的产品。这些效应的出现是由于当面对社会身份威胁时，独立自我的人要重新获得正面的自我价值，而依赖自我的则需要满足自己的归属需要。

Dommer Sminathan（2013）检验了身份威胁对于禀赋效应的影响，人们为获得某一产品而支付的价格往往会比放弃这一产品而获得的价格低，这种现象被称为禀赋效应。研究结果表明，在社会身份受到威胁以后，男性和女性消费者对于内群体产品的禀赋效应都增强了，只有男性消费者对外群体产品的禀赋效应消失，女性消费者对外群体的禀赋效应依然存在。这些结果表明与经典的损失规避理论相比，拥有者身份为禀赋效应提供了更好的解释，因为拥有者身份创造了物品和人的联系，而这种人—物联系提高了人们手里产品的价值。Dalton 和 Huang（2014）检验了社会身份威胁对于选择性遗忘的影响，他们认为社会身份威胁会促使消费者忘记那些与身份相关联的营销促销信息。这种效应只在强烈地认同内群体的消费者中才会出现，并且只对显性记忆有影响，内隐记忆则在身份威胁的情况下保持不变。而当消费者确认了身份威胁或者进行慎重记忆的时候，这种身份威胁效应就不会发生[6]。

（3）参照群体的影响

由于社会身份就是个人感知的群体成员资格，因此与参照群体中的成员保持一致就是与自己这一社会身份保持一致，而规避与群体不一致的目的是规避自己不想要的社会身份。在成员群体的影响方面，Bearden 和 Etzel（1982）在不同的产品种类中检验了参照群体对于消费者产品购买决策的影响，结果表明在公共消费的奢侈品背景下，消费者更愿意与参照群体保持一致，而在隐私消费的必需品中参照群体对购买决策的影响则相对较弱[39]。Escalas 和 Bettman（2003）检验了所属群体和渴望群体对于消费者的自我—品牌联系的影响。结果表明消费者对于所属群体和渴望群体使用的品牌有更强的自我—品牌联系，因为他们想利用这样的品牌去定义和创造他们的自我概念。渴望群体对于以自我提升为目标的消费者将产生更大的影响，而所属群体对以自我证明为目标的消费者影响更大[40]。Kettle 和 Haubl（2011）的研究表明签署自己名字的动作是一种自我身份的启动，它能够激活消费者的自我概念，从而导致消费者与自我概念相一致的

行为[41]。

在规避群体的影响方面，Tepper（1994）调查了消费者不愿意接受基于年龄细分的促销方式的原因。研究结果表明，只有对那些年龄相对较低的老年人来说，自我贬低和感知污名化（感觉自己被贴上错误的标签）是专门针对老年人的促销方式和折扣使用倾向之间的中间变量，也就是说相对年轻的老年人会避免自己被看作老年人而拒绝使用专门针对老年人的折扣券[42]。White 和 Dahl（2006）探查了规避群体对消费者偏好的影响[8]。研究表明与中性产品相比，男性消费者对于与规避群体（女性）相关联的产品会产生更低的评价和购买意向。这种效应的内部作用机理是消费者向他人传达正面个人形象的愿望，它会受到产品的消费情境以及消费者的公共自我意识的调节作用。White 和 Dahl（2007）进一步比较了普通外群体和规避群体对消费者的不同影响，指出与普通外群体相联系的产品相比，消费者将产生更大的倾向去避免选择与规避群体相关的产品，具体表现为对规避群体品牌展现出更加负面的自我品牌联系、产品评价和选择。当消费者的自我身份被启动或者消费者具有很高的内群体认同时，这种效应就会出现，而当存在很强的情景约束时，这种效应就会消失[43]。Berger 和 Rand（2008）利用这一原理进一步探讨了如何利用基于身份的干涉方式来改变与真实行为相联系的社会身份，从而提升人们的健康水平[44]。

5.2.3　双重社会身份的研究

（1）双重社会身份相关含义

社会身份是消费者的一种思想表达，它能够成为消费者如何看待自己的基本组成部分。例如消费者可能把自己看作是民主党人、教授、假小子或者是一个工作的母亲[45]。社会身份来自于对所在社会群体中成员资格的认知，以及与这一成员资格相联系的价值观和情感意义，而多重身份是个体对所在不同社会群体中成员资格的认知[21]。例如我是一名男性，同时我也是一名学生；我是一名学生，同时我也是一名研究生等。不同社会身份间可能有包含关系、独立关系、协同作用关系、排斥关系，不同种社会身份之间存在着复杂的关系。社会分类理论认为人们会自动地将事物分门别类，因此在将他人分类时会自动地区分为内群体和外群体。Bodenhausen 和 Peery（2009）认为社会分类往往伴随着易变性（动态调整过程）、不确定性（信息线索的不完整和不清楚）、复杂性（存在多个潜在的社会分类指标）。社会分类造成的不同社会身份使个体对群体产生不同的感知、态度和行为。身份复杂性理论认为，在现实生活中的个体是同时具备多种社会身份的，不同身份有时会出现重叠现象。

与身份复杂性理论相类似，Macrae 和 Bodenhausen（2000）认为不同的社会分类为个体更好地感知不同群体提供了强大的工具支持。但社会分类并不是独立存在的，社会分类区分成不同的身份互相影响和互相交叉并影响个体对群体的感知[46]。不同的社会分类方式产生的复杂社会身份使个体很难准确且迅速地对群体进行感知，特别是有一些偏心理上的社会身份划分，例如种族身份和性别身份。早前一些研究明显互斥社会身份结论（黑种人和白种人、男性和女性），如今也被重新拿来开展深入研究，因为有些个体同时拥有着这两种交叉身份，如混血儿和变性人[47]。正如 Reed 等（2012）所说，未来关于社会身份的一个重要的研究方向是调查消费者如何解决自己的多重身份冲突或协同以及这种多重身份冲突会对广告态度和行为产生怎样的影响[22]。

（2）双重社会身份相关研究

单一社会身份的相关研究已经屡见不鲜，但双重社会身份的研究依旧鲜见。Leboeuf 等（2010）探究了家庭身份和职业身份对消费者产品选择的影响[19]。结果发现激活社会身份后，消费者会选择与其社会身份相一致的产品，而不论是个人身份（学生和家庭成员身份）还是国家种族身份（中国人和美国人）。如果消费者实际消费了与其身份不一致的产品，便会产生不满意的情绪，并影响其之后的购买行为。但当两种社会身份产生冲突后，消费者会选择与那一刻的身份认知较为显著的社会身份一致性的产品。Hong 等（2000）在研究中发现，当双重文化社会身份的消费者（如香港人）看到代表东方的图标（如龙、长城、孔子等）或者中文撰写的调

查问卷时，他们的东方文化身份就会变得更加显著，并表现出更多的与东方文化相一致的行为（如外部归因），而当他们看到西方图标或英语时，则会让他们的西方文化身份更加显著。Briley 等（2005）用调查问卷的语言来激发具有双重文化身份的香港消费者的文化身份，结果表明当东方文化身份被激活时（和西方文化身份相比），消费者会更加关注和谐并在购买决策时做出折中的选择，会尽量避免那些可能会带来负面结果的产品[48]。

Darren 等（2007）验证了那些拥有单一身份和多重身份被试对成员群体和外群体成员目标资格的反应。结果表明，拥有多重身份的被试由于感知自己拥有成员群体和部分外群体的社会身份，因此能够部分克服对外群体的强烈区别对待，当被试的多重身份与所属成员群体及外群体重合度达到一定程度时，被试对于成员群体和外群体的感知就没有差异性了[49]。Kang 和 Chasteen（2009）发现种族身份和年龄级身份（年长或年轻）交叉存在时，被试的种族偏见程度明显降低。研究中被试被要求判断白种人/黑种人、年轻/年长的面部情绪，年轻的黑种人被判断为发怒或敌对等极端消极情绪，但是年长的黑种人被判断为亲切/友好等积极情绪[50]。有趣的是 Small 等（2014）发现，不仅是年长者身份和种族身份交叉存在时会降低被试种族偏见认知，被试对年幼的黑人小孩子的种族偏见认知比年长的黑人种族偏见认知更加友好[51]。Richard 等（2003）发现与仅拥有单一弱势群体地位身份的青少年相比，拥有多重弱势社会身份地位的青少年，患有心理和精神疾病及行为障碍的风险将会显著提高。而上述影响伴随在不同种族人群融合产生的混血儿中（白人和黑人混血、黑人和印第安人混血、亚裔和印第安人混血）[52]。

国内学者李颜青（2014）在针对少数民族大学生的双重身份认同研究中发现，少数民族大学生在大学生活一段时间之后，逐步建立了对中华民族的认同感，习惯了中华民族这个大群体的生活与文化习俗，当他们回到家乡后在与本民族群体交流时，却感受到本民族对其他民族的不认同及排斥，感到困惑[53]。秦伟平（2008）研究发现农民身份意识和工人身份意识都在一定程度上与歧视知觉和工作嵌入表现出同方向的变化。即农民身份意识和工人身份意识都会引起农民工的歧视知觉，感知到歧视的农民工也没有选择工作嵌入这样积极的行为应对方式[54]。王良钧（2006）关于公务员双重身份划分的研究认为，公务员的双重身份——自然人和行政人的划分是行政主体法理论和制度构建不可或缺的部分，并直接涉及行政行为的构成、行政责任的归属和救济方法的运用。因此，应该以“先定身份后定行为”为原则对公务员的双重身份进行划分。实践中以行政特别权力能力的外附性要素为突破标准对公务员的双重身份进行划分，但是需要有派生性的衡量原则[55]。

5.2.4 现有研究述评

从社会身份的相关研究可以看出，社会身份对消费者广告态度、产品选择行为的影响研究主要包括三个角度：第一，态度行为一致性的研究。主要是启动消费者某一种社会身份，让消费者产生与该社会身份相一致的广告态度、心理活动和具体行为；第二，身份威胁对消费者行为影响的研究，身份威胁是指在消费者已经获得并激活某种社会身份的前提下，当其所处的社会身份受到威胁的情境时，对其所做出的行为选择研究；第三，参照群体对消费行为的影响研究，由于社会身份就是个人感知的群体成员资格，与参照群体中的成员保持一致就是与自己这一社会身份保持一致，而与规避群体不一致的目的是规避自己不想要的社会身份。

综合分析总结社会身份具有以下几方面的特点：（1）社会性，个人的社会身份认知是基于实际或想象的社会群体以及与群体成员的互动而产生的；（2）主观性，尽管社会身份有时具有客观的群体分类标准，但更多时候则是个体主观判断的群体成员资格在起作用，而群体内偏见与去个性化则更加带有主观性的色彩；（3）多面性，一个人可能同属于多个不同的社会群体，因此他就会同时拥有多个社会身份，双重社会身份甚至多重社会身份是实际消费情境中的真实感受，如一个人可能把自己看作是共产党员、教授、球迷、中国人等；（4）可变性，一方面随着时间的推移每个人的社会身份都会发生变化，也就是说某一种社会身份并不是与生俱来的，如从大学生到上班族；另一方面是特定的环境因素会刺激个人产生对特定

社会身份的认知，并对个人行为产生更加重要的影响。所以，基于单一社会身份广告诉求的研究成果在企业实践中并非总是有效的。

社会身份的社会性、主观性、多面性和可变性决定了社会身份的复杂性，不同社会分类方式使不同的社会身份不都是孤立存在的，它们之间有复杂的关系。启动消费者的某一种社会身份，消费者会高度评价与这一身份相一致的广告诉求，但在营销学领域现存的相关研究主要是针对单一社会身份以及交叉身份（Kang、Chasteen、Briley 等）的影响。而在社会心理学研究中其实早已经出现双重社会身份的研究，只不过鲜有营销学者将其引入消费者行为学，并进行双重社会身份的研究。特别是在社会身份广告诉求的相关研究中，更是少有学者研究双重社会身份，更没有学者研究同时启动双重社会身份。在营销学领域关于双重社会身份启动的研究存在巨大研究机会。因此，本章基于双重社会身份视角进行广告态度的相关研究，并提出核心的研究假设。

5.3　研究假设

5.3.1　双重社会身份广告态度的影响机理

营销领域相关研究显示，社会身份诉求会对消费者的广告态度，产品评价和购买行为产生影响。Whittler 和 Spira（2002）的研究表明，对黑人文化具有强烈身份认同感的消费者，相比白人形象代言人代言的广告和产品，他们对黑人形象代言人代言的广告和产品具有更高的评价[5]。Deshpande 等（1986）检验了西班牙裔消费者种族身份对他们消费行为的影响，他们发现高种族身份认同的消费者会更加频繁地使用西班牙语的媒体，并且对那些西班牙人代言的广告产生积极的广告态度，并对这样的广告所宣传的产品产生更强的购买意向和品牌忠诚，低种族身份认同的消费者在上述方面的反应介于高种族身份认同消费者和白人之间[4]。Torres 和 Briggs（2007）同样发现具有较强种族认同的西班牙裔消费者会对西班牙代言人的广告产生更好的态度，同时这一效应还受到产品卷入度的调节作用，在低卷入度产品的广告中随着种族认同的增强广告态度也会越来越好，在高卷入度产品广告中这一效应则不明显[56]。

由于大量研究论证了消费者会高度评价那些与他们社会身份有所联系的产品广告和产品品牌，所以有学者深度挖掘社会身份广告产生积极广告态度的深层次原因。Forehand 和 Deshpande（2001）提出种族自我意识概念，即一个人对于与他自己的种族相关的信息更加敏感的一种暂时状态。研究发现暴露于种族启动会提高所有消费者的种族自我知觉，而这种正向效果对于那些自身种族和种族启动相一致的消费者来说要更加明显；另外当暴露于种族启动之后，消费者对于种族目标广告中的同种族（不同种族）代言人会展现出更多（少）积极的态度；同时消费者面对那些含有相同（不同）种族品牌代言人的广告时，他可能会更多（少）地感觉到自己是这样的广告目标。并且感知到自己是目标市场（非目标市场）的消费者会展现出对目标广告更积极（消极）的态度、对目标广告有更多（少）的积极认知反应、对目标广告有更少（多）的消极认知反应[57]。

双重社会身份的研究主要集中在社会心理学领域，如今也有少数学者在营销领域开始针对双重社会身份进行相关研究。Ray 等（2008）在研究中强迫被试把自己归类成“美国人”或者“学生”，随后去测量他们对于穆斯林和警察感知的愤怒和尊重程度。结果发现把自己归类成美国人的被试对于穆斯林给予“更为恼怒和不尊重”的评价；而把自己归类成学生的被试对于警察则给予“更为恼怒和不尊重”的评价[58]。Zhang 和 Khare（2009）检验了全球化身份和本地化身份对于消费者产品偏好的影响，研究表明具有全球化和本地化身份的消费者，当全球化身份显著时消费者会更加偏好全球化产品，而当本地化身份显著时消费者则更加偏好本地化产品，但如果产品决策不具备可诊断性或者采用区别化的信息加工模式时，就会产生相反的效应[18]。Hehman 等（2010）研究了交叉身份对记忆效果产生的影响，结果发现采用不同种族但同一所大学学生作为被试时，在某一时刻种族身份较为显著的情况下，被试对于同一种族群体成员面孔记忆得比较深刻；而某一时刻与学校学生身份联系较为显著时，被试对于学校成员面孔的记忆较为深刻[59]。Winterich 和 Barone（2011）提出了社会身

份相对显著性（Relative Silence）的概念，他们在试验中同时启动消费者的学校身份和自我建构，结果发现后启动的变量由于更加接近消费者的决策时点，所以具有较强的相对显著性，它将会对消费者最终的产品选择产生决定性的影响[60]。

通过上述分析我们认为：与无社会身份广告相比，当消费者感知到单一社会身份的广告和自己某种社会身份保持一致时，便会认为广告代言人与自己是身处于同一个群体中的，于是就会觉得广告中的产品是为我所归属内群体中的伙伴设计研发的，我这样的人就是广告产品的目标客户，由此带来一定的感知定制化（Feel targeted）的提升并给予广告更好的态度；而当消费者感知双重社会身份广告与自己的双重社会身份保持一致时，其便会觉得广告代言人和自己是同属于一个更小的内群体的伙伴，因为双重社会身份符合的概率比单一社会身份符合的概率更低，于是消费者就会觉得广告中的产品是为我所归属的那一波极少数人量身定制的，这种广告产品只会单独地卖给我们这波“特别的人”，因此会带来感知定制化程度的明显提升，并高度评价产品广告。对此，研究一做出如下假设：

假设 1：当启动双重社会身份时，消费者对双重社会身份诉求的广告态度显著高于单一社会身份诉求的广告，且单一社会身份诉求显著高于无社会身份诉求。

假设 2：双重社会身份诉求对广告态度的影响受到消费者感知定制化的中介作用。

5.3.2　社会身份复杂性的调节作用

每天我们都与不同的个人或者群体相互影响着。我们从它们那里收集和处理诸如多种多样的个体性格和群体成员等信息线索。不同的社会分类为个体更好地感知不同组织和群体提供支持。通过不同的社会分类可以准确地预测和感知人际交往的结果[61,62]。Roccas 和 Brewer（2002）提出社会身份复杂性理论，并用它来解读多重社会身份的结构以及它对群际态度与行为的影响。他们认为在现实生活中的个体可能同时具备多重社会身份，不同身份有时会出现重叠现象，例如一些群体可能完全被嵌入其他群体中，一些可能是部分重叠，还有一些则完全不相关。社会身份复杂性是个体对自己的多重内群体身份之间的关系进行主观感知的方式，是个体感知到的多种群体身份之间的重叠程度，重叠程度越小，身份复杂性越高[63]。不同的社会分类方式产生复杂的社会身份，社会身份复杂性使个体很难准确且迅速地对群体进行感知，特别是有一些偏心理上的社会身份划分，如种族和性别。而与不同社会分类相关的群体规范和标准往往驱使着个体对自我的管理和调整[64]。

根据社会身份复杂性的不同，对于多重社会身份拥有四种感知模式：第一种是交集模式（$A \cap B$），是复杂程度最低的形式，它将多重群体身份简化为简单的高度排他性的社会身份，人们将内群体界定为多重群体成员身份的交集；第二种是包含模式（$A \in B$），也是一种复杂程度较低的形式，人们会先依据大群体的社会身份来分类，然后再以小群体社会身份分类，例如一个人认为自己首先是医生，然后才是女医生；第三种是区分模式（A or B），是一种复杂程度较高的形式，是指一个人可能同时具备两种几乎不重叠的社会身份，非重叠的社会身份能够在不同的情境中得以保持；第四种是合并模式（$A \cup B$），它的复杂性水平最高，认为社会身份是所有社会身份的总和，人们将任何一种社会身份相同的他人都视为内群体。

由身份复杂性理论可知，两种社会身份重叠度高则社会身份复杂性低，两种社会身份重叠度低则社会身份复杂性高。社会身份复杂性低即两种身份重叠程度高的消费者，他的双重社会身份和其中某一单一社会身份的近似程度高，区分度较差。那么在广告中遇到和自己双重社会身份符合的广告诉求时，消费者也无法高效、显著地区分同单一社会身份符合广告诉求的差异性，仅会觉得是同样以我所归属的成员群体作为目标市场的，因此双重社会身份广告诉求和单一社会身份的广告诉求对广告态度的影响无显著差异。但是，如果消费者的社会身份复杂性高即两种社会身份重叠程度低，那么具有如此双重社会身份的消费者遇到双重身份诉求都与自己身份相一致的广告的可能性就更低，所以面对双重社会身份广告时，消费者会觉得产品广告针对的是自己归属的那一更小规模的群体，甚至就是为

自己量身定制的，因此便会拥有更强的感知定制化程度，于是会对产品广告给予更为积极的态度。基于上述分析，研究二做出如下假设：

假设 3：社会身份复杂性是双重社会身份诉求对广告态度影响的调节变量。社会身份复杂性低的消费者，对双重社会身份诉求和单一社会身份诉求的广告的态度无明显差异；而社会身份复杂性高的消费者，对双重社会身份诉求的广告的态度会显著高于单一社会身份诉求的广告态度。

5.3.3　处理动机的调节作用

Brewer（1991）提出的最优特质理论（Optimal Distinctiveness Theory）认为，识别社会身份时存在着两种最为基本的处理动机，一种是同化动机，另一种是异化动机。处理动机指的是人们在处理事情时内心的某种驱动力。同化是把非己变成自己，是去个性化，以包容的心态接纳；而异化是把自己变成非己，是激发个性化，保持与众不同。现实生活中人们有进入某些社会群体的欲望（同化动机），又有排斥某些社会群体的欲望（异化动机）[65]。例如大家一起找工作时，全场候选人都穿着西装，而只有自己穿着便装，此刻自我会感觉格格不入，显得过于突兀，此时此刻便会拥有强烈的同化动机；而在嘉年华和外校联谊时，所有人都保守害羞、默不做声、不知所为，而我也显得过于大众化，丝毫没有体现出自己善于交际的实力，此时此刻便会拥有强烈的异化动机。同化动机和异化动机会体现在每个人身上，不同的时刻会产生不同的处理动机。

Pickett 等（2002）的研究表明，与激活异化动机和控制组的人相比，具有同化动机的人会喜欢包罗万象的内群体并高估内群体的规模。激活同化动机的人，为了融入新的群体，会刻意地避免自己的与众不同之处，同时放宽自己的心态，积极地容纳别人的不同；而激活异化动机的消费者则会以挑剔的心态为人处世，会消极地看待别人的不同，并且很难接受别人的不同[66]。而 Brewer 和 Hewstone（2004）在社会心理学领域研究个体与群体间关系时发现：同化动机能强化个体对相关联外群体成员的感知，然而异化动机却能够强化个体感知与外群体成员的辨识性[67]。Zhang 和 Khare（2009）在检验全球化身份和本地化身份对于消费者产品偏好的影响时发现，采用同化动机或异化动机的信息加工模式时，同化动机为消费者对全球化/本地化的产品评估带来更多的融合效应，因此产品决策具备可诊断性。异化动机为消费者对全球化/本地化的产品评估带来更多的区分对比效应。此时消费者会寻找与两种社会身份不同的特征线索来区分不同身份，因此产品决策不具备可诊断性。产品决策具备可诊断性时，具备两种社会身份的消费者，全球化身份显著的消费者偏好全球化产品，本地化身份显著的消费者偏好本地化产品；但不具备可诊断性时则得出相反结论[18]。

基于上述分析我们认为：具有同化动机（融入的欲望）的消费者通常会以开放心态来划分内群体，以包容模式来评价代言人广告。只要广告代言人有一种身份与自己相同就会被认为和自己归属同一群体，产品广告就是为自己这类人准备的，因而会产生较高程度的感知定制化，并积极评价产品广告。也就是说，当单一社会身份诉求符合具有同化动机消费者的某一社会身份后，广告代言人就会被包容性地视为内群体成员，不必等待双重社会身份诉求全部符合，因而单一社会身份诉求和双重社会身份诉求对广告态度的影响无显著差异；但是具有异化动机（区分对照的欲望）的消费者在识别内群体时会比较挑剔，以区分模式来评价代言人广告。只有广告代言人的两种社会身份都与自己相同时才把代言人看成是与自己归属同一群体的成员，同时产生更高程度的感知定制化，且高度评价双重社会身份广告。也就是说，异化动机的消费者只有当双重社会身份诉求都符合时，他才会感知到产品广告是为自己这类人专属准备的。对此，研究三做出如下假设：

假设4：处理动机是双重社会身份诉求对广告态度影响的调节变量。具有同化动机的消费者，双重社会身份诉求和单一社会身份诉求的广告态度无明显差异；而具有异化动机的消费者，双重社会身份诉求的广告态度会更显著高于单一社会身份诉求的广告态度。

综上所述，本章的研究模型如图5－1所示。

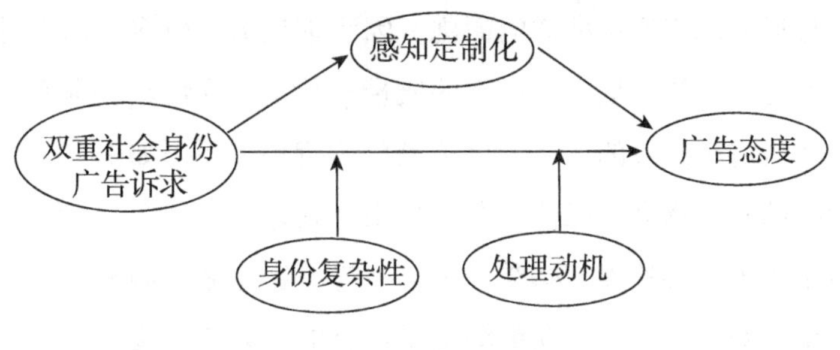

图 5-1　理论模型

5.4　研究一：双重社会身份诉求对广告态度的影响机理研究

5.4.1　研究设计

（1）实验设计

研究一采用的是实验法，实验共分为 6 组，最终有效样本为 213 个，符合实验法的一般要求。实验为 3 ×2 研究设计，即社会身份诉求（双重身份诉求 VS 单一身份诉求 VS 无身份诉求）×社会身份启动（无社会身份 VS 社会身份）。首先让参与者回忆并回答 8 道开放性问题进行社会身份启动（社会身份启动组回答关于大学生及男性相关的问题，无社会身份启动组回答关于天气的问题）；其次通过问卷测量被试对产品广告的态度，以及感知定制化、男性身份认知和大学生身份认知；最后收集参与者的基本信息。为了使得双重社会身份广告诉求可以很好地满足被试启动的双重社会身份，研究一中的社会身份选择男性身份和大学生身份。

研究中采用的实验样本为大连理工大学本科的男生，并且为了更好地启动男性性别身份，我们剔除样本中人文社科专业的男性样本，选择此样本的原因如下：首先，高校是社会的重要载体之一，在校大学生的消费行为受到了企业界的重点关注，将产品定位于高校学生层面已经成为许多企业争相选择的战略定位。其次，大学本科生来自天南地北、不同地域，他们的家庭背景、成长环境、性格取向、消费能力皆有不同，实验结果具有普适性。最后，基于便利抽样的原则，因为本校男生较多，选择对本校本科生进行实验，能够保证实验样本的质量和数量，保证数据真实可行，降低风险。本研究所涉及的产品为虚拟品牌的背包，原因如下：第一，背包是每个学生的必备物品，保证每个人都用得到，保证每个人在回答问卷选项问题时是基于真心的真实感受。第二，为了避免品牌偏好的影响，我们虚拟出一个品牌，这个品牌在市场上是没有的。第三，背包的价格对于大学生群体来讲处在可接受范围内。

（2）实验操控

参与实验的213名本科男生随机分为两大组，即社会身份启动组105人，无社会身份启动组108人，一共6小组（不同数量的社会身份广告诉求）。

首先，将被试分为两大组，分别进行社会身份的启动操控。社会身份启动的操控方法借鉴Puntoni和Tavassoli（2008）[10]、Reed II（2004）[45]的实验方法，研究中他们采用问题引导法启动被试的某种社会身份。本章中社会身份启动组通过回答8道开放性问题进行双重社会身份启动。男性身份的启动问题诸如“你最敬佩的男性伟人是谁?”“你认为什么样的男人才是纯爷们?”等4个题项。大学生身份启动的问题诸如“你在大学中上过的最喜欢的一门课是什么?”“如果让你用三个词来形容当代的大学生，你会选择哪几个词?”等4个题项。而未启动社会身份组回答关于天气的开放性问题，如“你最喜欢的季节是什么?”“你最想去的旅行目的地是哪里?”“你的业余爱好有哪些? 请列举三项。”等8个题项。两组完成实验操控后，都要进行学生身份认知、性别身份认知和感知定制化的问卷测量。

其次，社会身份组和无社会身份组被试都要进行社会身份广告诉求的启动。广告诉求的启动借鉴Whittler和Spira（2002）[5]的研究成果。他们在研究中采用全彩的不同种族形象代言人的印刷广告向被试宣传促销无绳电话、西装套和洗衣液。本章中，我们主要是通过广告语的差异性来实现不同社会身份的诉求。例如，“你的”就是无身份诉求，“大学生的”就是

单一社会身份诉求，“大学男生的”就是双重社会身份诉求。最后要求被试完成广告态度的测量问卷，以及基本信息的收集。

3 组不同社会身份诉求的产品广告如图 5 –2 所示。

图 5 –2　产品广告图

（3）变量测量

研究一需要针对感知定制化（Feel targeted）、广告态度和身份认知（性别身份和学生身份）等变量进行测量。感知定制化的测量包括两个题项，采用的是李克特 7 级量表。其中“7”表示非常同意，“4”表示中立，“1”表示非常不同意，借鉴改编自 Forehand 和 Deshpande（2001）关于种族身份认知对广告态度影响的研究[57]，题项如表 5 –1 所示。

表 5 –1　感知定制化题项

变量代码	测量题项
Target 1	我觉得这个广告中的产品就是为我这样的人设计的。
Target 2	我觉得这个广告中的产品很适合我这样的人的需求。

广告态度的测量借鉴改变自 Whittler 和 Spira（2002）[5]、Deshpande 和 Stayman（1994）[33]文章中的量表。本章采用 4 组 7 级语义差异量表。在询问被试觉得广告怎么样时，采用如下几组词汇：非常差（1）—非常好（7）、非常不喜欢（1）—非常喜欢（7）、非常没用（1）—非常有用（7）、非常令人讨厌（1）—非常令人喜欢（7）。

身份认知的测量包括学生身份认知和性别身份认知的测量，学生身份和性别身份的测量均包含 3 个题项，采用的是李克特 7 级量表。其中“7”表示非常重要，“4”表示中立，“1”表示一点也不重要。学生身份认知借鉴改编自 Arnett 等（2003）的成果[68]；性别身份认知借鉴改编自 Fisher 和 Dube（2005）[35]、Dommer 和 Swaminathan（2013）[69]、Puntoni 和 Tavassoli（2008）[10]的研究成果。具体题项如表 5－2、表 5－3 所示。

表 5－2　学生身份认知题项

变量代码	测量题项
Student 1	此时此刻，“我是一名大学生”这一身份对你来讲有多重要？
Student 2	此时此刻，你在头脑中想到多少你是“大学生”的这一身份？
Student 3	成为一名大学生是我的自我认知中很重要的一个构成部分。

表 5－3　性别身份认知题项

变量代码	测量题项
Male 1	“我是一个男人”这一想法对你如何看待自己有多重要？
Male 2	在你的自我认知中，“男性”这一身份对你来讲是否重要？
Male 3	在你的自我印象中，作为一名男性的性别身份处于怎样的位置？

5.4.2　数据分析与假设检验

（1）信度检验

在进行本研究的假设检验之前，我们先对研究中所涉及变量的量表进行信度检验，采用的指标为 Cronbach α 系数。广告态度这一变量的 Cronbach α 系数为 0.84，感知定制化的 Cronbach α 系数为 0.82，学生身份认知的 Cronbach α 系数为 0.81，性别身份认知的 Cronbach α 系数为 0.81，四个变量每一个题项的 CITC 值也都超过 0.50 的标准，Cronbach α 系数都大于 0.70 的标准，并且相应变量中任何题项删除之后，Cronbach α 的值没有增大，各项指标都达到了相应的标准。说明研究一中各个量表具有较好的信度。具体信度检验结果如表 5－4 所示。

表 5-4　变量的信度分析

维度	题项	CITC	题项已删除的 Cronbach α	Cronbach α
广告态度	Ad 1	0.66	0.80	0.84
	Ad 2	0.72	0.75	
	Ad 3	0.72	0.76	
感知定制化	Target 1	0.70		0.82
	Target 2	0.70		
学生身份认知	Student 1	0.72	0.67	0.81
	Student 2	0.67	0.72	
	Student 3	0.59	0.80	
性别身份认知	Male 1	0.70	0.70	0.81
	Male 2	0.76	0.64	
	Male 3	0.54	0.80	

（2）操控检验

对于学生身份启动的操控测量，本章采用 3 个题项；对于性别身份启动的操控测量，本章也采用 3 个题项。详细操控检验的结果如表 5-5 和表 5-6 所示。

表 5-5　学生身份的操控检验

变量	均值		*F* 值	*P* 值
	社会身份启动组	社会身份未启动组		
学生身份认知	4.99	4.67	5.30	0.02

表 5-6　性别身份的操控检验

变量	均值		*F* 值	*P* 值
	社会身份启动组	社会身份未启动组		
性别身份认知	5.70	5.46	4.65	0.03

由表 5-5 的检验结果可看出，启动社会身份组的被试，其学生身份认知均值为 4.99，而未启动社会身份组的被试，其学生身份认知均值为 4.67，二者之间有显著性的差异（$F = 5.30$，$P = 0.02 < 0.05$），这说明关

于被试的学生身份操控是有效的。

从表5-6的检验结果可看出，启动社会身份组的被试，其性别身份认知均值为5.70，而未启动社会身份组的被试，其性别身份认知均值为5.46，二者之间有显著性差异（$F=4.65$，$P=0.03<0.05$），这说明关于被试的性别身份操控也是有效的。

（3）假设检验

为了检验双重社会身份诉求对广告态度的影响，我们将研究数据进行平均化处理，以社会身份启动 groupi（启动/未启动）、社会身份广告诉求 groupa（无身份/单一身份/双重身份）为固定因子，以广告态度为因变量，进行双因素方差分析（Two-way ANOVA），分析结果如表5-7和图5-3所示。

表5-7　以广告态度为因变量的双因素方差分析

源	Ⅲ型平方和	df	均方	F值	P值
校正模型	24.15	5	4.83	5.17	0.00
截距	2823.03	1	2823.03	3020.56	0.00
groupi	7.21	1	7.21	7.71	0.00
groupa	7.94	2	3.97	4.25	0.01
groupi × groupa	9.32	2	4.67	4.99	0.00
误差	193.47	207	0.94		
总计	3037.44	213			
校正的总计	217.61	212			

由表5-7的检验结果可以看出，社会身份启动与否对广告态度有显著的影响（$F=7.71$，$P=0.00<0.05$），而社会身份启动和社会身份广告诉求间存在着非常显著的交互作用（$F=4.99$，$P=0.00<0.05$），也就是说启动消费者的社会身份时，不同数量的社会身份广告诉求对消费者的广告态度有一定的影响。

由图5-3可以更加直观地看出变化趋势，即当启动双重社会身份时，消费者的广告态度随着社会身份诉求的数量增多而变得更友好；但是当未启动双重社会身份时，消费者的广告态度并未随着社会身份诉求数量的变

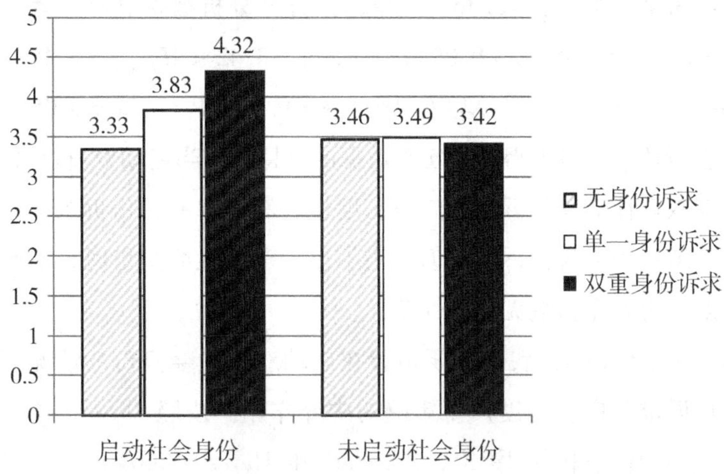

图 5-3　社会身份启动和社会身份诉求间的交互作用

化而显著变化。在启动双重社会身份的情况下，广告态度均值得分：$M_{双重身份}=4.32>M_{单一身份}=3.83>M_{无身份}=3.33$；在未启动双重社会身份的情况下，三种身份诉求的广告态度得分几乎相等。

上述变化趋势初步验证了假设 1，但是为了更严谨地论证假设 1，我们还需在两种社会身份启动组内验证变化的显著性，因此本章继续进行 6 组单因素方差分析（One - way ANOVA）。第一，验证启动双重社会身份组内，不同数量的社会身份诉求对广告态度的影响。在双重社会身份启动的前提下，我们比较无身份诉求和单一身份诉求、单一身份诉求和多重身份诉求、无身份诉求和多重身份诉求。经过处理，消费者广告态度的得分均值为：$M_{双重身份}=4.32>M_{单一身份}=3.83$，且单因素方差分析结果显示二者有显著性差异（$F=5.28$，$P=0.02<0.05$）；而 $M_{双重身份}=4.32>M_{无身份}=3.33$，且单因素方差分析结果显示二者有显著性差异（$F=19.38$，$P=0.00<0.05$）。第二，$M_{单一身份}=3.83>M_{无身份}=3.33$，且单因素方差分析结果显示二者有显著性差异（$F=5.31$，$P=0.02<0.05$）。

接下来验证未启动双重社会身份组内，不同数量的社会身份诉求对广告态度的影响。广告态度的均值：$M_{双重身份}=3.42<M_{单一身份}=3.49$，且单因素方差分析结果显示二者差异不显著（$F=0.06$，$P=0.81>0.05$）；

$M_{单一身份}=3.49>M_{无身份}=3.46$，且单因素方差分析结果显示二者差异不显著（$F=0.01$，$P=0.92>0.05$）；$M_{双重身份}=3.42<M_{无身份}=3.46$，且单因素方差分析结果显示二者差异不显著（$F=0.02$，$P=0.88>0.05$）。

综上所述：假设1得到了实验数据的支持，即当启动双重社会身份时，消费者对双重社会身份诉求的广告态度显著高于单一身份诉求，且单一身份诉求显著高于无身份诉求。但是当不启动双重社会身份时，不同数量身份诉求对广告态度影响无显著性差异。

为了论证假设2，我们需要检验在启动双重社会身份的情况下，双重社会身份诉求对广告态度产生影响的中介作用。按照 Zhao 等（2010）提出的中介效应分析程序[70]，Preacher 和 Hayes（2004）[71] 以及 Hayes（2013）[72] 所提出的 Bootstrap 方法进行中介效用检验（见表5-8）。

表5-8　中介变量分析

Direct effect of X on Y					
Effect	SE	*t*	*p*	LLCI	ULCI
0.38	0.10	3.70	0.00	0.18	0.59
Indirect effect of X on Y					
Effect	Boot SE	BootLLCI	BootULCI		
0.11	0.05	0.04	0.23		

由表5-8的检验结果可以看出，在启动双重社会身份情况下，双重社会身份诉求广告对消费者广告态度影响的中介效应检验结果区间（Boot LLCI=0.04，Boot ULCI=0.23）不包含0。这说明感知定制化对双重社会身份诉求和广告态度间的中介效应显著，中介效应大小为0.11。控制中介后，双重社会身份诉求对广告态度的直接影响也较显著，因为检验结果区间（LLCI=0.18，ULCI=0.59）也不包含0。这说明在启动双重社会身份的情况下，感知定制化是双重社会身份诉求对广告态度产生影响的中介变量，且为部分中介。综上所述，假设2得到数据支持。

5.4.3　研究小结

研究一采用实验法对文章的主效应进行了严格论证。研究结果表明：

在启动双重社会身份的情况下，消费者对双重社会身份诉求的广告态度要显著高于单一社会身份诉求的广告，并且单一社会身份诉求的广告也要高于无身份诉求的广告；但是如果不启动社会身份，三种不同数量的社会身份诉求的广告之间没有明显差异；双重社会身份诉求对广告态度的影响受到感知定制化的中介作用，且感知定制化为部分中介。

前人学者的研究论证了单一社会身份诉求会对消费者的广告态度产生积极的影响，在本研究中我们加入了双重社会身份的概念，同时实验数据支撑了双重社会身份比单一社会身份对广告态度的影响效果更好，并且我们在研究中深度挖掘了社会身份广告对消费者广告态度造成积极影响的作用机理是感知定制化的改变，可以说本研究是对前人研究的拓展和再次验证。

与此同时，在研究中我们还发现，只有同时启动双重社会身份时，消费者对双重社会身份诉求的广告态度才明显高于单一社会身份诉求的广告，明显高于无身份诉求的广告。所以在实验研究二和研究三中对于未启动双重社会身份的情况不再做讨论。同时由于本章主要研究双重社会身社份诉求，而单一社会身份诉求和无身份诉求间的关系前人学者已经有大量研究，并且研究一已经论证了双重社会身份诉求比单一社会身份诉求更具吸引力，因此双重社会身份诉求的广告必然比无社会身份更具吸引力。遂在后续研究中我们将只分析在启动双重社会身份的情况下，何时单一社会身份诉求和双重社会身份诉求对广告态度的影响差异显著。

5.5　研究二：社会身份复杂性的调节作用研究

5.5.1　研究设计

(1) 实验设计

研究二采用的是实验法，有效样本为 146 个，男女各 73 人，满足实验法的一般要求。本研究为 2 ×2 的实验设计，即社会身份诉求（双重身份诉求 VS 单一身份诉求）×社会身份复杂性（复杂性高 VS 复杂性低）。本研究的参与对象为大连理工大学本科生，研究中我们用性别差异控制双重社会身份复杂性（男性+大工学生 VS 女性+大工学生）。

本研究中双重社会身份的启动采用与研究一不同的刺激方式，在整个实验过程中我们有三幅广告图，前两幅广告图是启动被试双重社会身份的广告图，第三幅广告是研究的目标广告。女生样本看的是女性化妆品和大工招生广告，男性样本看的是男性西装和大工招生广告。因变量的产品广告依旧为背包广告。

（2）实验操控

将参与实验的73名本科男生随机分为两组，即双重社会身份组和单一社会身份组，同时将女生也随机分为单一社会身份组和双重社会身份组。146名有效参与者共分4组，即社会身份广告诉求（双重身份诉求 VS 单一身份诉求）×社会身份复杂性（身份复杂性高 VS 身份复杂性低）。

首先，我们分别对男性样本和女性样本进行双重社会身份的启动。社会身份启动的操控方法借鉴 Deshpande 和 Stayman（1994）[33]、Grier 等（2006）[34]的研究成果，他们在自己的研究中都采用了让被试看图片广告的方式来启动社会身份。在本研究中，让男被试观看男性西装的图片来启动男性性别身份，让其观看大工的招生广告来启动男被试的大工学生身份；让女被试观看女性化妆品的图片来启动女性性别身份，让其观看大工的招生广告来启动女被试的大工学生身份。在社会身份启动之后立刻让4组被试完成社会身份认知（性别身份认知和大工学生身份认知）的测量。男性被试的性别身份启动和大工学生身份启动的两幅广告如图5-4所示。女性被试的性别身份启动和大工学生身份启动的两幅广告如图5-5所示。

其次，根据 Roccas 和 Brewer（2002）提出的社会身份复杂性理论成果，我们采用性别差异操控社会身份复杂性（社会身份重叠程度）。一般来说，理工科学生身份和男性性别身份的重叠度较大，而和女性性别身份的重叠度较小。大连理工本科生的男性比例明显高于女性比例，所以大连理工男学生的大工学生身份和性别身份重叠度高，因而身份复杂性低；大连理工女学生的大工学生身份和性别身份重叠度低，因而身份复杂性高。

图 5－4　社会身份启动（男性）

图 5－5　社会身份启动（女性）

最后，对被试进行社会身份广告诉求的启动操控。社会身份广告诉求的启动同样借鉴 Whittler 和 Spira（2002）[5] 的研究成果，与研究一保持一致。主要是控制广告语的差异性来实现不同社会身份的诉求。例如，“大工学生的”就是单一社会身份诉求，“大工男生的”或“大工女生的”就是双重社会身份诉求。待被试完成身份复杂性（身份重叠度）以及广告态度的测量后，填写个人信息，然后离开实验房间。研究二中测量广告态度的男性被试和女性被试社会身份产品广告分别如图 5－6 和图 5－7 所示。

图 5－6　产品广告图（男性）

（3）变量测量

双重社会身份启动的身份认知（性别身份和大工学生身份）测量量表、广告态度的测量量表都与研究一中一致。研究二需要针对社会身份复

图 5－7　产品广告图（女性）

杂性（身份重叠度）这一变量进行测量。社会身份复杂性的测量包括两个题项，采用的是李克特 7 级量表。在第一个题项中，1～7 分别表示：15%以下，15%～30%，31%～49%，50%，51%～70%，71%～85%，85%以上；在第二个题项中，“7”表示非常多，“4”表示中立，“1”表示非常少，借鉴改编自 Roccas 和 Brewer（2002）的相关研究[63]。具体题项如表 5－9 所示。

表 5－9　社会身份复杂性题项

变量代码	测量题项
Overlap 1	你认为在“大工学生”中，有多大比例的学生是男性？
Overlap 2	你认为在大工学生中，男性学生有多少？

5.5.2　数据分析与假设检验

(1) 信度检验

在进行本研究的假设检验之前，我们先对研究中所涉及变量的量表进行信度检验，采用的指标为 Cronbach α 系数。广告态度这一变量的 Cronbach α 系数为 0.95，社会身份复杂性的 Cronbach α 系数为 0.96，大工学生认知的 Cronbach α 系数为 0.81，性别身份认知的 Cronbach α 系数为 0.79。四个变量的每个题项的 CITC 值也都超过 0.50 的标准，Cronbach α 系数都大于 0.70 的标准，并且相应变量中任何题项删除之后，Cronbach α 的值没有增大，各项指标都达到了相应的标准。说明研究二中各个量表具有较好的信度。具体结果如表 5－10 所示。

表 5-10　变量的信度分析

维度	题项	CITC	题项已删除的 Cronbach α	Cronbach α
广告态度	Ad 1	0.89	0.92	0.95
	Ad 2	0.87	0.92	
	Ad 3	0.83	0.94	
	Ad4	0.87	0.93	
社会身份复杂性	Overlap 1	0.92		0.96
	Overlap 2	0.92		
大工学生认知	Student 1	0.61	0.78	0.81
	Student 2	0.71	0.67	
	Student 3	0.65	0.74	
性别身份认知	Gender 1	0.63	0.71	0.79
	Gender 2	0.65	0.67	
	Gender 3	0.63	0.73	

（2）操控检验

对于社会身份复杂性的操控测量，本章采用两个题项。详细操控检验的结果如表 5-11 所示。男性的社会身份复杂程度低（身份重叠度高），重叠度得分为 5.93，女性的社会身份复杂程度高（身份重叠度低），重叠度得分为 2.60，二者差异显著（$F=991.42$，$P=0.00<0.05$）。综上所述，实验二的操控是成立的。

表 5-11　社会身份复杂性（重叠度）的操控检验

变量	均值		F 值	P 值
	身份复杂性低（重叠高）	身份复杂性高（重叠低）		
身份复杂性（重叠度）	5.93	2.60	991.42	0.00

（3）假设检验

为了检验社会身份复杂性（身份重叠度）调节双重社会身份诉求对广告态度的影响，我们将广告态度数据进行平均化处理，将身份复杂性 gender（男性低/女性高）、社会身份诉求 groupa（单一诉求/双重诉求）作为固定因子，以广告态度为因变量，进行双因素方差分析（Two - way ANOVA），分析结果如表 5 - 12 和图 5 - 8 所示。

从表 5 - 12 可看出，双重社会身份诉求对消费者广告态度的影响作用十分显著（$F = 6.65$，$P = 0.01 < 0.05$）。同时对于消费者的广告态度而言，不同的社会身份复杂性（社会身份复杂性高 VS 社会身份复杂性低）和社会身份诉求之间存在显著的交互作用（$F = 4.06$，$P = 0.04 < 0.05$）。

由图 5 - 8 可以更加直观地看出变化趋势，即在启动双重社会身份前提下：社会身份复杂性高（社会身份重叠度低）的被试对双重社会身份诉求的广告态度要明显高于单一社会身份诉求的广告（$M_{双重身份} = 4.51 > M_{单一身份} = 3.50$）；但是社会身份复杂性低（社会身份重叠度高）的被试对双重社会身份诉求和单一社会身份诉求的广告态度就无明显差异（$M_{双重身份} = 3.86$，$M_{单一身份} = 3.73$）。这说明社会身份复杂性（即社会身份重叠度，本章以性别进行控制）有调节不同数量社会身份诉求与广告态度之间关系的趋势，假设 3 得到初步论证。

表 5 - 12　以广告态度为因变量的双因素方差分析

源	Ⅲ型平方和	df	均方	F 值	P 值
校正模型	20.53	3	6.84	3.85	0.01
截距	2223.51	1	2223.51	1249.63	0.00
gender	1.58	1	1.58	0.89	0.35
groupa	11.83	1	11.83	6.65	0.01
gender × groupa	7.22	1	7.22	4.06	0.04
误差	252.67	142	1.78		
总计	2492.69	146			
校正的总计	273.20	145			

上述变化趋势初步验证了假设 3 的正确性，但是为了更严谨地论证假设 3，我们还需在同一社会身份复杂性组内验证变化的显著性，因此本章继续做两组单因素方差分析（One - way ANOVA）。首先，验证社会

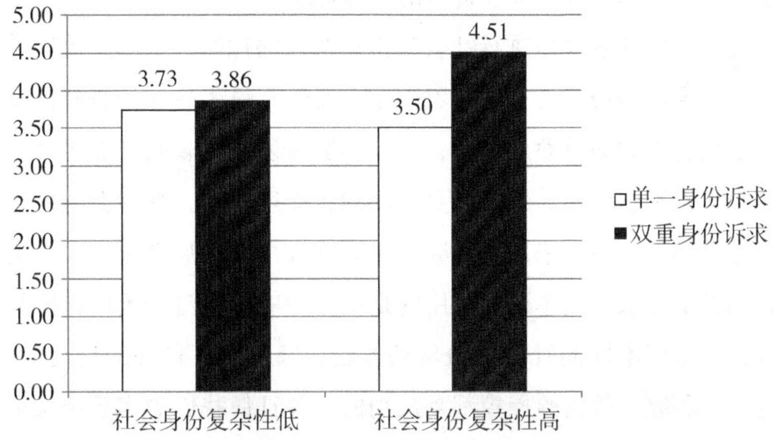

图 5-8　社会身份复杂性和社会身份诉求的交互作用

身份复杂性高即女性被试双重社会身份诉求和单一社会身份诉求对广告态度影响差异的显著性。经过处理，消费者社会身份广告态度的得分均值：$M_{双重身份}=4.51>M_{单一身份}=3.50$，且单因素方差分析结果显示二者之间有显著性的差异（$F=8.89$，$P=0.00<0.05$）。接下来，验证社会身份复杂性低的男性被试双重社会身份诉求和单一社会身份诉求对广告态度影响差异的显著性。消费者社会身份广告态度的得分均值：$M_{双重身份}=3.86$，$M_{单一身份}=3.73$，且单因素方差分析结果显示二者不存在显著性差异（$F=0.20$，$P=0.66>0.05$）。

综上所述：假设 3 得到实验数据的支持，即社会身份复杂性是双重社会身份诉求对广告态度影响的调节变量。

5.5.3　研究小结

研究二采用实验法对本章主效应产生作用的一种边界条件进行了严格论证，同时也再次论证了感知定制化是双重社会身份诉求对广告产生影响的中介条件。研究结果表明：社会身份复杂性是双重社会身份诉求对广告态度影响的调节变量。社会身份复杂程度低（身份重叠度高）的消费者，对双重社会身份诉求和单一社会身份诉求的广告态度无明显差异；而社会身份复杂程度高（身份重叠度低）的消费者，对双重社会身份诉求的广告态度会更显著高于单一社会身份诉求的广告态度。

本研究中采用性别身份进行社会身份复杂性的控制，原因是大连理工大学是男生主导的高校，处在这一氛围中，女性本科生感知的自我性别身份和大工学生身份间的重叠度较低，即社会身份复杂性较高；而男性本科生感知的自我性别身份和大工学生身份间的重叠度较高，即社会身份复杂性较低。在实验过程中，采用和研究一不同的社会身份启动方式，研究一采用的是问题引导法，而本研究采用的是观看相应社会身份的广告图片来启动的方法。采用不同的社会身份启动方法，都得出了良好的启动效果，说明研究一和研究二的实验操控都是成功的，并且使我们的实验结果更可能具有普适性。因此在研究三中，我们将会尝试寻找主效应发生作用的其他边界条件，并且会相对应地针对不同社会身份诉求的广告做普适性研究。

5.6 研究三：处理动机的调节作用研究

5.6.1 研究设计

（1）实验设计

研究三采用的是实验法，有效样本为146个，满足实验法的一般要求。本研究为2×2的实验设计，即社会身份广告诉求（双重身份 VS 单一身份）×处理动机（同化动机 VS 异化动机）。本研究的参与对象为大连理工大学东北男生。在整个实验过程中我们有三幅广告图，前两幅广告图是启动被试双重社会身份的广告图，第三幅广告是研究的目标广告。

本研究中社会身份的启动采用与研究二相同的方式，区别是将大工学生身份拓展为更具普适性的东北人身份（地域），东北人社会身份启动的广告图为东北各地景区一览图，而男性性别身份启动的图片依旧为研究二中男性服装的图片。并且在双重社会身份激活的顺序上，选择的是先激活东北人身份，然后是男性身份，与研究二的顺序相反（研究二先激活性别

身份，然后是大工学生身份）。处理动机的操控刺激采用的是回忆并书写短文的形式，因变量的产品广告更改为更具普适性的啤酒广告。

（2）实验操控

参与实验的 146 名东北男生随机分为 4 组，即社会身份诉求（双重社会身份 VS 单一社会身份）×处理动机（同化动机 VS 异化动机）。

首先，对各组被试进行社会身份启动的操控。社会身份启动的操控方法同研究二一样，借鉴 Deshpande 和 Stayman（1994）[33]、Grier（2006）等[34]的研究成果，先让被试观看东北旅游的广告图，并立刻完成东北人身份认知测量，再让被试观看男性服装的广告图，并立刻完成性别身份测量。两幅社会身份启动的广告如图 5-9 所示。

图 5-9　社会身份启动

其次，对各组被试进行处理动机（同化动机 VS 异化动机）的操控。处理动机的实验操控借鉴改编自 Pickett 等（2002）[66]、Zhang 和 Khare（2009）[18]的相关研究。在研究中，他们采用让被试完成两段回忆性短文写作的方式来激活被试的处理动机的方法。其中让被试回忆两段极端个性化的时刻，也就是说回忆不能与周围人很好相处的那个时刻，此时激活的是被试的同化动机；而回忆两段过于雷同以至于失去个性的时刻，激活的是被试的异化动机。借鉴他们的研究成果我们的研究设计如下：

同化动机刺激组采用的题干表述为：“首先，请花点时间仔细回想一

下过去你感觉到自己与其他人明显不同的时刻，也就是说你感觉到自己不能与周围的人保持和谐一致，从而导致自己鹤立鸡群的经历或情形。然后，请在下面的空白处简要写出你回忆中两段这样的情形。”

异化动机刺激组采用的题干表述为：“首先，请花点时间仔细回想一下过去你感觉到自己与其他人过于雷同的时刻，也就是说你感觉到自己与周围的人如此相像，以至于你连一点儿自己的个性都没有。然后，请在下面的空白处简要写出你回忆中两段这样的情形。”

最后，对被试进行社会身份广告诉求的启动操控。社会广告诉求的启动同样借鉴 Whittler 和 Spira（2002）[5] 的研究成果，和研究一保持一致。主要是控制广告语的差异性来实现不同社会身份的诉求。例如，“东北人就是够意思”就是单一社会身份诉求，“东北男人就是够意思”就是双重社会身份诉求。对各组被试进行广告态度的问卷测量，并填写个人信息，然后离开实验房间。

社会身份诉求广告态度的两幅社会身份产品广告如图 5－10 所示。

图 5－10　产品广告图

（3）变量测量

双重社会身份启动的身份认知（东北人和男性）测量量表、广告态度的测量量表都与实验研究一中一致。研究三需要针对处理动机这一变量进行测量。处理动机的测量包含两个维度，即同化动机的测量和异化动机的测量，每个维度两个题项，采用的是李克特 7 级量表。其中“7”表示非常同意，“4”表示中立，“1”表示非常不同意，借鉴改编自 Pickett 等（2002）[66]、Zhang 和 Khare（2009）[18] 的相关研究。他们在研究过程中把处理动机的两个维度进行单独测量，最终对于处理动机衡量即同化动机减去异化动机，采用公式（Same1 + Same2 － differ1 － differ2）/2 求得。本章

具体题项如表 5－13 所示。

表 5－13　处理动机题项

变量代码	测量题项
Same 1	我感觉我需要像其他人一样。
Same 2	我感觉我需要与其他人保持一致。
Differ 1	我感觉我需要与其他人不一样。
Differ 2	我感觉我需要使自己区别于其他人。

5.6.2　数据分析与假设检验

（1）信度检验

在进行本研究的假设检验之前，我们先对研究中所涉及变量的量表进行信度检验，采用的指标为 Cronbach α 系数。广告态度这一变量的 Cronbach α 系数为 0.90，同化动机的 Cronbach α 系数为 0.85，异化动机的 Cronbach α 系数为 0.86，东北人身份认知的 Cronbach α 系数为 0.83，性别身份认知的 Cronbach α 系数为 0.85。五个变量每个题项的 CITC 值也都超过 0.50 的标准，Cronbach α 系数都大于 0.70 的标准，并且相应变量中任何题项删除之后，Cronbach α 的值没有增大，各项指标都达到了相应的标准。说明研究三中各个变量具有较好的信度。具体检验结果如表 5－14 所示。

表 5－14　变量的信度分析

维度	题项	CITC	题项已删除的 Cronbach α	Cronbach α
广告态度	Ad 1	0.78	0.85	0.90
	Ad 2	0.86	0.82	
	Ad 3	0.69	0.89	
	Ad 4	0.72	0.88	

续表

维度	题项	CITC	题项已删除的 Cronbach α	Cronbach α
处理动机	Same 1	0.74		0.85
	Same 2	0.74		
	Differ 1	0.72		0.86
	Differ 2	0.72		
东北人身份认知	Ne 1	0.65	0.79	0.83
	Ne 2	0.73	0.71	
	Ne 3	0.67	0.76	
性别身份认知	Male 1	0.72	0.83	0.85
	Male 2	0.80	0.72	
	Male 3	0.70	0.83	

(2) 操控检验

对于处理动机的操控测量，本章借鉴前人成果，分开测量同化动机和异化动机，在衡量处理动机时用同化动机减去异化动机进行处理。详细操控检验的结果如表5-15所示。处理动机的得分如果为正数，则被试拥有强烈的同化动机，而得分为较小的负数则被试拥有强烈的异化动机。表5-15中，在同化动机刺激下（回忆过于个性化的时刻），处理动机的衡量得分为-0.99,在异化动机刺激下（回忆过于雷同的时刻），处理动机的衡量得分为-2.05。相比较而言，虽然同化动机刺激下得分依旧为负值，但负数较大且-0.99>-2.05（异化动机明显减少），并且二者有显著性差异（$F=16.08$，$P=0.00<0.05$）。这说明同化动机刺激带来较为明显的同化动机，异化动机刺激带来强烈的异化动机。综上所述，实验研究三的实验操控是成立的。

表5-15 处理动机的操控检验

变量	同化动机减去异化动机		*F* 值	*P* 值
	同化动机刺激	异化动机刺激		
处理动机	-0.99	-2.05	16.08	0.00

(3) 假设检验

为了检验处理动机调节双重社会身份诉求对广告态度的影响，我们将

广告态度数据进行平均化处理，将不同处理动机 groupm（同化动机/异化动机）、社会身份广告诉求 groupa（单一诉求/双重诉求）作为固定因子，以消费者的广告态度为因变量，进行双因素方差分析（Two - way ANOVA），分析结果如表 5 - 16 和图 5 - 11 所示。从表 5 - 16 可看出，双重社会身份诉求对消费者广告态度的影响作用十分显著（$F = 6.24$，$P = 0.01 < 0.05$）。对于广告态度而言，不同的处理动机（同化动机/异化动机）和社会身份诉求（单一身份/双重身份）之间存在显著的交互作用（$F = 4.73$，$P = 0.03 < 0.05$）。

表 5 - 16　以广告态度为因变量的双因素方差分析

源	Ⅲ型平方和	df	均方	F 值	P 值
校正模型	19. 05a	3	6. 35	4. 64	0. 00
截距	3064. 24	1	3064. 24	2237. 26	0. 00
groupa	8. 55	1	8. 55	6. 24	0. 01
groupm	3. 81	1	3. 81	2. 78	0. 10
groupa × groupm	6. 48	1	6. 48	4. 73	0. 03
误差	194. 49	142	1. 37		
总计	3281. 31	146			
校正的总计	213. 54	145			

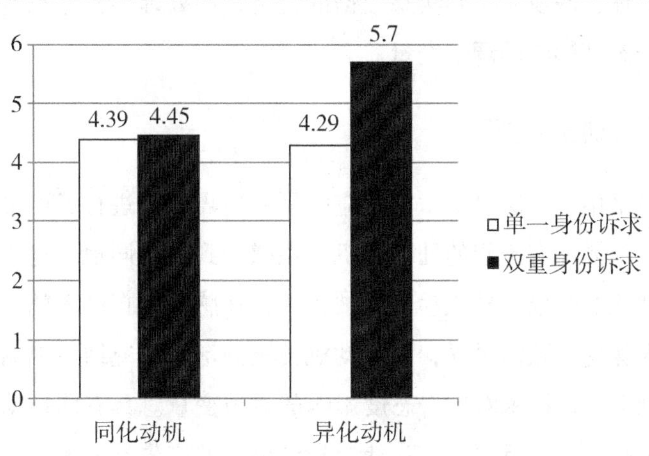

图 5 - 11　处理动机和社会身份诉求间的交互作用

由图 5－11 可以更加直观地看出变化趋势，即在启动双重社会身份前提下：进行异化动机刺激，对双重社会身份诉求的广告态度要显著高于单一社会身份诉求的广告态度（$M_{双重身份}=5.70>M_{单一身份}=4.29$）；但是进行同化动机刺激，对双重社会身份诉求的广告态度和对单一社会身份诉求的广告态度之间并未存在显著性的差异（$M_{双重身份}=4.45$，$M_{单一身份}=4.39$）。这说明处理动机有调节不同数量的社会身份诉求与广告态度之间关系的趋势，假设 4 得到初步论证。

上述变化趋势初步验证了假设 4 的正确性，但是为了更严谨地论证假设 4，我们还需在同一处理动机组内验证变化的显著性，因此本章继续做两组单因素方差分析（One－way ANOVA）。首先，验证异化动机组内，双重身份诉求和单一身份诉求对广告态度影响差异的显著性。消费者社会身份广告态度的均值：$M_{双重身份}=5.70>M_{单一身份}=4.29$，且单因素方差分析结果显示二者差异显著（$F=10.07$，$P=0.00<0.05$）。接下来，验证同化动机组内，双重身份诉求和单一身份诉求对广告态度影响差异的显著性。消费者社会身份广告态度的均值得分：$M_{双重身份}=4.45$，$M_{单一身份}=4.39$，且单因素方差分析结果显示二者之间不存在显著性差异（$F=0.06$，$P=0.81>0.05$）。

综上所述：假设 4 得到实验数据的支持，即处理动机是双重社会身份诉求对广告态度影响的调节变量。

5.6.3 研究小结

研究三采用实验法对本章主效应的另一边界效应进行了严格论证。不同情境下，个体拥有不同的处理动机，在感受到自己同他人过于雷同、极度缺乏个性化的时候，异化动机便被激活；在感受到自己太鹤立鸡群，不能和周围人保持一致的时候，同化动机便被激活。研究结果表明：处理动机是双重社会身份诉求对广告态度影响的调节变量。具有同化动机的消费者，对双重社会身份诉求和单一社会身份诉求的广告态度无明显差异；而具有异化动机的消费者，对双重社会身份诉求的广告态度会更显著高于单一社会身份诉求的广告态度。

在研究中我们再次论证双重社会身份会对消费者感知定制化产生显著影响，因而形成更为积极的广告态度。此次研究中虽然我们采用的依旧是与研究二相同的社会身份启动方式，但是我们将两种社会身份的激活顺序做了对调，检验其是否会和研究二的激活效果产生差异性。并且相较于研究一和研究二我们采用了更为普遍的两种社会身份，即地域和性别，同时我们的目标广告产品也进行了更换，相当于是在不同的消费者群体中对前述主效应的拓展和权变研究，这种做法将会使实验结果更具普适性，也更可能对企业实践产生指导意义。

5.7　结论与展望

5.7.1　研究结论和创新

(1) 研究结论

中国人非常注意自己的身份，人们常以“物以类聚，人以群分”来表达自己的不同社会身份。企业在产品宣传时经常大打“身份”牌来吸引消费者，甚至某些市场追赶者针对某一社会身份定位品牌，凭借区域性、强关系型的市场定位，依靠着社会身份广告迅速打开产品知名度，增加市场占有率（东三福 VS 康师傅）。消费者行为是企业界非常看重的一个指标，只有弄清行为背后的机理，企业才能更好地卖出产品，更好地打开消费者的心扉，使之成为企业的忠诚消费者。单一社会身份诉求对广告态度和消费者行为的影响研究及实际应用已经较为成熟，但是随着中国市场竞争的加剧，单一身份广告诉求已经不能满足消费者越发挑剔的个性化需求。为了满足消费者挑剔的个性化需求，双重社会身份广告诉求也许是一个好的选择。所以本章拓展前人成果，研究双重身份诉求对广告态度的影响，并探讨这一影响的作用机理及边界条件。

本章共分为三个研究设计，通过实验法探究双重社会身份广告诉求对广告态度影响的作用机理，以及影响形成效果差异的边界条件。具体结果如下：

研究一采用的是实验法，为3×2研究设计，即社会身份诉求（双重身份VS单一身份VS无身份）×社会身份启动（无社会身份VS社会身份）。验证对于广告态度，社会身份启动与否和社会身份诉求之间存在显著交互作用。其中，当启动双重社会身份时，消费者对双重社会身份诉求的广告态度要显著高于单一社会身份诉求，且单一社会身份诉求也显著高于无社会身份诉求，同时消费者感知定制化（Feel targeted）是这一影响的中介条件。但是，当未启动社会身份时，对于消费者的广告态度而言，双重社会身份诉求、单一社会身份诉求和无社会身份诉求之间没有显著性差异。

研究二采用的是实验法，为2×2的实验设计，即社会身份诉求（双重身份VS单一身份）×社会身份复杂性（身份复杂性高VS身份复杂性低）。验证双重社会身份诉求会对广告态度产生显著性的影响。并且对于广告态度而言，不同的社会身份复杂性（身份重叠度）和社会身份诉求之间存在显著的交互作用。在启动双重社会身份前提下：对于社会身份复杂性高（重叠度低）的消费者，对双重社会身份诉求的广告态度要显著高于单一社会身份诉求的广告态度；但是对于社会身份复杂性低（重叠性高）的消费者，对双重社会身份诉求的广告态度和单一社会身份诉求的广告态度之间并没有显著性差异。

研究三采用的是实验法，为2×2的实验设计，即社会身份诉求（双重身份VS单一身份）×处理动机（同化动机VS异化动机）。验证了双重社会身份诉求对广告态度的显著性影响。并且对于广告态度而言，不同的处理动机和社会身份诉求之间存在显著的交互作用。在启动双重社会身份前提下：进行异化动机刺激，对双重社会身份诉求的广告态度要显著高于单一社会身份诉求的广告态度；但是进行同化动机刺激，对双重社会身份诉求的广告态度和单一社会身份诉求的广告态度之间并没有显著性差异。

综上所述：在启动社会身份的前提下，对双重社会身份诉求的广告态度显著高于单一社会身份诉求及无身份诉求的广告态度（假设1）；并且消费者感知定制化是这一影响产生的部分中介变量（假设2）；社会身份复杂

性是双重身份诉求对广告态度影响的一个调节变量，且社会身份复杂性越高，双重社会身份诉求和单一社会身份诉求对广告态度的影响差异越显著；而社会身份复杂性越低，双重社会身份诉求和单一社会身份诉求对广告态度的影响差异越不显著（假设3）；处理动机是双重社会身份诉求对广告态度影响的另一调节变量，处于异化动机主导下，双重社会身份诉求和单一社会身份诉求对广告态度的影响差异将更显著，而处于同化动机主导下，双重社会身份诉求和单一社会身份诉求对广告态度的影响差异将变得不显著（假设4）。

（2）理论贡献

通过在本章撰写过程中总结前人研究成果不难发现：前人学者的研究视角主要针对特定的某一种社会身份展开（Grier，2006；Whittler，2002；Madrigal，2001[73]等），主要论述启动消费者某一社会身份，探究与该身份相关的广告态度、产品评价、品牌偏好等。而双重社会身份的研究主要集中在社会心理学领域，主要论述当被试产生交叉身份时的心理状态和行为选择（Richard，2003；Small，2014；Briley，2005等）。前人学者关于社会身份在营销领域的研究主要是单一社会身份对广告态度的影响，本章首次研究了双重社会身份广告诉求对广告态度的影响。将社会心理学领域的双重社会身份概念带到营销学领域进行研究，拓展了双重社会身份研究的相关领域。

本章论证了双重社会身份诉求对广告态度影响的作用机理。社会身份广告诉求的相关研究主要论证社会身份广告会对消费者的广告态度产生更为积极的影响，但是鲜有学者分析为什么社会身份广告会对广告态度造成影响。我们在分析Forehand和Deshpande（2001）的研究时，发现消费者在面对社会身份广告时，会觉得广告就是以自己为目标的（Feel targeted），因此我们认为感知定制化很可能是社会身份广告对消费者广告态度产生作用的中介条件，同时实验数据也支撑了双重社会身份诉求的广告态度显著高于单一社会身份的广告态度也是通过感知定制化程度不同实现的。

另外在我们的研究中发现，双重社会身份诉求对广告态度的影响并不总是比单一社会身份的影响效果要好，所以我们猜测双重社会身份诉求对广告态度产生更好效果一定存在着边界条件。Roccas 和 Brewer（2002）的社会身份复杂性理论启发我们，双重社会身份之间的关系可能对主效应造成影响，最终的实验数据支撑了社会身份复杂性是双重社会身份诉求对广告态度影响的一个调节变量的论点，另外考虑到人们拥有不同的处理动机，所以把同化动机和异化动机纳入另一组调节变量，数据结果也支持了我们的设想。在本章的研究中我们为双重社会身份的研究找到了两组调节变量，可以很好地为后续进行更多持续性研究提供参考。

5.7.2 研究局限和展望

本章探索研究双重社会身份诉求对广告态度的影响，虽然是借鉴前人的学术成果，但在文献收集过程中，并未发现国内外文献有双重社会身份广告的相关研究，所以本章是站在前人视角的一次尝试性拓展研究，因为是一次新的尝试，不可避免地会有一些不足之处需要持续性地研究改进。

首先，研究样本的局限性。研究一选择的是性别和大学生身份，研究二是性别和大工学生身份，研究三是东北人和大工学生身份。由于研究的便利性，三个研究中样本选择均为大连理工大学学生。虽然研究过程中刻意控制学生样本的所处范围（一馆、综合楼、研究生教学楼、西综、伯川、令希），使实验结果尽可能地具有大范围的普适性，但是不可否认仅有学生样本还是存在局限性的，未来的研究中可以扩大样本的范围，针对不同人群（如白领、金领、医生、公务员等）做类似研究。

其次，本研究的所选产品具有局限性。虽然为了避免品牌偏好对被试的干扰，研究一和研究二的目标产品广告图随便编写了一个未曾存在的品牌，并且选择学生们普遍需要的背包，研究三采用的是哈尔滨啤酒。但是目标广告的配色、广告布局形状等都可能对被试产生未知影响。未来的研究可以采用其他种类的目标广告重复性地对被试进行双重社会身份诉求广告态度的相关研究。

最后，本章论证了双重社会身份诉求对广告态度影响的作用机理及边界条件，但是感知定制化只是部分中介变量，而社会身份复杂性和处理动

机是主效应发生作用的两种调节变量。但是整个影响过程的调节变量肯定不仅有两种，如产品种类和消费者个人特征。对于公开消费的产品或依赖自我特征的消费者来说，是不是双重社会身份对广告态度影响效果就更显著，而隐私消费的产品或独立自我特征影响效果就不显著呢？由于时间紧和个人知识积累的限制性，因此没有丰富更多调节变量到模型中。

5.7.3　管理启示

本章探讨了双重社会身份诉求对广告态度影响的作用机理和边界条件。本章的研究成果可以为企业进行广告营销提供一定的切实指导。

第一，本章对企业是否应该采用双重社会身份广告提供理论依据。社会身份广告对消费者的广告吸引力早已被证实。万宝路香烟："万宝路的男人"，哈斯维衬衫："穿哈斯维的男人"。基于社会身份的广告诉求使其在男性消费者心智中占领选择的高地。鸿星尔克传统广告语为"To be No. 1"，市场目标人群主要定位在追求时尚的年轻人群体，由于广告语并没有很好地符合这一人群的社会身份，所以近年来鸿星尔克的市场占有率逐年下滑。但 2015 年却是鸿星尔克改变的开始，全系年轻化"你好阳光"的广告语，并配以一群年轻男女代言人的广告诉求一经推出就深深打动了年轻群体的内心。

然而，随着消费者越来越挑剔的个性化需求，诸如"'90 后'李宁""小米，为发烧友而生"的广告诉求渐渐开始不能满足消费定制化的需要。2015 年 10 月上市的 Apple Watch，其在宣传中使用了不同社会身份诉求广告，同时宣传了恋人身份、家庭身份和运动员身份。这种多重社会身份的广告诉求很好地符合了消费者的多重社会身份，苹果也以此达到了"改变无所不在"的宣传效果。同样如前文所述，三星 W 系列手机的双重身份广告、大众汽车双重身份广告、切诺基代言人王石的双重社会身份诉求等都是对多重社会身份广告实践效果的探索，但是现有研究并没有数据支撑双重社会身份广告诉求的效果。本章的研究数据支撑了双重社会身份广告态度要比单一社会身份广告态度更好的结论。因此，企业在日后应该大胆采用双重社会身份广告而不要有后顾之忧。例如，"海澜之家，职场男人的新宠!”“兰蔻小蓝瓶，顾家的女人最美丽!”“汇源肾宝片，中老年男性的放心药!”。同时也要谨记消费者的感知定制化非常影响消费者的广告态度。企业在广告营销时，要尽可能地使消费者感知到产品广告就是为他们准备的，用一些“你的”“就是为你”“只为”等有指向性广告诉求宣传词汇。

第二，本章为企业双重社会身份广告启用前该做的准备工作提供理论支撑。本研究中发现双重社会身份广告诉求并非总是比单一社会身份广告诉求效果好，目标群体的身份复杂性是采用双重社会身份广告前必须要调查的一个指标，因为目标群体的社会身份复杂性（身份重叠度）会直接影响单一社会身份广告和双重社会身份广告的效果。所以企业采用双重社会身份广告时不能盲目跟风，一定要识别目标消费群体的特点，以免落入陷阱。例如曾经的“发烧手机”小米，小米一直凭借着“发烧友”的身份定位纵横市场，而买小米（不包括红米）手机的也是男性居多。随着整体安卓阵营手机性能参数过剩及直接竞争对手华为、魅族不断加快步伐紧追造成的价格比拼，小米“发烧友”级的超高性价比开始逐渐降低。此时小米需要进行新的基于社会身份的广告营销，最好是采用双重社会身份广告诉求的营销。但假如小米（不包括红米）盲目跟风定位自己的手机为“男发烧友”的神机，那么即便采用双重社会身份诉求也不可能带来比单一社会身份诉求更好的效果。一方面是男性和极客“发烧友”的身份重叠度太高，即社会身份复杂性较低；另一方面定位了“男性发烧友”双重身份，就相当于将少数女性“发烧友”排除，因而女性“发烧友”成了身份定位的规避群体。双重社会身份广告定位时，一定要对目标消费群进行相应身份重叠度的预判，否则很容易出现费力不讨好、宣传费用打水漂的恶果。

处理动机是目标消费群体非常难以预判的一个特点，但它也是采用双重社会身份广告前必须要调查的另一个指标，因为目标群体的处理动机会直接影响单一社会身份广告和双重社会身份广告的效果，异化动机下的目标消费群，如果不采用双重社会身份广告，那么消费者不买账，同化动机下的消费群，采用双重社会身份广告又和单一社会身份广告没差异。所以企业在采用双重社会身份广告时如果忽略了目标群体的处理动机，那么很

容易会造成消费者不买账的后果。因此在做广告营销时，企业应该配以其他营销方式激活目标群的处理动机，如针对目标消费群体利用事件营销，如围绕“买手机，选不同，我的世界我做主”“雷同的世界，我要追寻我的不同”“真实世界太雷同；虚拟世界，找不同”等主题进行网络舆论宣传和开展主题活动去激活目标群体异化动机，即强烈个性化需求。在异化动机下，目标消费群体将会更加偏好双重社会身份广告诉求。总之，是否准确地识别目标消费群的特点对采用双重社会身份广告效果的影响非常巨大。

参考文献

[1] Sirgy M J. Self-concept in consumer behavior: A critical review [J]. Journal of Consumer Research, 1982, 9: 287-300.

[2] 郭毅，杜娟. 基于社会身份视角的自我—品牌关系研究 [J]. 管理学家，2010，18 (2): 42-78.

[3] Forehand M R, Deshpande R, Reed A II. Identity salience and the influence of differential activation of the social self-schema on advertising response [J]. Journal of Applied Psychology, 2002, 87 (6): 1086-1099.

[4] Deshpande R, Hoyer W D, Donthu N. The intensity of ethnic affiliation: A study of the sociology of Hispanic consumption [J]. Journal of Consumer Research, 1986, 13 (2): 214-220.

[5] Whittler T E, Spira J S. Model's Race: A Peripheral Cue in Advertising Messages? Journal of Consumer Psychology, 2002, 12 (4): 291-301.

[6] Dalton A N, Huang L. Motivated Forgetting in Response to Social Identity Threat [J]. Journal of Consumer Research, 2014, 40 (6): 1017-1038.

[7] Escalas J E, Bettman J R. Self-Construal, Reference Groups, and Brand Meaning [J]. Journal of Consumer Research, 2005, 32 (3): 378-389.

[8] White K, Dahl D W. To Be or Not Be? The Influence of Dissociative Reference Groups on Consumer Preferences [J]. Journal of Consumer Psy-

chology, 2006, 16 (4): 404 - 414.

[9] Grier S A, Deshpandé R. Social Dimensions of Consumer Distinctiveness: The Influence of Social Status on Group Identity and Advertising Persuasion [J]. Journal of Marketing Research, 2001, 38 (2): 216 - 224.

[10] Puntoni S, Tavassoli N T. Gender Identity Salience and Perceived Vulnerability to Breast Cancer [J]. Erim Report, 2008, 48 (3): 413 - 424.

[11] Halberstadt J, Winkielman P. Easy on the Eyes, or Hard to Categorize: Classification Difficulty Decreases the Appeal of Facial Blends [J]. Journal of Experimental Social Psychology, 2014, 50 (50): 175 - 183.

[12] Johnson K L, Negin G. At the Crossroads of Conspicuous and Concealable: What Race Categories Communicate about Sexual Orientation [J]. Plos One, 2011, 6 (3): 656 - 660.

[13] Goff P A, Kahn K B. How Psychological Science Impedes Intersectional Thinking [J]. Du Bois Review Social Science Research on Race, 2014, 10 (2): 365 - 384.

[14] Gündemir S, Homan A C, Dreu C K W D, et al. Think Leader, Think White? Capturing and Weakening an Implicit Pro-White Leadership Bias [J]. Plos One, 2014, 9 (1): 839 - 915.

[15] Crisp R J, Hewstone M. Multiple Social Categorization [J]. Advances in Experimental Social Psychology, 2007, 39 (6): 163 - 254.

[16] 陈小花. 高校辅导员晋升发展机遇与挑战——基于双重身份的视角 [J]. 广东技术师范学院学报, 2014, 35 (12): 68 - 73.

[17] Briley D A, Morris M W, Simonson I. Cultural Chameleons: Biculturals, Conformity Motives, and Decision Making [J]. Journal of Consumer Psychology, 2005, 15 (4): 351 - 363.

[18] Zhang Y L, Khare A. The Impact of Accessible Identities on the Evaluation of Global versus Local Products [J]. Journal of Consumer Research, 2009, 36: 524 - 537.

[19] Leboeuf R A, Shafir E, Bayuk J B. The Conflicting Choices of Alterna-

ting Selves [J]. Organizational Behavior and Human Decision Processes, 2010, 111 (1): 48-61.

[20] Goffman E. Presentation of Self in Everyday Life [M]. New York: Doubleday, 1959.

[21] Tajfel H. Human groups and Social Categories: Studies in Social Psychology [M]. London: Cambridge University Press, 1981.

[22] Reed A II, Forehand M R, Puntoni S, et al. Identity-based Consumer Behavior [J]. International Journal of Research in Marketing, 2012, 29 (2): 310-321.

[23] Ward M K, Broniarczyk S M. It's Not Me, It's You: How Gift Giving Creates Giver Identity Threat as a Function of Social Closeness [J]. Journal of Consumer Research, 2011, 38 (1): 164-181.

[24] Wheeler S C, Bizer G Y. Self-Schema Matching and Attitude Change: Situational and Dispositional Determinants of Message Elaboration [J]. Journal of Consumer Research, 2005, 31 (4): 787-797.

[25] Coleman N V, Williams P. Feeling Like Myself: Emotion Profiles and Social Identity [J]. Journal of Consumer Research, 2013, 40 (2): 203-222.

[26] Turner J C. Social categorization and the self-concept: A social cognitive theory of group behaviour [J]. Advances in Group Processes, 1985, 2: 22-122.

[27] Burke P J, Stets J E. Identity Theory [M]. Oxford: Oxford University Press, 2009.

[28] Tajfel H. Differentiation between social groups: Studies in the social psychology of intergroup relations [M]. London: Academic Press, 1978.

[29] Turner J C, Hogg M A, Oakes P J, et al. Rediscovering the Social Group: A self-categorization Theory [M]. Cambridge, MA, US: Basil Blackwell, 1987.

[30] Turner J C. Towards a Cognitive Redefinition of the Social Group [M].

London: Cambridge University Press, 1982.

[31] Goldstein R, Almenberg J, Dreber A, et al. Do More Expensive Wines Taste Better? Evidence from a Large Sample of Blind Tastings [J]. Journal of Wine Economics, 2008, 3 (1): 1-9.

[32] Mandel N, Petrova P K, Cialdini R B. Images of Success and the Preference for Luxury Brands [J]. Journal of consumer psychology, 2006, 16 (1): 57-69.

[33] Deshpande R, Stayman D M. A Tale of Two Cities: Distinctiveness Theory and Advertising Effectiveness [J]. Journal of Marketing Research, 1994, 31 (1): 57-64.

[34] Grier S A, Brumbaugh A M, Thornton C G. Crossover Dreams: Consumer Responses to Ethnic-Oriented Products [M]. Journal of Marketing, 2006, 70 (2): 35-51.

[35] Fisher R J, Dube. Gender Differences in Responses to Emotional Advertising: A Social Desirability Perspective [J]. Journal of Consumer Research, 2005, 31 (4): 850-858.

[36] Mercurio K R, Forehand M R. An Interpretive Frame Model of Identity-Dependent Learning: The Moderating Role of Content-State Association [J]. Journal of Consumer Research, 2011, 38 (3): 555-577.

[37] Chan C, Berger J, Boven L V. Identifiable but Not Identical: Combining Social Identity and Uniqueness Motives in Choice [J]. Journal of Consumer Research, 2012, 39 (3): 561-573.

[38] White K, Argo J J. Social Identity Threat and Consumer Preferences [J]. Journal of Consumer Psychology, 2009, 19 (3): 313-325.

[39] Bearden W O, Etzel M J. Reference Group Influence on Product and Brand Purchase Decisions [J]. Journal of Consumer Research, 1982, 9 (2): 183-194.

[40] Escalas J E, Bettman J R. You Are What They Eat: The Influence of Reference Groups on Consumers' Connections to Brands [J]. Journal of

Consumer Psychology, 2003, 13 (3): 339 - 348.

[41] Kettle K L, Haubl G. The Signature Effect: Signing Influences Consumption-Related Behavior by Priming Self-Identity [J]. Journal of Consumer Research, 2011, 38 (3): 474 - 489.

[42] Tepper K. The Role of Labeling Processes in Elderly Consumers' Responses to Age Segmentation Cues [J]. Journal of Consumer Research, 1994, 20 (4): 503 - 519.

[43] White K, Dahl D W. Are All Out-Groups Created Equal? Consumer Identity and Dissociative Influence [J]. Journal of Consumer Research, 2007, 34 (4): 525 - 536.

[44] Berger J, Rand L. Shifting Signals to Help Health: Using Identity Signaling to Reduce Risky Health Behaviors [J]. Journal of Consumer Research, 2008, 35 (3): 509 - 518.

[45] Reed II A. Activating the Self-Importance of Consumer Selves: Exploring Identity Salience Effects on Judgments [J]. Journal of Consumer Research, 2004, 31 (2): 286 - 295.

[46] Macrae C N, Bodenhausen G V. Social Cognition: Thinking Categorically About others [J]. Annual Review of Psychology, 2000, 51 (1): 93 - 120.

[47] Kang S K, Bodenhausen G V. Multiple Identities in Social Perception and Interaction: Challenges and Opportunities [J]. Annual Review of Psychology, 2015, 66 (1) 547.

[48] Briley D A, Morris M W, Simonson I. Cultural Chameleons: Biculturals, Conformity Motives, and Decision Making [J]. Journal of Consumer Psychology, 2005, 15 (4): 351 - 362.

[49] Darren U, Stenstrom D M, Norman M. Crossed Categorization Beyond the Two-group Model [J]. Journal of Personality & Social Psychology, 2007, 92 (4): 649 - 664.

[50] Kang S K, Chasteen A L. Beyond the Double-Jeopardy Hypothesis: Assessing Emotion on the Faces of Multiply-Categorizable Targets of Prejudice

[J]. Journal of Experimental Social Psychology, 2009, 45 (6): 1281 - 1285.

[51] Small D A, Pope D G, Norton M I. An Age Penalty in Racial Preferences [J]. Social Psychological & Personality Science, 2012, 3 (6): 730 - 737.

[52] Richard U, Rose Maria L, Janet H S. Health and behavior risks of adolescents with mixedrace identity [J]. American Journal of Public Health, 2003, 93 (11): 1865 - 1870.

[53] 李颜青. 少数民族大学生双重身份认同及其危机 [J]. 时代教育, 2014 (13): 255 - 256.

[54] 秦伟平. 新生代农民工工作嵌入: 双重身份的作用机制 [D]. 南京: 南京大学, 2010.

[55] 王良钧. 公务员双重身份的划分与确定 [J]. 法学学刊, 2006, (1): 89 - 91.

[56] Ivonne M, Torres, Elten Briggs. Identification Effects on Advertising Response: The Moderating Role of Involvement [J]. Journal of Advertising, 2007, 36 (3): 97 - 108.

[57] Forehand M R, Deshpande R. What We See Makes Us Who We Are: Priming Ethnic Self-Awareness and Advertising Response [J]. Journal of Marketing Research, 2001, 38 (3), 336 - 348.

[58] Ray D G, Mackie D M, Rydell R J, et al. Changing Categorization of Self can Change Emotions about Outgroups [J]. Journal of Experimental Social Psychology, 2008, 44 (4): 1210 - 1213.

[59] Hehman E, Mania E W, Gaertner S L. Where the Division lies: Common ingroup Identity Moderates the Cross-Race Facial-Recognition Effect [J]. Journal of Experimental Social Psychology, 2010, 46 (2): 445 - 448.

[60] Winterich K P, Barone M J. Warm Glow or Cold, Hard Cash? Social Identity Effects on Consumer Choice for Donation Versus Discount Promotions [J]. Journal of Marketing Research, 2011, 48 (5): 855 - 868.

[61] Rule N O, Ambady N. Brief exposures: Male Sexual Orientation is Accurately Perceived at 50ms [J]. Journal of Experimental Social Psychology, 2008, 44 (4): 1100 - 1105.

[62] Rule N O. The Influence of Target and Perceiver Race in the Categorisation of Male Sexual Orientation [J]. Perception, 2011, 40 (7): 830 - 839.

[63] Roccas S, Brewer M B. Social identity complexity [J]. Personality and Social Psychology Review, 2002, 6 (2): 88 - 106.

[64] Turner J C, Reynolds K J. Self-Categorization Theory [J]. In Handbook of Theories of Social Psychology, vol. 2, ed. PAM Van Lange, AW Kruglanski, ET Higgins, pp. 399 - 417. Thousand Oaks, CA: Sage.

[65] Brewer M B. The social self: On being the Same and Different at the Same time [J]. Personality and social psychology bulletin, 1991, 17 (5): 475 - 482.

[66] Pickett C L, Silver M D, Brewer M B. The impact of Assimilation and Differentiation Needs on Perceived Group Importance and Judgments of Ingroup Size [J]. Personality and Social Psychology Bulletin, 2002, 28 (4): 546 - 558.

[67] Brewer M B, Hewstone M. Self and Social Identity [M]. Malden: Blackwell, 2004.

[68] Arnett D B, German S D, Hunt S D. The Identity Salience Model of Relationship Marketing Success: The Case of Nonprofit Marketing [J]. Journal of Marketing A Quarterly Publication of the American Marketing Association, 2003, 67 (2): 89 - 105.

[69] Dommer S L, Swaminathan V. Explaining the Endowment Effect through Ownership: The Role of Identity, Gender, and Self-Threat [J]. Journal of Consumer Research, 2013, 39 (5): 1034 - 1050.

[70] Zhao X, Lynch J G, Chen Q. Reconsidering Baron and Kenny: Myths and Truths about Mediation Analysis [J]. Journal of Consumer Research, 2010 (37): 197 - 206.

[71] Preacher K J, Hayes A F. SPSS and SAS Procedures for Estimating Indirect Effects in Simple Mediation Models [J]. Behavior Research Methods, Instruments, and Computers, 2004 (36): 717-731.

[72] Hayes A F. An Introduction to Mediation, Moderation, and Conditional Process Analysis: A Regression-Based Approach [M]. New York: Guilford Press, 2013.

[73] Madrigal R. Social Identity Effects in a Belief-Attitude-Intentions Hierarchy: Implications for Corporate Sponsorship [J]. Psychology & Marketing, 2001, 18 (2): 145-165.

后　记

我是一个不善于转换的人。2008 年我刚刚博士毕业留校，当时我的研究领域是消费者与网络商店的关系价值，这主要是我博士论文研究的成果，并在知识产权出版社出版了我的第一本学术专著。这一领域是我的博士导师董大海老师的国家自然科学基金重点项目的子课题之一，尽管它的理论与实践价值依然很大，但经过博士期间 4 ~5 年的研究，我认为自己能够从中挖出的“金矿”已经所剩无几，是时候为自己今后从事教师的职业生涯选定一个新的学术领域了。正在这时，董老师的美国合作者俄亥俄州立大学的 Burnkrant 教授来华访问，通过与他的交流我发现，很多美国学者认为中国人的面子消费现象十分独特而有趣，而“面子”是中国式人际关系的核心概念，这与我之前研究的关系营销具有很密切的关联，不至于让我的研究领域转换太大而无所适从。基于此，我申请并获批了以“消费者感知面子”为核心概念的国家自然科学基金青年项目，通过几年的研究得到自然科学基金委“优秀”的评估结论，同时我也总结研究成果并在知识产权出版社出版了我的第二本学术专著。2013 年我已经评上了副教授，当时我正在构思自己的第二个基金项目的选题，社会身份这一概念进入我的视线。符合自己的社会身份就会让人觉得有面子，不符合自己的社会身份就会让人觉得没面子，并且在中国这样的集体主义文化中，消费者更加看重人际关系与群体规范，因此社会身份将会对中国消费者产生更加重要的影响，基于此，我确定了以“消费者的社会身份”为核心概念的国家自然科学基金面上项目。这一项目与已完成的青年项目都是基于人际关系的消费者行为研究的范畴，二者之间一脉相承、层层递进地探讨了社会群体对消费者行为所产生的重要影响。对我来说，研究领域基本没有大的转换，研究的基础理论存在很大的重叠与交叉，研究思路与研究方法驾轻就熟。如此，形成了这本即将出版的第三本学术专著。

学术研究是一件苦差事。在过去三年的时间里，我带领我的研究生围绕基金项目申请书中确定的研究范畴与研究问题，主要运用实验法开展了一系列具体的研究工作。有人曾经把消费者行为学的研究比喻成下网捕鱼，我们编写的实验流程与实验问卷类似于用来捕鱼的网，我们选定的研究选题与领域类似于表面波澜不惊的一片水域，而每次回收的数据就类似于收网以后得到的“东西”。数据显著、证实假设的时候就好比我们这一网下去收成不错，数据不显著、假设没验证的时候就好比我们的网里全是不值钱的破东烂西。捞不到东西怎么办？没别的办法！或者把渔网结得更密一些重捞一次（改进实验），或者重新找一片没人关注但暗藏生机的水域再试一下（重新选题）。所以，目前呈现在本书中的研究结果，是在若干次尝试、总结、改进、提高以后的结果，我们在这些结果背后所付出的努力与艰辛绝对比读者从字里行间能看到的要多得多。长年累月看文献、半夜不睡想选题、刮风下雨做实验、找人调研遭白眼，这些对于我们来说都是家常便饭。现在回头看来，正是有了这样的过程，才更显得本书的来之不易。书稿，不过是研究结果的呈现；研究过程，才是真正的磨炼与提高。

此刻的我充满了感激。首先，我要感谢国家自然科学基金委员会对我本人研究的资助，从我毕业留校并获得青年基金项目开始，基金委就为我的学术研究提供了持续资助，让我有足够的资金购买研究所用的设备、支付学生的培养经费，获得参加学术会议并与其他学者交流的机会，同时也能够最终出版本部学术专著。其次，我要感谢大连理工大学管理与经济学部的老师、学生对我本人的支持，我的恩师董大海教授，我的同事金玉芳老师、郭艳红老师、曲洪敏老师、范广哲老师都在选题和研究方法上给了我很多宝贵意见，我的学生聂春艳、魏巍、武春龙、吴育振、赵诗雨、徐珂欣、段采薇承担了很多具体的研究工作与书稿撰写的工作，在此一并表达我最真诚的谢意。最后，我要感谢我的家人，是你们在生活中给了我无微不至的关怀与照顾，谅解我为了科研工作牺牲陪伴家人的时间，你们是我未来继续前进的最强大的动力和最坚强的后盾。

最后想说的是，做一名醉心于学术研究的大学老师，挺好的！

宋晓兵

2017 年 8 月